教育部人文社会科学研究一般项目（13YJA820019）

实然与应然

中国检察权对审判权的监督关系研究

姜起民 ◎ 著

知识产权出版社
全国百佳图书出版单位

图书在版编目（CIP）数据

实然与应然：中国检察权对审判权的监督关系研究／姜起民著 .—北京：知识产权出版社，2017.9

ISBN 978-7-5130-5172-9

Ⅰ. ①实… Ⅱ. ①姜… Ⅲ. ①检察机关—权力—关系—审判—司法制度—研究—中国 Ⅳ. ①D926.3 ②D925.04

中国版本图书馆 CIP 数据核字（2017）第 238922 号

责任编辑：彭小华	责任校对：王 岩
封面设计：SUN 工作室	责任出版：刘译文

实然与应然
——中国检察权对审判权的监督关系研究
姜起民 著

出版发行：知识产权出版社有限责任公司	网　址：http://www.ipph.cn
社　址：北京市海淀区气象路 50 号院	邮　编：100081
责编电话：010-82000860 转 8115	责编邮箱：huapxh@sina.com
发行电话：010-82000860 转 8101/8102	发行传真：010-82000893/82005070/82000270
印　刷：北京科信印刷有限公司	经　销：各大网上书店、新华书店及相关专业书店
开　本：787mm×1092mm　1/16	印　张：13
版　次：2017 年 9 月第 1 版	印　次：2017 年 9 月第 1 次印刷
字　数：260 千字	定　价：48.00 元
ISBN 978-7-5130-5172-9	

出版权专有　侵权必究

如有印装质量问题，本社负责调换。

课题组成员

程竹汝：上海市委党校
张献勇：山东工商学院
王秀哲：山东工商学院
赵德铸：济南大学

摘 要

司法权是现代国家所必不可少的权力,是社会的正义之源,是保障社会正义的最后一道屏障。狭义的司法权仅指法院的审判权,其具有中立性、被动性、独立性、权威性、终局性等特征。司法独立并不意味着司法权不受控制,只是司法权受制的主体具有特殊性而已,司法独立的本质是在司法独立于谁和司法受制于谁之间找到平衡点。

检察权不具有中立性、被动性、独立性、终局性等特征,以公诉权为核心的检察权在本质上属于一种特殊的行政权。检察机关的定位和检察权的功能与一国的政治体制有关,在人民代表大会制度下,人民检察院应当被定位为国家的检察机关,而不是国家的法律监督机关。

由于主流观点认为检察权是司法权,因此在中国司法改革过程中出现了某种奇怪的"对称性"现象,如审判独立对应检察独立、审判委员会对应检察委员会、主审法官对应主诉检察官、人民陪审员对应人民监督员等,由于检察权和审判权是两种性质截然不同的权力,这种盲目的"对称"是不科学的,有时歪曲了司法权,有时曲解了检察权。

检察机关对人民法院审判活动的监督违背了司法运行的内在规律,无法终结"谁来监督监督者"之命题。取消检察机关对三大诉讼活动的监督权,只是取消人民检察院以国家法律监督机关的身份对人民法院审判活动的监督权,并不否定人民检察院作为案件一方当事人对诉讼活动的一般监督权。在人民代表大会制度下,也可以保留人民检察院对审判人员行为的监督权,而不是对案件的监督权。

司法改革是一项系统性工程,要想彻底地理顺法检关系,还要处理好人大与司法权的关系。人民代表大会制度不仅是我国根本的政治制度,也是我国的政权组织形式,从政权组织形式的角度来理解人民代表大会制度,能够更好地保障法检关系回归到应然的运行状态。另外,一党执政更需要理性的司法权来保驾护航。树立司法权威,把司法打造成社会的正义之源也是时代赋予中国共产党的历史使命。

前　言

2013年5月，笔者荣幸地获批了教育部人文社会科学研究一般项目："实然与应然——中国检察权对审判权的监督关系研究"（13YJA820019），课题研究的核心是法检关系。由于法检关系还涉及其与立法权、行政权之间的关系，因此课题研究的内容不仅具有一定的广泛性，而且还具有一定的复杂性。面对繁重的研究任务，课题组成员不畏艰辛、知难而进，通过大量的调研走访，收集了丰富的研究资料，经过三年多的刻苦攻关，完成了课题所预设的研究目标，形成了最终的研究成果。

在中国，法检关系是一个"斩不断、理还乱"的话题。关于检察机关是否应当或如何对人民法院的诉讼活动进行监督，可以说是仁者见仁，智者见智。本课题的核心观点是取消检察机关以法律监督者的身份对人民法院审判活动的监督权，这一观点不仅与我国目前的三大诉讼法规定不符，而且也与绝大多数学者的观点相悖。因此，在我们论证的过程中，有时不得不对某些专家学者的观点进行批驳，为此还恳请相关同仁予以谅解。

其实本书的核心观点也并非课题组成员所首创，只不过是我们对法检关系从整体上进行了宏观与系统性的梳理而已，但愿分类会产生价值。对课题中的绝大多数观点，成员基本达成了一致性意见，但在个别观点上还存在着较大分歧，虽经过认真的讨论却仍然无法达成一致性意见。由于笔者是课题主持人，为了保证课题逻辑关系的严密性与基本观点的一致性，我们实行了"首长负责制"，从这一角度来说本书也可以说是以笔者为代表的一家之言。

在课题研究过程中，我们遵循了原课题论证的基本框架，但为了对法检关系进行全面、深入、系统的研究，在少数地方也有所突破。由于法检关系的复杂性以及对某一方面论述的侧重点不同，有些观点在此处已经被提及，但在彼处还可能会出现不同程度的阐释，因此需要读者从整体上把握书中内涵，切不可断章取义。

大道至简，书中所阐述的道理基本都是明白易懂的，适合一切关注中国司法改革的读者，特别是法检系统的同志来阅读，至于这些观点是否具有真理性还有待于实践和时间的检验。同时，笔者也欢迎广大读者对书中的观点提出批评指正，不吝赐教。

姜起民

2017 年 3 月 24 日于烟台

目 录

第一章　司法相关概念及司法独立的本质 …………………………………… 1
　　第一节　司法与司法权 …………………………………………………… 1
　　第二节　司法独立的内涵 ………………………………………………… 6
　　第三节　司法独立的本质 ………………………………………………… 13
　　第四节　司法是社会的正义之源 ………………………………………… 17

第二章　检察权的性质及检察机关的定位 …………………………………… 24
　　第一节　检察权的性质 …………………………………………………… 24
　　第二节　检察机关的定位与检察权的配置 ……………………………… 29
　　第三节　检察机关的应然职权 …………………………………………… 35
　　第四节　检察机关的应然定位 …………………………………………… 44
　　第五节　谁来监督监督者 ………………………………………………… 47

第三章　法检关系若干问题辨析与确正 ……………………………………… 53
　　第一节　审判独立与检察独立 …………………………………………… 53
　　第二节　审判机关的不作为与检察机关的不作为 ……………………… 59
　　第三节　审判委员会与检察委员会 ……………………………………… 64
　　第四节　主审法官与主诉检察官 ………………………………………… 72
　　第五节　人民陪审员与人民监督员 ……………………………………… 79
　　第六节　司法公开与检务公开 …………………………………………… 88

第四章　人民检察院对法官的监督权 ………………………………………… 95
　　第一节　域外法官监督制度考察 ………………………………………… 95
　　第二节　我国法官惩戒事由之不足与完善 ……………………………… 102
　　第三节　我国法官惩戒主体之重构 ……………………………………… 109

  第四节 检察机关在惩戒法官中的作用 ………………………… 113
  第五节 审执分离与检察监督权 …………………………………… 115

第五章 民事诉讼中的检察权与审判权 ………………………………… 123
  第一节 我国民事诉讼检察监督的历史与现状 ………………… 123
  第二节 民事诉讼检察监督的正当性 …………………………… 125
  第三节 民事诉讼检察监督的应然模式 ………………………… 131
  第四节 取消检察机关对普通民事案件诉讼监督之理由 ……… 132
  第五节 民事公益诉讼中人民检察院的定位 …………………… 139

第六章 刑事诉讼中的检察权与审判权 ………………………………… 146
  第一节 刑事审判检察监督的现状 ……………………………… 147
  第二节 保留或强化刑事审判检察监督的理由 ………………… 152
  第三节 废除刑事审判检察监督之理由 ………………………… 158
  第四节 刑事诉讼当事人地位的回归 …………………………… 166

第七章 行政诉讼中的检察权与审判权 ………………………………… 178
  第一节 我国行政诉讼检察监督的历史与现状 ………………… 179
  第二节 行政诉讼检察监督制度的学理之争 …………………… 181
  第三节 废除行政诉讼检察监督的理由 ………………………… 186
  第四节 行政诉讼程序之外检察权对行政权的制约 …………… 190

结 语 ………………………………………………………………………… 197

第一章

司法相关概念及司法独立的本质

语言对事物的描述是借助概念来实现的，概念反映了事物的本质与内在规定性。概念不仅是科学研究的逻辑起点，同时也是推理和判断的前提和依据。而"司法"与"司法权"在本研究中具有十分重要的地位和作用，这两个概念不仅是本研究的逻辑起点，也是判断检察权与审判权性质的关键。而检察权与审判权的性质则进一步决定了本研究的基本框架，检察权与审判权的关系也由此而展开。

第一节 司法与司法权

一、司法

"司法"一词早已成为现代社会中的一个耳熟能详的概念，但在理论界和实务部门对什么是司法却存在着很大的争议，"司法"是一个在当今和未来一段时间内很难达成共识的概念。从词义上来说，司法是一个合成词，由"司"和"法"两部分构成。按照《辞海》的解释，"司"具有掌管之意[1]，因此司法就是掌管法律。"司"的这一含义也广泛地体现在古代和现在词语中，如古代的"司徒"、"司空"、"司寇"、"司马"，现代的"司令"、"司机"、"司仪"等。总之，从词源学的解释来看，"司法"就是掌管、主管、执掌或解释法律的意思。

但对司法的概念却有不同的定义。大致可以划分为三类。

一是将司法等同于审判。这种分类以三权分立学说作为其理论基础。如有的

---

[1] 《辞海》（上），上海辞书出版社1999年版，第297页。

法律词典认为："法院或者法庭将法律规则适用于具体案件或争议"。① 还有的认为："所谓司法在三权分立之国家乃与行政立法相对称……法院依已定之法令加以解释，并以之对特定事实而施行审判，是曰司法。"② 司法权（judicial power）也随之被解释为法院或法官的专有权力："指法院和法官依法享有的审理和裁决案件，并作出有拘束力的判决的权力。与立法权（legislative power）和行政权（administrative power）相对。"③ 有学者将司法划分为形式意义的司法和实质意义的司法，"狭义的司法，即形式意义上的司法，特指法院的权限及其审判活动。在这个意义上，司法与法院的审判活动具有基本相同的内涵和外延，司法即审判，司法机关即法院，司法程序即诉讼程序。"④

二是认为司法是国家专门机关处理案件的活动。如张文显教授主编的法理学教材认为："司法是享有司法权的国家司法机关及其司法人员依照法定职权和法定程序运用法律处理案件的专门活动，也就是以国家名义行使司法权的活动。"并认为司法权"只能由享有司法权的国家机关及其司法人员行使，其他任何国家机关、社会组织和个人都不能行使此项权力"⑤。沈宗灵教授主编的法理学教材也认为："法的适用，通常是指国家机关根据法定职权和法定程序，具体应用法律处理案件的专门活动。由于这种活动以国家的名义来行使司法权，故一般简称'司法'。"⑥ 公丕祥教授主编的法理学教材也认为司法"是指国家专门机关依照法定职权及法定程序，根据案件事实，把法律规范应用于具体案件并对案件作出权威裁判的活动"⑦。

三是将司法理解为解决纠纷的活动，甚至包括了非国家机关的活动。如有学者认为："在我国，司法是指国家司法机关及司法组织在办理诉讼案件和非讼案件过程中的执法活动。这里的司法机关是指负责侦查、检察、审判、执行的公安机关（包含国家安全机关）、检察机关、审判机关、监狱机关。这里的司法组织，是指律师、公证、仲裁组织。"⑧ 还有观点认为，司法是应用法律处理诉讼案件和非讼案件的活动，从而排除社会关系的不稳定性。司法是多样化的，不为法官和法院所独有，也不单是国家的职能。实际上一些非法院的国家机关，甚至是某些

---

① ［英］戴维·米勒、韦农·波格丹诺主编：《布莱克维尔政治学百科全书》，邓正来等译，中国政法大学出版社 1992 年版，第 6 页。
② 郑竞毅主编：《法律大词典》，商务印书馆 1940 年版，第 282 页。
③ 薛波主编：《元照英美法词典》，法律出版社 2003 年版，第 750 页。
④ 范愉主编：《司法制度概论》，中国人民大学出版社 2003 年版，第 1~2 页。
⑤ 张文显主编：《法理学》（第二版），高等教育出版社 2003 年版，第 276 页。
⑥ 沈宗灵主编：《法理学》，高等教育出版社 2004 年版，第 549 页。
⑦ 公丕祥主编：《法理学》，复旦大学出版社 2002 年版，第 393 页。
⑧ 章武生、左卫民主编：《中国司法制度导论》，法律出版社 1994 年版，第 2 页。

非国家的社会组织也具有一定的司法性质和作用。①

综上所述，学者界定司法涉及两个关键要素，第一个是司法前提问题，司法以解决社会争议为前提，不存在争议也就没有司法。第二个是司法的主体问题，即谁有权实施司法行为。对第一个要素大多数学者都认同司法以解决争议为前提或者司法与案件有关。而对于第二个要素则存在着较大的分歧。如果避开第二个分歧可以对司法进行如下的定义：司法是司法主体运用法律解决社会纠纷的活动。

司法与执法不同，司法是司法主体依据法律解决争端的活动。司法存在三方主体，即司法主体，争议的双方当事人。典型的司法结构是法官、原告和被告。缺少任何一方都不构成司法关系。而执法虽然也是在运用法律，但执法是两方主体的行为。即执法者和被执法者。典型的执法关系是行政法律关系，主要发生在行政主体和行政相对人之间。因此，执法是将法律确定的权力（权利）与义务贯彻落实，司法是依据法律解决争端。

二、司法权

司法活动以享有司法权为前提，因此司法与司法权是密切联系的概念。简单地说，司法权就是进行司法的权力，或者说司法权是特定主体依据法律解决争议的权力。然而在我国由于法学界和司法实务部门对司法理解不同，也导致了对司法权的不同界定。

在三权分立体制下，对司法权的界定比较明确，例如《美国联邦宪法》第3条第1款规定：合众国的司法权属于一个最高法院以及由国会随时下令设立的低级法院。因此司法权仅指法院的审判权。我国早在1954年宪法制定期间就曾对人民法院行使的是"司法权"还是"审判权"有过争论，但最后还是采用了"审判权"这一术语，以便和其他司法行政机关的职权相区别。我国现行的1982年《宪法》以及《人民法院组织法》等也并未对司法权进行界定和使用。这一方面为学者解释司法权留下了广阔的空间，另一方面也加剧了"司法权"这一术语在理论和实践中使用的混乱状况。我国法学界和司法实务部门对司法权的界定至少存在以下几种观点：

第一，广义司法权观点。新中国成立后到20世纪80年代初期，由于受到司法工具主义的影响，广义司法权观点占据了主导地位。该说认为司法权是指审判机关、检察机关、侦查机关、司法行政机关以及律师、公证、仲裁、人民调解等司法组织在办理诉讼案件和非讼案件的过程中所享有的权力。

第二，中义的司法权观点。该观点是在广义司法权观点的基础上形成的，该说认为司法权是指公安机关、检察机关和审判机关在行使职权的过程中代表国家

---

① 胡夏冰、冯仁强编著：《司法公正与司法改革研究综述》，清华大学出版社2001年版，第19页。

所依法享有的权力。该观点在刑事诉讼法中得到了集中反应。《中华人民共和国刑事诉讼法》第 94 条规定："本法所称的司法工作人员，是指有侦查、检察、审判、监管职责的工作人员。"

第三，狭义司法权观点。该观点认为，司法权是指人民法院的审判权和人民检察院的检察权。如有学者指出："在我国，按照现行法律体制和司法体制，司法权一般包括审判权和检察权，审判权由人民法院行使，检察权由人民检察院行使，因此，人民法院和人民检察院便是我国的司法机关，也即我国法的适用主体。"并认为中义的司法权观点是对司法机关的一种不正确理解。[①] 目前，狭义司法权观点是我国法学界的主流观点。这一观点在党的重要会议文件中可以得到印证。如党的十八届三中全会指出："建立符合职业特点的司法人员管理制度，健全法官、检察官、人民警察统一招录、有序交流、逐级遴选机制，完善司法人员分类管理制度，健全法官、检察官、人民警察职业保障制度。"这里显然将法官、检察官甚至人民警察都看作是司法人员，那么法院和检察院当然也是司法机关。

第四，最狭义司法权观点。该说认为司法权的性质是判断权，司法权仅指法院的审判权或裁判权。因为"司法"之"司"乃动词，具有"掌管"、"操纵"之意。那么掌管或操纵法律者当然是对法律和事实进行判断者，即司法者或法官。司法权的性质是在和行政权的比较中日益凸显的，司法权与行政权相比具有十大特点，即被动性、中立性、形式性、稳定性、专属性、法律性、终局性、交涉性、非服从性和公平优先性。[②]

我们赞同孙笑侠教授的观点，并认为司法权是特定主体依据法律解决争议的权力。上述其他有关司法权的观点犯了一个致命的逻辑错误，那就是许多观点不是按照司法权的本质来界定司法权，进而判断哪些主体是司法机关，而是按照司法机关来界定司法权。先将特定主体定位为司法机关，由此这些主体行使的权力也被想当然地推定为司法权。比如公安机关、检察机关只是诉讼程序的一方推动者，并不是案件的裁判者，它们行使的侦查权和检察权在本质上是行政权，并非司法权，但检察权和侦查权却被定位为司法权。司法权与行政权的区别是显而易见的。与行政权相比，司法权至少有中立性、被动性、独立性、权威性、终局性、程序性、专业性等几个显著的特征。司法权的这些特征决定了司法权是国家权力中独特的、不可或缺的重要组成部分，在国家权力的运作中起着举足轻重的作用。可以毫不夸张地说，如果立法者大笔一挥将检察权取消，国家机器还可以照常运转，但如果取消了司法权，国家机器就瘫痪了。不顾司法权的特征而随意界定司法权，其危害是显而易见的。

[①] 参见张文显主编：《法理学》，法律出版社 1997 年版，第 365 页。
[②] 参见孙笑侠："司法权的性质是判断权"，载《法学》1998 年第 8 期。

首先，会危害社会的正义之源。英国哲学家培根曾言："一次不公的判断比多次不平的举动为祸犹烈。因为这些不平的举动不过弄脏了水流，而不公的判断则把水源败坏了。"① 司法的力量虽小，但其是通过个案来控制国家其他权力的。当公民认为立法权和行政权在行使的过程中侵犯了其合法权益时，可以借助司法权将争议消除。如果我们假定国家是一个有机体的话，个案好比有机体的肿瘤，及时根除单个肿瘤就可以保证生命个体的整体健康。从国家权力控制链条来看，司法权处在权力控制的源头地位。立法的腐败可以由司法来修复，行政违法也可以通过司法来矫正，而控制司法权的力量则主要来自精密的司法制度，高素质的司法人员以及社会力量对司法权的监督。这样国家的权力监督链条才会形成完整的闭合状态，否则永远没有办法解决谁来监督监督者的问题。从目前我国的政权结构来看，检察机关和人大的地位都高于人民法院。谁来监督检察机关，特别是谁来监督人大的问题没有得到很好解决。人民监督人大也需要程序，无司法程序保障的权利是无法实现的。如果把一个社会比作一个池塘的话，社会中没有司法来净化社会的污垢，就好像池塘里没有活水。

其次，不利于树立司法的权威。司法权威是指"有效配置的司法权力在运行中产生的令人服从、信服以及信仰的良好实效"②。司法权力的有效配置是司法权产生权威的前提。在司法权的配置方面，第一，要将司法权配置给特定的主体，即司法主体。如果配备主体的种类过于庞杂分散，就不利于树立司法的权威。除了最狭义的司法观之外，其他司法观都在不同程度上分散了司法权。第二，在司法权与其他权力的关系方面，司法权不能从属于其他权力或者受制于其他权力。而在我国目前司法体制方面，司法权不仅受制于立法权，而且还受制于行政权。第三，在司法权的行使方面必须具备相应的保障条件。如果司法权在人事、经费、职业等方面无法得到很好的保障，那么司法权也不会公正地行使。而目前人民法院及法官在司法保障方面还存在着一定的欠缺。

再次，会导致司法改革方向的迷失。从20世纪80年代以来，中国司法改革已轰轰烈烈地进行了几十年，期间最高人民法院先后颁布了四个"人民法院五年改革纲要"，但司法改革基本是在司法系统内部进行的，有些所谓的司法改革其实是对法律规定的进一步落实，绝大多数改革所要废除的弊端是良好的司法权运作本不该产生的。如在人大对法院的监督关系方面，一方面为防止司法腐败加强了人大对法院的监督，另一方面为了确立司法的权威，实现人民法院独立行使审判权又不得不减弱对法院的监督。正如香港中文大学教员於兴中所指出的："如果从中国的司法改革者为自己制定的目标和他们对理想的司法制度的理解出发，中国

---

① 《培根论说文集》，水天同译，商务印书馆1983年版，第193页。
② 蒋超：《变革时代的司法权威》，法律出版社2012年版，第15页。

的司法改革所走过的每一步都是值得大书特书的。如果以发达法律秩序所普遍接受的标准作为参考系,人们可能难以理解为什么中国司法改革进行了这么久,一些最基本的问题竟然还没有得到解决?比如法官的独立、法官终身制、高薪制。"①

最后,会导致法检关系的错位。目前法检关系存在着严重的错位现象,之所以如此是因为没有对检察权的性质进行准确的定位。检察权是国家的追诉权,其在本质上是一种特殊的行政权,检察关系是双方法律关系,即检察机关和被追溯的犯罪嫌疑人。而司法是居中裁判权,必然存在着三方法律关系。而且检察权还不具备司法权的其他特征,如被动性、终局性、独立性等。只有对权力的性质定位准确,才能很好地界定权力行使的边界,更好地发挥检察权的功能,处理好各权力之间的相互关系。

第二节　司法独立的内涵

一、司法独立的内涵

司法独立作为一项宪政制度设计以及一项司法基本原则已经获得了世界大多数国家的普遍认同,如1948年12月通过的《世界人权宣言》第10条规定:"人人完全平等地有权由一个独立而无偏倚的法庭进行公正的和公开的审讯,以确定他的权利和义务并判定对他提出的任何刑事指控"。1966年12月联合国大会通过的《公民权利和政治权利国际公约》第14条规定:"所有的人在法庭和裁判所前一律平等。在判定对任何人提出的任何刑事指控或确定他在一件诉讼案中的权利和义务时,人人有资格由一个依法设立的合格的、独立的和无偏倚的法庭进行公正的和公开的审讯……"此后,1982年10月在印度新德里举行的国家法协会通过了《司法独立的最低标准》,1983年6月在加拿大的魁北克、蒙特利举行的司法独立第一次世界大会通过了《司法独立世界宣言》,1985年11月联合国大会批准通过的《关于司法机关独立的基本原则》等对司法独立的内容进行具体的规定,使得司法独立的原则具有了可操作性。

但对司法独立的内涵学界还存在着不同的观点。有学者认为司法独立主要是指司法机关的独立,如"司法独立,简单地说,是指司法机关行使司法权只服从法律,不受行政机关、社会团体和个人的干涉"。② 有学者认为司法独立是

---

① 於兴中:"法官的适当位置",载张明杰主编:《改革司法——中国司法改革的回顾与前瞻》,社会科学文献出版社2005年版,第519页。

② 王利明:《司法改革研究》,法律出版社2001年版,第86页。

指法院及法官的独立,如"司法独立又称为法官独立、法院独立,是指法官在判案过程中,独立地适用宪法和法律,裁决纠纷的过程"。① 一般认为司法独立应当包括三重内涵,即司法权的独立、法院的独立以及法官的独立。如程竹汝教授认为,司法独立可以从两个方面来解读:"一是作为现代宪政制度结构的一个部分,它意味着'司法权独立';二是作为司法公正的制度保障,它意味着裁判主体即'法院和法官的独立'"② 谭世贵教授认为,司法独立的含义是:"审判权由法院依法独立行使,不受行政机关和立法机关的干涉,法院与行政机关、立法机关鼎足而立;一个法院的审判活动不受另一个法院的干涉,上级法院只能依法定程序变更下级法院的判决;法官依良心独立行使职权,不受各方面意见包括检察官控诉的影响。"③ 最高人民法院执行局官员张根大认为:司法独立作为制度设计的理念,其概念的外延可以引申为三种结构,即司法独立的外部结构、内部结构和上下结构。司法独立的外部结构是指机关的独立,司法独立的内部结构是指法官的独立,司法独立的上下结构是指审级的独立。④ 还有学者认为司法独立还应当包括法官的保障制度,如司法独立应当包括:"(1)司法机关独立于立法机关和行政机关,不受立法机关、行政机关以及其他社会、个人的干预;(2)司法机关内部系统的独立;(3)法官独立审判;(4)法官保障制度。"⑤ 我们赞同三重内涵说。

(一)司法权的独立

司法权作为国家的一项重要权力在奴隶社会和封建社会裹藏于行政权之中,与立法权一样在国家的政治生活中处于弱势地位。从英国司法独立的发展历程来看,司法权最初是王权之下的重要权力之一。随着立宪政治的发展,国王在万人之上,但在上帝和法律之下的观念逐步深入人心,法官也逐步摆脱了国王代理人的角色,从王权中分离出来。英国的议会在与王权抗衡的过程中与法院联盟,于1641年剥夺了国王的司法权,迫使国王废除了星室法院和高等宗务官法院。1688年"光荣革命"之后确立了议会主权原则。为了避免詹姆士一世将与国王意见相左的大法官柯克免职的事件再次发生,1701年颁布了《王位继承法》,确立了司法权与以王权为代表的行政权的分离。根据《王位继承法》的规定,法官只要品行良好就可保持其职位,且其薪俸不得随意变动。

---

① 韩大元、林来梵、郑贤君:《宪法学专题研究》,中国人民大学出版社2004年版,第491页。
② 程竹汝:"司法独立:为什么",载《政治与法律》2003年第1期。
③ 谭世贵、李荣珍:《依法治国视野下的司法改革研究》,法律出版社2007年版,第113页。
④ 张根大:"司法独立结构分析——兼评中国司法实践及司法改革实践",载张明杰主编:《改革司法——中国司法改革的回顾与前瞻》,社会科学文献出版社2005年版,第134~139页。
⑤ 陈卫东:"司法机关依法独立行使职权研究",载《中国法学》2014年第2期。

司法独立是宪政秩序的必然逻辑，是法治社会的必然选择。以人民主权为逻辑起点的宪政设计为了防止国家权力的滥用，必然要求国家权力的分立。针对封建专制国家君主独揽立法权、行政权和司法权的集权状况，新兴的资产阶级提出了权力分立的学说。以孟德斯鸠为代表的资产阶级启蒙思想家精辟地论述了权力分立的宪政价值。他指出："如果司法权不同立法权和行政权分立，自由也就不存在了。如果司法权同立法权合而为一，则将对公民的生命和自由施行专断的权力，因为法官就是立法者。如果司法权同行政权合而为一，法官便将握有压迫者的力量。""如果同一个人或是由重要人物、贵族或平民组成的同一个机关行使这三种权力，即制定法律权、执行公共决议权和裁判私人犯罪或争讼权，则一切便都完了。"① 权力的分立是权力制约的前提，在权力分立的基础上孟德斯鸠进而提出了权力制约的思想，"从事物的性质来说，要防止滥用权力，就必须以权力约束权力"。② 没有权力的分立就很难实现权力的制约。之后，美国的宪政实践首次将孟德斯鸠的分权理论付诸实施，创造了宪政史上分权制衡的典范。司法独立原则也得到了许多国家的承认和效仿，逐步成为法治国家必然遵循的司法准则。尽管各国的历史传统和宪政道路有所不同，但都秉承着司法权独立于行政权和立法权的理念，同时司法权的独立也为法院独立和法官独立创造了前提条件。

（二）法院的独立

司法权作为国家权力之一必然要通过一定的载体体现出来，没有司法主体的承载，司法权就没有着落，也不会为人们所感知和运用。虽然世界各国司法权的载体有所不同，如英国的上议院曾经分享了部分司法权，甚至行政机关和法律法规授权的组织有时也扮演着司法主体的角色，但就总体而言法院是行使司法权的最为重要的主体。如果说司法权的独立是从司法权在国家权力结构中的地位角度来说的话，那么法院的独立则是司法权独立的具体表现形态，司法独立同时也必然要求法院独立。

法院独立又可以划分为形式独立和实质独立两种形态。所谓法院的形式独立是指法院作为国家机关应当是独立的机关法人，具有独立的组织体系。在国家权力尚未分立、行政兼理司法的状态之下，法院一般不具有形式的独立性。有时即使有了法院也不一定就有法院的形式独立。如中华人民共和国成立后至1954年宪法颁布前，新中国的人民法院是人民政府的组成部分，不具有形式的独立状态。1951年9月通过的《中华人民共和国人民法院暂行组织条例》第10条规定："各级人民法院（包括最高人民法院分院、分庭）为同级人民政府的组成部分，受同级人民政府委员会的领导和监督。"

---

① 孟德斯鸠：《论法的精神》（上），商务印书馆1997年版，第156页。
② 孟德斯鸠：《论法的精神》（上），商务印书馆1997年版，第154页。

法院的实质独立是指法院在行使审判权时享有独立的地位，不受其他任何主体和个人的干涉。这里需要说明的是"干涉"与"监督"不同。"干涉"是贬义词，一般是指非法或不合理的干预，而"监督"是中性词，其是指一定主体按照法定的程序、依照法定职权对另一主体的行为进行监管或监察。因此我国《宪法》第126条规定的"人民法院依照法律规定独立行使审判权，不受行政机关、社会团体和个人的干涉"，在实施过程，存在困难。因为任何主体都不得干涉人民法院的审判行为是毋庸置疑的。人大、行政机关、政党、社会团体和个人等都可以监督人民法院的审判行为，但都不得干涉人民法院的审判行为。司法独立并不排斥对司法权的监督。法院的实质独立还要求上下级人民法院之间的关系是监督和被监督的关系，而不是领导和被领导的关系，"领导"与"监督"是不同的。领导关系是命令与服从关系。而在监督关系中，只要被监督主体的行为合法，其就没有必要服从上级的指令和命令。从这点来说，新中国的人民法院在五四宪法颁布之前也不具有实质的独立地位，因为1951年9月通过的《人民法院暂行组织条例》第10条曾经规定：下级人民法院的审判工作受上级人民法院的领导和监督；各级人民法院（包括最高人民法院分院、分庭）受同级人民政府委员会的领导和监督。这种上下级的领导与被领导关系表明了当时的法院还没有实现实质的独立。应该说五四宪法对司法独立的规定是完全符合法院实质独立的要求的，五四宪法第78条规定："人民法院独立进行审判，只服从法律。"

（三）法官独立

法官独立是指法官依法行使审判权，只服从法律。马克思的经典名言"法官除了法律就没有别的上司"是对法官独立内涵的完美的诠释。法官独立是司法独立的内核，同时也是司法公正的根本保障。从某种意义上说，司法权的独立和法院的独立是法官独立的外部保障条件，法院只是为法官独立行使审判权提供了重要场所，正如美国当代著名的法理学家德沃金曾言："法院是法律帝国的首都，法官是帝国的王侯"[1]，司法独立最终要体现为法官独立。如果没有法官的独立，司法独立的价值就会大打折扣。

法官独立首先源于司法权的性质。司法权在本质上是一种判断权，"判断的客观性要求排除判断过程中的各种主观的和外部的因素的干扰。这种基于判断本性所产生的'自然正义'，反映到司法过程中就是要求司法机关的裁判过程要有对当事人中立和对非当事人自主的程序安排。"[2] 判断过程实际上是法官与案件当事人的交涉过程。在此过程中法官通过观察原被告双方对阵与交锋逐步掌握了案件

---

[1] ［美］德沃金：《法律帝国》，李长青译，中国大百科全书出版社1996年版，第361页。

[2] 程竹汝："司法独立：为什么"，载《政治与法律》2003年第1期。

事实和真相，然后基于事实和法律做出对案件的公正判决。法官在对案件事实查明与适用法律的过程中必须保持中立，"在法官作出判决的瞬间，被别的观点，或者被任何形式的外部势力或压力控制或影响，法官就不复存在了。宣布决定的法官，其作出的决定哪怕是受到其他意志的微小影响，他也不是法官……法院必须摆脱胁迫，不受任何控制和影响，否则他们便不再是法院了"[1]。因此，"司法独立无论在逻辑上还是历史上都同司法的中立性和自主性存在着必然的联系，它是司法的中立性和自主性发展到政治系统高度分化状态下的一种表现形式，它特指现代宪政条件下制度化分权的司法特征。"[2]

其次，法官独立还源于司法权的弱权力性。司法权的判断性决定了司法权本身不需要以国家强制力作为后盾。司法权与执法权不同，行政执法（包括法院作出的裁判，司法裁判是法律的体现和延伸）需要权力。而法官对争议作出裁判只是"宣告法律"[3]，不需要权力。司法裁判需要法官具有丰富的法律知识、鉴别真伪的智慧与能力以及一颗公正善良之心。司法权的弱权力性在孟德斯鸠的论著中也具有明确的表述。孟氏甚至认为司法权既不能交给特定的阶级——常设性的立法团体所有，也不能交给某一特定职业人员所专有，而应当交给由人民选举出的一些人所组成的法庭。从《论法的精神》中可以看出，经典意义上的"司法权"是一种市民性的裁判权，它是一个社会中市民性权力的自然及自由的构建，并先于国家和王权而存在。"作为从市民社会传统继承而来的经典'司法权'，它是一项独立的权力，这种权力根植于社会公信力，它是先于国家，先于权力而存在的一种权威。这种权威既是其裁判力得以公信的理由，又是其独立性获得解释的理由；而这种权威和独立性又是外在于国家政治权力而独立存在的。所以，它于国家内被动地行使独立的权力，又独立于国家权力之外主动获得社会权威。"[4] 司法权被纳入国家权力一方面是规范司法权行使的需要，另一方面也是树立司法权威的需要。但即便如此，当事人，特别是民事诉讼当事人依然有选择司法主体的权力，司法主体则具有进一步社会化的趋势，并非为国家所垄断。同时我们也必须认识到"只有当司法不再体现为国家权力，与权力无缘时，才能与权威结缘，成为凌驾于整个社会之上的权威"[5]。特别是在刑事诉讼和行政诉讼中，为避免国家自我裁判现象的发生，更需要法官具有超然的独立性。

司法权的弱权力性决定了司法人员与行政人员行使权力的规则不同。行政人

---

[1] [英]科特威尔：《法律社会学导论》，潘大松等译，华夏出版社1989年版，第236页。
[2] 程竹汝："司法独立：为什么"，载《政治与法律》2003年第1期。
[3] [日]佐藤辛治：《现代国家和裁判权》，有斐阁1994年版，第15页。
[4] 程春明：《司法权及其配置：理论语境、中英法式样及国际趋势》，中国法制出版社2009年版，第27页。
[5] 贺日开：《司法权威与司法体制改革》，南京师范大学出版社2007年版，第142页。

员上下级之间是领导与被领导的关系，命令与服从关系。而司法人员上下级只能是监督与被监督的关系，上级不能通过命令来使下级服从。法官对案件的裁决享有极大的自由空间，除了法律和自己的良心之外再也没有别的上司。"对法官而言法律规范则是目的本身，而且，在法官那里降临尘世的法律还不能受到异物的侵入。为使法官绝对服从法律，法律将法官从所有国家权力影响中解脱出来。只在仅仅服从法律的法院中，才能实现司法权的独立。"①

二、司法独立与审判独立的关系

在研究司法独立的内涵时还有必要区分"司法独立"与"审判独立"的区别与联系。

在二者的联系方面，如上所述，司法权在本质上是判断权，而法官判断案件的前提是对案件的"审理"，没有"审理"也就没有"判决"或"判断"。因此"司法"与"审判"在内涵上是完全相同的。司法权独立的核心要求是依法独立行使职权，而法院行使的职权正是审判权或裁判权。"就法院而言，司法独立也就是指审判权的独立，正是从这个意义上，我们说司法独立和审判独立是同一个概念。"② 当然，如前所述，司法独立的第一层含义是司法权的独立，而司法权的独立是基于西方权力分立，特别是三权分立的基础上产生的，具有一定的政治色彩。可是"尽管司法独立诞生之初是资产阶级革命政治安排的产物，但随着资产阶级政权的建立，司法独立已经不再单纯是政治体制上的安排，更多是作为司法的一项基本原则而存在的，是指导司法运作的核心思想，其本质在于确保审判机关依法独立地行使审判权"。③ 就此而言，司法独立与审判独立是同义词，只是表述方式不同，二者在保障司法权能独立行使的意义上具有相同的价值取向。树立司法权威，实现司法公正是司法独立和审判独立共同的价值追求。

然而在中国宪政实践方面，司法独立与审判独立还是有很大区别的。

首先，独立的前提基础不同。西方司法独立是西方分权制衡理论的产物，在司法权的独立方面，司法权不仅要独立于行政机关，而且还要独立于立法机关。而中国的审判独立是在人民代表大会制度下的独立，从现行宪法的表述来看，司法权独立于行政机关，但是，同级人民法院无法在人财物方面摆脱行政机关的控制。同时人民法院的审判权还受到人民检察院的法律监督权的制约。

其次，独立的范围不同。在中国学界和官方表述中，司法机关一般同时包括了人民法院和人民检察院，如十八大报告中指出："进一步深化司法体制改革，坚持和完善中国特色社会主义司法制度，确保审判机关、检察机关依法独立公正行

---

① [德] 拉德布鲁赫：《法学导论》，米健等译，中国大百科全书出版社1997年版，第100页。
② 王利明：《司法改革研究》，法律出版社2001年版，第83页。
③ 陈卫东："司法机关依法独立行使职权研究"，载《中国法学》2014年第2期。

使审判权、检察权。"因此司法机关独立行使审判权包括了人民法院独立行使审判权和人民检察院独立行使检察权两个方面。司法机关甚至有时还包括公安机关，只是公安机关不能独立行使职权而已。

再次，司法独立的保障制度不同。西方资本主义国家已经建立起了比较完备的司法独立保障制度，如法官的终身制和高薪制等。我国虽然法律对法官的专职制度、退休制度、惩戒制度以及任免制度等也有一些具体的规定，对保障人民法院独立行使职权发挥了一定的作用，但由于法官实行有限任期制以及法院的人财物受制于地方，司法独立的制度保障是不完备的，还不足以形成对法官独立行使审判权的充分保障。

尤其令人担忧的是，在我国司法独立还没有获得广泛的认同。中国的政界、法律界以及普通民众对司法独立的认识还远没有达成共识。相比之下，中国法律业界对司法独立的认知与国际通行的观念比较相近。特别是中国的民众，由于对司法的信任度较低，对司法独立基本持否定的态度。① 因此，在对司法独立的内涵与价值认同如此悬殊的社会状况下推进司法改革的难度是可想而知的。

为了避开政界对"司法独立"的反感与偏见，以及迎合大众对司法独立的接受程度，有学者认为既然司法权独立的核心要求是依法独立行使职权，那么我们就应当淡化司法独立的政治色彩，以依法独立行使职权为核心来构建具有中国特色的司法权独立原则，用"审判独立"之名来达到"司法独立"之实。这样做不仅有助于避免对司法独立政治色彩的过分强调，减少改革的阻力，有助于在司法改革过程中强调法官个体的独立性，而且还有助于确保独立与受制的有机统一，避免权力过大所带来的恣意。②

应该说作者的意图是良好的，但笔者并不认同这样的改革思路，因为没有革命的理论就不会有革命的运动。任何社会改革都是在理论的指导下进行的。司法独立内涵的三个组成部分是缺一不可的整体，司法独立乃是宪政国家的必然逻辑。如果我们都不敢直面"司法独立"这一概念，那么在司法改革的过程就必然会不自觉地对司法独立的各种制度、原理及司法规律进行曲解，最终导致司法改革成效甚微，而这反过来又会成为进一步阻碍司法独立之借口。中国以往的司法改革就很好地证明了这一点。改革没有正确理论的指导必然是盲目的。在政府推进型的法治建设道路中，学者的使命首先是要让政界对司法独立有一个清醒的认识。只有当政界认识了司法独立的价值并坚定地走司法独立之路时，中国的司法改革才有望成功。

---

① 陈欣新："中国语境中的司法独立"，载张明杰主编：《改革司法——中国司法改革的回顾与前瞻》，社会科学文献出版社2005年版，第141~147页。
② 参见陈卫东："司法机关依法独立行使职权研究"，载《中国法学》2014年第2期。

第三节 司法独立的本质

司法独立并不意味着司法权不受控制，司法既有独立的一面，也有受制的一面，司法独立的本质是在司法独立于谁和司法受制于谁之间找到平衡点，司法独立既不"姓资"，也不"姓社"。

如前所述，司法独立是在遵循司法权是判断的基础上，根据司法权运行的规律而对司法权进行的一种特有的体系保障与制度安排。司法独立的一面包括司法权的独立、法院的独立和法官的独立三个方面，三者是统一不可分割的整体，如果不能保障这三个方面的独立性，司法权就不能完成其公正判决案件的使命。然而谁能保障司法权独立之后就会必然公正地行使呢？"如果司法独立仅仅意味着法官听凭自己的喜好决定案件，不受其他官员的压力，那么，这样一个独立的司法机构显然并不会以公众利益为重；人民也许只是换了一拨子暴君而已。一旦法官获得了独立，不受显贵的政治干预，法官又该从何处寻求指南呢？他们是只像政客那样行动，不受通常的政治制约，还是多少要受到职业规范的约束？有没有一套客观的规范（无论是'实在法'还是'自然法'），或者，有没有一套可以保证司法决定客观、确定和非个人化的分析方法（'法律推理'）呢？"[①] 这也许正是绝大多数人所担心的问题。

其实，司法既有独立的一面，也有受制的一面。司法的受制表现在如下诸多方面：

第一，法律的制约。许多国家宪法或法律对司法独立原则进行规定时都要求法院或者法官的判决必须依据法律来进行，依此来制约法官的恣意。如 1919 年《德意志帝国宪法》（魏玛宪法）第 102 条规定："法官独立，只服从法律。" 1946 年《日本宪法》第 76 条规定："所有法官依良心独立行使职权，只受本宪法及法律的拘束。" 1947 年《意大利宪法》第 101 条规定："司法权以人民的名义行使。法官只服从法律。" 1949 年《德国基本法》第 97 条第 1 款规定："法官享有独立的地位，只服从法律。" 1987 年《韩国宪法》第 103 条规定："法官根据宪法和法律，凭其良心独立审判。" 1993 年《俄罗斯联邦宪法》第 120 条第 1 款规定："法官独立，只服从俄罗斯联邦宪法和联邦法律。" 中华人民共和国 1954 年《宪法》第 78 条规定："人民法院独立进行审判，只服从法律。" 1983 年联合国第一次世界司法独立大会发布《司法独立世界宣言》规定："在作出判决的过程中，法官应与其司法界的同事和上级保持独立。法官个人应当自由地履行其职责，根据他

---

① [美] 波斯纳：《法理学问题》，苏力译，中国政法大学出版社 2002 年版，第 8 页。

们对事实的分析和对法律的理解，公正地裁决其所受理的案件，而不应有任何约束，也不应为任何直接或间接的不当影响、怂恿、压力、威胁或干涉所左右。"显然司法独立是有条件的，法官必须依据法律来断案，而不仅仅凭借自己的意志或者良心来断案。从大多数国家对司法独立原则的表述来看，似乎法官只受法律的约束。其实在法律之外还存在着许多制约法官的制度与措施。

第二，议会对法官的弹劾权。立法机关和行政机关都有可能成为案件的一方当事人，因此司法权必须独立于立法权和行政权，否则就有自我裁判之嫌。但即使这样，绝大多数国家议会仍然保留着对司法权的撒手锏——议会对法官的弹劾权。如在美国，根据《美国联邦宪法》第2条的有关规定，如果联邦法院的法官犯有叛国罪、贿赂罪或者其他重罪、轻罪，议会就可以对其启动弹劾程序。弹劾法官由下议院提出弹劾案，由上议院进行审理，上议院有出席人数2/3通过就可以罢免法官。自联邦法院建立以来，联邦法官共有9人受到议会的弹劾，最终仅有4人被参议院判定有罪。美国各州的宪法也大都规定了议会对法官的弹劾程序。

在日本，议会为了弹劾法官还特设了专门的弹劾法院，由参、众两院各出7名议员组成。另外还设立了由参、众两院10名议员组成法官起诉委员会，即使在国会闭会期间仍可对法官行使弹劾权。相比之下，日本对法官弹劾的理由要比美国更加宽泛。根据《日本法官弹劾法》规定，法官被罢免的理由有：（1）明显地违反职务上的义务，或为严重地玩忽职守时；（2）无论在其职务内外，作为法官出现明显地丧失其威信的不良行为时。① 必须指出的是，议会对法官的弹劾权和法院对议会的违宪审查权是两种性质不同的权力，议会对法官的弹劾权是针对法官个人进行的，而法院的违宪审查权是针对议会的立法权进行的。后者体现了国家的权力制衡。

第三，诉讼制度的制约。各国诉讼法对法官裁判案件规定了一系列的诉讼制度，诉讼时效制度、诉讼公开制度、回避制度、合议制度、陪审制度、审级制度、判决理由制度等，这些制度从不同的侧面，以不同的方式制约着司法权的恣意。

诉讼时效制度从时间上保障了案件当事人在合理的时间内得到公正的判决，以免法官拖沓办案，给当事人带来迟来的正义；诉讼公开制度则把法官的断案行为置于了阳光之下，法官好比足球裁判员，在众目睽睽之下来判定原被告的争议；回避制度则使得法官站在公正、中立的立场来解决当事人的争议，避免出现自己做自己案件的法官现象；合议制度则是法官之间的约束机制，发挥法官的集体智慧，按照少数服从多数的原则来保障案件结果的公正性；陪审制度则是动用社会

---

① 陈业宏、唐鸣：《中外司法制度比较》，商务印书馆2007年版，第202页。

力量来对法官进行牵制；审级制度则体现了上级法院对下级法院的监督，通过再次审理来防止冤假错案的发生；判决理由制度要求法官在做出判决时要对其判决的理由进行说明或论述，其不仅起到使法官对案件事实和法律适用进行重新梳理并确信的作用，而且也是当事人对判决结果是否认同的重要依据，进而成为当事人制约法官的重要依据和有力证据。

第四，案件当事人对法官的制约。案件的当事人是指与案件审理结果有利害关系的原告、被告以及第三人。由于当事人与案件审理结果具有直接或者间接的利害关系，并且当事人直接参与到案件的审理过程中，因此当事人不仅具有监督法官公正行使审判权的内在动力，而且也有监督法官的便利条件。案件的双方当事人互相对抗，与法官形成了互相制约的三角关系。法官的判决的如果想得到双方当事人的认可，其只能依据法律来裁判。双方当事人利用法律赋予其广泛的诉讼权利，如控告、举报、上诉、申诉等，甚至还可以借助权力机关、新闻媒体等力量对法官形成有力的牵制。

第五，律师对法官的制约。律师制度是现代社会为了保护公民的权利而设置的一种法律制度。有些国家要想成为律师必须经过严格的司法考试和考察程序，如美国、法国、德国、日本、中国等，有些国家律师准入门槛较低，如新西兰、澳大利亚、俄罗斯等。但无论如何律师必须有法律专业知识。律师的主要功能是为当事人提供法律服务，代理当事人进行各种诉讼活动。在刑事诉讼中保护犯罪嫌疑人和被告人的合法权益与检察官对抗，在行政诉讼中代表行政相对人与政府对抗，在民事诉讼中律师代表平等的一方当事人的利益与另一方对抗。当然律师在行政诉讼也可代表政府一方与相对人对抗，但律师的主要功能还是为私权利服务的。律师在诉讼活动的过程中使得刑事诉讼的被告、行政诉讼的原告以及民事诉讼的双方当事人不再由于对法律的陌生而屈从于法官的违法裁判，从而对法官形成了有力的制约。不仅如此，律师在一定程度上还控制着法官的命运。如美国律师协会还为法官制定了《司法行为守则》来规范法官的司法行为，并且法官的任命、选举、留任等事项也要听取律师协会的意见。[①]

第六，新闻媒体对法官的制约。新闻媒体监督是指网络、电视、广播、报纸、书刊等大众传媒对法官的监督与制约。传媒监督和司法独立看似互相矛盾的，但其在本质上与司法独立是统一的，因为司法独立只是要求司法权的行使不受非法干涉，其并不排斥对司法权的监督。在西方，传媒监督被称为继立法权、行政权、司法权之后的"第四种权力"，其对司法权的公正行使具有一定的保障和促进作用。新闻媒体对法官监督主要表现为：首先，通过新闻媒体的现场报道，特别是庭审现场的直播，把法官的审判行为置于阳光之下，从而使媒体借助社会舆论的

---

① 王利明：《司法改革研究》，法律出版社2001年版，第570页。

力量对法官的恣意形成制约。其次,通过新闻记者的实地调查与跟踪报道,可以将法官的贪污受贿、徇私枉法、枉法裁判等不法行为公布于众,为其他有权监督司法权运行的机关提供法官违法的重要证据。最后,个别法官的司法腐败行为被曝光之后,还可以警醒其他法官重蹈覆辙,廉洁自律。当然,新闻媒体监督也要有一定的限度,必须遵循客观、全面的原则,不能误导大众进行有罪推定的报道。

第七,法官的身份保障对法官的制约。终身制和高薪制是国外许多国家对法官独立行使审判权的重要保障。有的国家法官虽然不是终身制,但规定了较长的任职年限,在任期届满前非因法定事由和法定程序不得将法官降职、免职、辞退或处分。例如美国联邦法院法官以及各州的法官主要实行终身制,甚至没有规定法官的任职期限,但法官可以自愿退休。联邦法官年满 70 岁退休的,退休后可以领取全薪。州法院规定不尽一致,有的州法院法官年满 70 岁且任职 10 年以上或者年满 65 岁且任职 20 年的也可退休后领取全薪。不仅如此,美国法官还实行高薪制,联邦最高法院首席大法官的年薪与美国副总统相同,其他大法官的年薪高于内阁部长。在英国,高级法官的工资高于政府大臣,大法官的年薪甚至高于英国首相,其他各级法官的工资也相当可观。高薪制与终身制不仅是法官独立行使职权的保障,而且也是约束法官行为,制约法官腐败的重要措施。高薪制使得法官不必为生计而奔波,也不必为了较小的利益而徇私枉法。同时高薪制和终身制也使得法官享有很高的社会地位,法官职业成为受人羡慕与尊敬的职业,再加上法官的职位来之不易,任何一个有理智的法官都不会犯一些低级的错误来毁掉自己的美好前程,由此,终身制和高薪制则成为从正面促使法官抵制腐败的重要举措。

在我国,人民法院和法官的审判行为受到了更加广泛的监督。宪法虽然排除了行政机关干涉法院独立审判的可能性,但行政机关仍然可以作为行政诉讼的被告来监督法官的行为。另外宪法还赋予了人民检察院法律监督权,根据有关法律的规定,人民检察院作为国家的法律监督机关有权对人民法院的审判行为进行监督。而人大作为我国的权力机关,对人民法院更是具有广泛的监督权。当然这些监督是否具有合理性还有待于在以后的章节中进一步的研究和论证。

上述对司法权的制约手段或措施有的是静态的,如法律及法律制度;有的是动态的,如当事人和新闻媒体。各种监督主体及监督手段互相配合,动静结合,共同对司法权形成了强有力的制约,使得法官在行使审判权时达到了不敢腐败、不便腐败、不能腐败、不愿腐败的境界。

综上所述,司法独立绝不意味着司法权的行使不受任何控制,司法权既有独立的一面,也有受制的一面。随着各国的国情和法治发展水平的不同,对司法权监督的方式和程度也不尽相同。但各国都必须处理好监督和司法独立的关系。监督过多或者监督缺位都会损害司法的权威,造成司法腐败,破坏司法公正。因此对司法权的监督必须适度，而司法独立的本质正是在司法独立与受制之间找到平衡点。这个平衡点所追求的理想状态就是法官断案时忠于法律。与其说"法官除了法律就没有别的上司"，倒不如说法官如果忠诚于法律就没有别的上司，或者说：如果法官不以法律为上司，法官就会有众多的上司。

法官忠实于法律是司法独立的唯一目的。从这个角度来说，司法独立只是建立在司法权运行规律之上的一种制度设计，并不具有"姓资"与"姓社"的属性。也更不是区分资本主义与社会主义的标志。"西方国家的现代民主制度好比一个设计精巧的机器，司法系统就是这部机器中的一个基础部分，它所起的作用绝不仅仅是一颗螺丝钉的作用，而是支撑着这架机器稳固的基础"[1]。社会主义国家也同样是一部机器，法律价值的实现也必须依靠司法独立的保障。其实社会主义国家在对司法独立原则的规定上和资本主义国家没有本质的区别。如我国1954年宪法规定："人民法院独立进行审判，只服从法律。"新中国成立初期由于司法人员普遍缺乏，大多数司法人员素质有待提高，宪法没有赋予法官独立在当时具有一定的合理性。其他一些社会主义国家，如越南和古巴对司法独立原则的规定则和资本主义国家没有任何区别。《越南社会主义共和国宪法》第130条的规定是："法官和陪审员独立审判，只服从法律。"《古巴共和国宪法》第122条的规定是："法官独立行使审判权，只服从于法律。"

总之，司法独立的本质是在司法独立于谁与司法受制于谁之间寻找平衡点，从起源上看司法独立虽然是资产阶级革命的产物，但其本身不是区分社会主义和资本主义的标志，正如市场经济不为资本主义所独有一样，司法独立作为体现司法权运行规律的一项制度同样也可以为社会主义所利用。

第四节 司法是社会的正义之源

一、司法缘何为社会的正义之源

英国的哲学家培根认为，挪动了别人田地间的界碑并不可怕，可怕的是法官在断案时错判了他人田地的产业，因为挪动了别人的界碑还可以由法官来纠正，而法官一旦错判，就穷尽了田地主人的救济之路，"一次不公的判断比多次不平的举动为祸犹烈。因为这些不平的举动不过弄脏了水流，而不公的判断则把水源败坏了"[2]。因此司法处于社会的廉洁与公正的源头地位。而在人民代表大会制度

---

[1] 张彩凤主编：《比较司法制度》，中国人民公安大学出版社2007年版，第26页。
[2] 《培根论说文集》，水天同译，商务印书馆1983年版，第193页。

下，司法是社会的正义之源似乎是令人难以理解的。因为人大是我国的权力机关，一府两院都是由人大产生并对人大负责，人民法院的地位低于人大，法官判案也必须根据人大制定的法律来进行，如果人大制定的法律是"恶法"的话，那么法官忠实于法律的判决也必然是不公正的，那么司法又缘何成为社会的正义之源呢？其具体逻辑关系如下：

第一，司法权乃是国家诸权力中的弱者。正义之源是指正义的源头，正如江河源头之水是涓涓细流一样，司法权在国家的权力结构中处于弱小的地位。司法权在本质上是判断权，这就决定了司法权无法和立法与行政权相比。"行政部门不仅具有荣誉、地位的分配权，而且执掌社会的武力。立法机关不仅掌握财权，且制定公民权利义务的准则。与之相反，司法部门既无军权、又无财权，不能支配社会的力量与财富，不能采取任何主动的行动。故可正确断言：司法部门既无强制、又无意志，而只有判断；而且为实施其判断亦需借助于行政部门的力量"①。司法权的弱小是正如江河之源头的细水一样。在人民代表大会制度的权力结构中，司法权也同样是弱小的。在我国，人大除了掌握着法官的人权、财权之外，还对法院有广泛的监督权。行政机关虽然在宪法层面对司法权没有制约，但在现实的操作层面对司法权的人财物等方面也可以实施有效的控制。人民检察权作为我国的法律监督机关其实际地位也在人民法院之上。

第二，司法权控制立法权与行政权的方式具有特殊性。弱小的司法权控制强大的立法权和行政权是通过个案来进行的，而不是从整体上对立法权和行政权进行全面的控制。通过裁判个案来牵制立法权与行政权，可以达到四两拨千斤之效果。在一个正常的社会秩序中，立法的违宪与行政的违法都不会具有普遍性，违宪与违法总是个别现象，司法机关正是通过个案的裁判来制约立法权与行政权的。如果立法权或行政权普遍违宪或违法，这时司法权的力量就是杯水车薪，解决国家权力的腐败途径只能是通过革命来完成了。另外，司法权对立法权和行政权的制约是被动进行的，如果没有当事人通过诉讼来启动司法审查程序，司法机关不会主动对立法权和司法权进行审查。由于司法权对立法权和行政权的制约是个案的制约而不是整体的制约，所以弱小的司法权才可以顺利完成对强大的立法权和行政权制约的使命。个案的制约也使得立法权和行政权对来自司法权的制约更容易获得认同。

第三，司法是社会的正义之源来源于司法权本身的廉洁性。司法成为社会正义之源的前提之一是司法本身必须廉洁公正。因此在建设法治国家的进程中，许多国家都努力将司法打造成正义的化身。事实上，经过不断的努力，司法权在许多国家和地区都是国家机构中最为廉洁的权力。如美国，自联邦法院建立以来的

---

① ［美］汉密尔顿等：《联邦党人文集》，程逢如等译，商务印书馆1980年版，第391页。

200多年中，被弹劾的法官屈指可数，而新加坡自建国以来法官无一被弹劾。各国打造廉洁司法品牌的手段具有一定的相似性。如提高法官的准入制度、实行法官终身制与高薪制、严格规范法官裁判案件的程序等。在这些制度中，笔者认为司法程序在保障司法廉洁的过程中具有非常重要的作用。如与行政程序相比，司法程序更加公开、公正。为了保障法官判决的万无一失，各国还规定了案件的审级制度，一般国家都实行两审终审制，有些国家甚至实行三审终审制。司法具有最为严格、复杂、公开的程序，这是立法程序与行政程序所不能比拟的。司法受制的主体侧重于强大的社会力量的监督，司法的使命又主要在于控制立法权与行政权，这样的权力制约机制无异于把国家权力的运行通过司法最终置于社会力量的监督之下，从而使得监督找到了最有力的社会根基，为权利制约权力提供了切实可行的制度性安排。司法解决纠纷是在当事人的对抗中实现的，这一点也与行政权的运作方式不同，行政权是在与相对人的对抗中执行法律的，缺少三方的对抗与制衡。这一切都在一定程度上保障了司法权是社会的正义之源。

第四，司法权在国家权力制约的链条中处于源头地位。尽管立法权、行政权与司法权在国家权力制约关系中是互相监督的状态，在形式上处于互相监督的地位。但就实质而言，立法权与行政权对司法权的制约并不是主要的。根据司法独立原则，只要法官忠于法律，立法权与行政权对司法权的监督就难以发挥实质性的作用。如前所述，制约司法权的主要力量并不是来源于立法权与行政权，而是各种司法制度、律师制度、当事人、新闻媒体以及高薪制与终身制的保障等塑造出了廉洁自律的法官，特别是将公开审判与新闻媒体结合，把司法权的行使置于广大社会的监督之下，使得对司法权的监督找到了坚实的社会基础。相反，司法权对立法权与行政权的制约却是真实与重要的。立法是否违宪由司法来审查，行政的违法由司法权来纠正。这样司法权在国家权力制约的链条中就处于源头的地位，而司法权却在社会力量中找到了最后的坚实基础。

第五，在众多的纠纷解决机制中，司法是解决社会争议的最后一道防线。随着社会经济的进一步发展，社会关系也日益复杂化，社会纠纷也不断增多。为了迅速、快捷地解决社会纠纷，行政权、社会组织，甚至议会也在一定范围内分享了部分的司法权。但一般而言，这些纠纷解决机制一般都不具有终局性。例如，英国的行政裁判所和我国的行政复议机构有权对行政纠纷进行裁决，当事人对行政裁判所的裁决或行政复议结果不服就可以通过行政诉讼来寻求司法救济。而法院的司法判决则是最终的判决，任何政党、权力机关、社会团体和个人都不能推翻司法的判决，否则社会就永远处于不稳定状态。

综上所述，司法是社会的正义之源，是解决社会纠纷的最后一道防线，是保障社会正义的最后一道屏障。

二、司法是社会正义之源的法理阐释

上述所言是司法成为社会正义之源的基本原因,但司法是否能够真正成为社会的正义之源还需要另外一个非常重要的前提条件,这个前提条件就是国家、社会团体和个人,特别是强大的立法权和行政权具有服从司法判断的意识和对司法判决尊重的习惯。

如前所述,司法权在国家权力中处于非常弱小的地位,司法既无财权,也无军权,而只有判断权。司法判决的执行还需仰仗行政机关的协助。而司法案件的一方当事人极有可能是立法机关或行政机关,如违宪审查的一方当事人是立法机关,行政诉讼的一方当事人是行政主体(主要是行政机关)。强大的立法权或者行政权因何要服从弱小的司法判断,进而主动履行司法判决所确定的义务呢?司法判决的公正性是决定司法判决能否得到顺利执行的一个方面,特别是程序的公正更加重要。美国心理学家泰勒根据实地调查发现,人们在感受到法院行为的正当性时更愿意主动遵守法院的判决。但这还不是最重要的因素,因为法院判决是实体判决和程序判决的结合体,特别是程序公正与实体公正有时不具有统一性,许多判决在程序上是公正的,在实体上极有可能是不公正的。另外任何判决都是建立在一定的证据基础之上的,一方面当事人收集证据的能力是不同的,另一方面证据本身也可能随着时间的推移或者各种原因而灭失,而法官只能依靠现有的证据和法定的证明标准对案件依法做出判决。因此司法的公正只能是相对公正,虽然司法公正是司法判决得以顺利执行的原因之一,但司法判决的公正性还不足以使强者会主动履行司法判决。

决定司法判决获得尊重的另一个重要原因,或许是最为重要的原因便是尊重司法判决的意识。司法判决是依据法律作出的,司法判决的实现决定了法律规则的实现,服从司法判决的意识就是服从法律的意识。只有社会中的强者自愿服从法律,社会才会是一个有序的法治社会。这也正是亚里士多德把法律的遵守作为法治的第一含义的原因,"法治应包含两重意义:已成立的法律获得普遍的服从,而大家所服从的法律又应该本身是制定得良好的法律"[1]。因此强者如果没有法治意识,司法就不可能成为社会的正义之源。如果强者不服从规则,社会永远会处于弱肉强食的状态,有序社会就无法建立起来。"在猫和老鼠的政治游戏中,猫必须首先学会遵守规则,否则游戏就无法进行,这或许是破解任何政治过程全部哲理之关键。"[2]

在现代社会,强者服从司法判决除了法治意识的原因之外,还有一个重要的

---

[1] [古希腊]亚里士多德:《政治学》,吴寿彭译,商务印书馆1965年版,第199页。
[2] 姜起民:《实然与应然——人大对法院的监督关系研究》,吉林大学出版社2012年版,第181页。

原因，那就是人民的监督权。人民主权原则是宪法的逻辑起点和宪法的最基本原则。人民在成为国家的主人之后必然要解决国家权力的分工与制约问题，司法权控制立法权与行政权正是主权者为实现国家权力制约而做出的制度设计。支撑司法权控制立法权与行政权背后的力量是国家主权者的意志，或者说是人民的意志。美国的开国元勋们在对司法权审查立法权是否违宪时的分析，充分表明了司法权背后的主权者的力量："以上结论并无假定司法权高于立法权的含意。仅假定人民的权力实在二者之上；仅意味每逢立法机关通过立法表达的意志如与宪法所代表的人民意志相违反，法官应受后者，而非前者的约束，应根据根本大法进行裁决，而不应根据非根本法裁决。"① 立法权与行政权虽然强大，但与主权者的力量相比还是弱小的。其必须服从主权者对国家权力结构的设计与制度安排。人民可以通过各种途径，借助各种力量来迫使立法权和行政权服从司法的判决。正如托克维尔在评价美国联邦法院的法官为何拥有权威时所言："他们的权力是巨大的，但这是受到舆论支持的权力。只要人民同意服从法律，他们就力大无穷；而如果人民忽视法律，他们就无能为力"②。与其被迫履行司法判决，倒不如主动履行司法判决更好，久而久之，便养成了强大的立法权与行政权服从司法判决的习惯。其他社会主体对司法判决的履行的原理与此相同，况且司法权是以国家强制力为后盾的，其他社会主体的力量无法与国家的力量抗衡。由此，在政治权力运行良好的社会，对判决的履行已经不是一个问题了。

三、司法是社会正义之源的现实意义

司法是社会正义之源的理念对于构建国家权力的合理关系，建设社会主义法治国家，保障公民权利得到很好实现以及指导中国司法改革都具有重要的理论意义和现实意义。

首先，司法是社会的正义之源的理念是构建国家权力合理关系的需要。我国的政权组织形式是人民代表大会制度，在人民代表大会制度下存在着权力机关、行政机关、审判机关和检察机关，即权力机关之下的"一府两院"。在国家诸权力中，一府两院又是由各级人大产生的，人大地位高于同级的一府两院，一府两院由同级人大产生，受同级人大监督，而一府两院对人大没有反制约的权力。如前所述，如果人民不能通过司法途径来监督人大，对于人大的监督基本就处于真空状态。而在一府两院的关系方面，人民法院的实际地位也并不高。在人财物方面受制于同级人民政府，在审判过程中还受到人民检察院的监督与制约。按照司法是社会正义之源来说，司法权不仅必须对行政权具有强有力的制约，而且对议

---

① ［美］《联邦党人文集》，程逢如等译，商务印书馆1980年版，第393页。
② ［法］托克维尔：《论美国的民主》（上卷），董果良译，商务印书馆1997年版，第169页。

会制定法律的违宪审查也是其中的应有之意。在立法机关制定的法律违宪的情况下,"如果不赋予法院司宪的职权,就等于承认立法机关享有不受约束的无限权力,承认公仆可以凌驾于主人之上,如果如此,人民主权就成为一句空话"[1]。人民的利益也就难以得到很好的保障。

其次,司法是社会的正义之源的理念是实现法治国家,保障公民基本权利的需要。如前所述,古希腊哲学家亚里士多德将法治概括为两重含义,后人无论如何对法治进行诠释,其本质也基本没有脱离亚里士多德的概括。要想使法律得到普遍的遵守是不可能离开司法的权威的。没有司法的权威就没有法律的权威,没有法律的权威也就没有人民的权威,而没有人民的权威也就没有人民权利的保障。在我国法律又是在党的领导下由权力机关制定的,体现了人民的意志和利益,因此树立司法的权威与党的领导和人大的权威也具有高度的一致性,树立司法的权威既不会削弱人大的权威,更不会动摇党的权威。相反法律得不到严格的遵守,腐败现象得不到有效的遏制才是我们面临的难题。一个社会不可能没有权威,没有权威就会陷入混乱状态。如果法律没有权威,那么权威一定是在法律之外,这样的社会只能是人治社会,不可能是法治社会。当然法律还必须是良法,而司法权威也是保障制定之法是良法的重要前提之一。在国家的立法权、行政权和司法权中,司法权的首要使命在于控制立法权与行政权,司法权更加趋向于对公民权利的保护。

最后,司法是社会的正义之源的理念是我国司法改革必须遵守的准则。改革开放以来,中国司法改革存在着两个弊端,一是司法改革没有正确理论指导,二是司法改革缺乏整体性设计。司法改革必须尊重司法规律,司法是社会的正义之源是司法改革必须占领的理论制高点。司法改革方向就是要树立司法的权威,把司法打造成社会的正义之源。如果不秉承这一理念,司法改革就会偏离方向。如前所述,司法独立并不是司法权不受制约,司法独立的一面是指司法权要独立于立法权与行政权,对司法的制约主要通过议会的弹劾机制,诉讼程序的控制,法官素质的提高,建立法官的终身制与高薪制等来保障司法的权威。中国司法改革虽然轰轰烈烈地进行了几十年,但法官的终身制和高薪制却没有建立起来。而法官的终身制与高薪制是世界公认的,且为司法实践所证实的行之有效的司法独立起码标志。还有人担心对法官实行高薪制会增加国家的财政预算,殊不知:"多养一个廉洁的法官等于我们少养了几百个贪官,而少养一个贪官则可以多养几百个,甚至更多廉洁的法官。况且这只是从经济的角度来计算的,廉洁的法官对保障社会主义市场经济的正常发展、对树立法院的权威、对维护人们的法律信仰、对建

---

[1] 贺日开:《司法权威与司法体制改革》,南京师范大学出版社2007年版,第66页。

设法治国家都具有重大意义。而这些意义是无法用金钱来衡量的。"①

中国司法改革制度性改革居多，体制性改革居少，有些改革名不副实。如有关审判公开方面改革。审判公开是我国宪法及诉讼法早就作出规定的内容之一，如我国《宪法》第 125 条规定："人民法院审理案件，除法律规定的特别情况外，一律公开进行。"《刑事诉讼法》第 11 条也规定："人民法院审判案件，除本法另有规定的以外，一律公开进行。"司法公开方面的改革其实是对宪法、法律规定进一步的落实，本质上算不上真正的改革。中国司法的弊端主要来源于司法体制，而体制方面的改革只能是整体改革。

---

① 姜起民：《实然与应然——人大对法院的监督关系研究》，吉林大学出版社 2012 年版，第 162 页。

第二章

检察权的性质及检察机关的定位

检察权的性质是理顺法检关系的重要前提。判断检察权的性质不仅要以司法是社会正义之源为逻辑起点，而且应当结合检察权的功能来进行。检察权主要的功能是代表国家主动追溯犯罪，结合司法是社会的正义之源之原理，检察权在性质上只能是行政权，或者说检察权至多是一种特殊的行政权。根据检察权的性质及职权，人民检察院应当被定位为我国的检察机关，而不是法律监督机关。

第一节　检察权的性质

一、检察权性质概说

目前关于检察权的性质有行政权说、司法权说、双重属性说以及法律监督说等观点，笔者认为只有行政权说才符合司法是社会正义之源的原理。

行政权说认为，从检察机关的起源来看，检察机关就扮演着国王的法律顾问或者法律代理人的角色，代表国家对犯罪行为进行追溯，属于维护社会秩序的行政行为。许多国家检察机关设置在行政机关内部，英美法系国家尤其如此。从检察机关的组织体系和领导体制来看，检察机关遵循"检察一体制"的活动原则，检察机关在诸多方面都与行政权具有高度的一致性。特别是检察权不具有中立性、被动性、终局性等司法权的特有特征，因此检察权在性质上不是司法权，而是行政权。

认为检察权属于司法权的理由是：首先，检察权与审判权具有相同的价值目标，都是为了维护法律的尊严和社会公共利益。检察机关和审判机关的行为都是执法行为，检察机关不仅是司法程序的启动者，而且还是完成司法程序的推动者，二者互相作用，共同构成了整个司法活动。正如德国学者戈尔克所认为的，检察官虽非法官，但"如同法官般"执行司法领域内的重要功能。① 其次，在我国，根据宪法、法律的规定，检察机关和审判机关具有相同的法律地位，都独立行使审判权和检察权，不受行政机关、社会团体和个人的干涉。人大还按照相同的法律程序对检察院和法院进行监督。再次，检察官的身份保障和法官在许多国家都基本相同或类似，有些国家将检察机关设置在法院系统内部。最后，检察机关如果隶属于行政机关，则会受制于行政机关，很有可能会沦为当权者实现统治的工具。总之，检察机关行使职权的司法性、履行职务的客观义务性、组织体系的独立性、检察官职业的法律性决定了检察机关的司法性。并且检察权属于司法权在我国有关法律和政党重要文件中都具有明确的依据。②

双重属性说认为，检察权既有行政权的属性，同时也有司法权的属性，因此不能把检察权简单归为司法权或行政权。检察权的行政属性主要体现在检察机关上下级的领导与服从关系方面，检察权的上命下从的纵向关系以及体现"检察一体制"的相关制度是检察权行政属性的重要体现。检察权的司法属性表现在检察活动以适用法律为目的，检察机关在办理刑事案件的过程中具有一定的独立性，检察官的待遇与身份和法官具有类似性，在有些国家受同样的法律规范调整，因此检察官又被称为"站着的法官"。于是检察机关成了"半人半马兽"或者来路不明的"特洛伊木马"③。

法律监督说是我国目前大多数学者所持有的观点。该说认为：首先，检察机关的性质定位必须和一国的政治体制相适应。我国的根本政治制度是人民代表大会制度，而不是西方的三权分立制度。那种将检察权定位为司法权的观念是以三权分立制度为理论前提的。其次，我国的检察制度和我国的历史上的御史制度，检察权和御史权具有极大的相似性，法律监督权的定位反映了我国法律监督对传统法律文化的继承和发扬。④ 再次，将检察权定位为法律监督权在我国具有明确的宪法和法律依据，我国《宪法》第129条明确规定：中华人民共和国人民检察院是国家的法律监督机关。因此，将检察权定位为法律监督权不仅符合宪法明确的定位及权力分工制约原理，而且还符合检察机关职能状况及中华法系的历史传承。⑤

检察机关的性质定位总是以一定的标准为逻辑前提的。以三权分立为理论基础可以得出检察机关属于行政权；以人民代表大会制度为基础，检察机关的性质

---

① 参见林钰雄：《检察官论》，中国台湾学林文化事业有限公司2000年版，第86页。
② 参见陈光中：《中国司法制度的基础理论问题研究》，经济科学出版社2010年版，第197~204页。
③ 参见林钰雄：《检察官论》，中国台湾学林文化事业有限公司2000年版，第66页。
④ 参见邓思清：《检察权研究》，北京大学出版社2007年版，第46页。
⑤ 参见王玄玮：《中国检察权转型问题研究》，法律出版社2013年版，第82~86页。

就是法律监督权。以检察权的某些特征为基础,则得出检察权既有行政权的特征,又具有司法权的特征之结论。

笔者认为,检察权的定位必须从两个方面入手:

第一,必须要解决谁是社会正义之源的问题,从而解决谁来监督监督者的问题。如前所述,司法是社会的正义之源,立法的违宪由司法来纠正,行政的违法由司法来审查,从而使人民借助司法权来达到制约立法权和行政权的目的。司法权在国家这台复杂的机器中虽然力量不大,但却是国家机器不可或缺的重要中枢,没有司法的权威,建立法治社会只能是一种美好的幻想。正因为有了司法的最终权威,国家立法权和行政权的行使才会受制于法律。检察权无论属于何种性质的权力,其都不具有超越司法权之上的权威,否则就会颠覆社会的正义之源,永远无法解决谁来监督监督者的问题。所以,检察权不可能是司法权。

第二,检察权的定位必须结合检察权的功能来进行。从检察权的功能来看,不可否认的一个事实是,无论检察权的性质如何,但世界各国检察权的功能却大致相似。检察权的功能可以概括为两大功能,即侦查权与公诉权。这两大功能的核心是国家对犯罪行为的追溯,其本质上属于行政权。检察机关其他功能可以说是这种权力的派生权力,不具有根本性。违法与犯罪在某种程度上具有同质性,只是对社会的危害程度不同而已。违反行政法律规范由行政主体来矫正,违反刑事法律规范由检察机关来追溯。行政权和检察权都不具有终局性,最终都要接受司法审查。从这一点来说,检察权和行政权具有同质性,检察权是一种特殊的行政权。

二、否定检察权是司法权的理由

第一,不能因为检察机关参与或推动了刑事诉讼的进程而将检察权定位为司法权。如果这样的话,自诉案件的原告及其律师和公诉案件的被告及律师也参与了诉讼的全过程或主要过程,也同样推动了诉讼的进程,我们却没有将他们定位为司法权。

第二,检察官在待遇或身份方面与法官相似,也不足以说明检察权就是司法权。检察机关的重要功能是依法代表国家追溯犯罪行为,因此为了保证检察权准确地打击犯罪,保障无辜的人不受追究,检察官必须具备良好的法律素质,正如律师也应当具备良好的法律素质一样。相似不等于相同,例如很少有哪个国家规定检察官的终身制。

第三,检察官在某种程度上的独立性也不是将检察权定位于司法权的根据。检察权具有一定的独立性是为了保障其在追溯犯罪过程中排除不利因素的干扰。但检察一体原则决定了检察权的独立远不能和审判权的独立相比。虽然我国现行宪法对检察权与审判权的独立地位给予了相同的表述,但仅指检察权和审判权在独立于行政机关和社会团体方面是相同的，并不表明检察权的独立与审判权的独立程度是相同的，因为检察权上下级之间的关系是领导和被领导的关系，而法院上下级之间的关系是监督和被监督的关系。1954年《宪法》对审判独立的规定更加清楚表明了检察独立与审判独立的区别。五四宪法第78条规定"人民法院独立进行审判，只服从法律。"而却没有规定："人民检察院独立行使检察权，只服从法律。"

第四，至于辩诉交易以及酌定不起诉等类似于司法的终局行为也不能成为检察权是司法权的理由。因为部分行政行为也具有终局性，免受司法权的审查，而我们不会认为行政权是司法权。赋予检察机关辩诉交易及酌定不起诉主要是基于追溯犯罪的效率和成本来考虑的，这与自诉案件的原告在起诉前衡量诉讼利弊的情况基本相同。

第五，检察机关在有些国家不隶属于行政机关也并不能说明检察权就是司法权。司法权在本质上是判断权，犯罪嫌疑人是否有罪或罪轻、罪重的判断权在法院和法官，而不是检察院。检察权独立于行政机关只有在行政机关及其工作人员被追究刑事法律责任时才具有正当性。我们不能根据检察机关在体制设置上不隶属于行政机关就认为其是司法权，就如同我们不能根据行政机关在设置上不隶属于立法机关就认为行政权是司法权一样。

三、否定检察权是法律监督权的理由

第一，《宪法》第129条规定："中华人民共和国人民检察院是国家的法律监督机关"。虽然宪法对检察权进行了如此的定位，但从检察权的功能来看，法律监督的定位并不准确。根据《人民检察院组织法》第5条及相关法律规定，检察权的主要职责是：对刑事案件的侦查、对公安机关侦查活动监督、刑事案件的执行、提起公诉、对审判活动实行监督等。在诸种职权中，除了对审判活动实施监督外，其他职权都属于行政职权的范围。而根据司法是社会正义之源及司法独立原理，检察权对审判权的监督不具有正当性。因为在刑事公诉案件中，公诉权本来就以国家的强制力为后盾，其力量远远强于被告方。检察权既是诉讼法律关系的一方当事人，又是审判活动的监督者，这就进一步破坏了控辩双方的平衡，同时也违背了"自己不做自己案件法官"的自然公正原理。在民事诉讼和行政诉讼中，检察机关的主张要么对原告有利，要么对被告有利，检察机关的参与也会破坏双方当事人诉讼地位的平衡。在公益诉讼中检察机关也处于一方当事人地位，赋予其审判监督权也同样不具有正当性。如果排除了检察机关对法院的诉讼监督权，检察机关其余的权力则基本属于刑事追溯权，其本质是行政权。因此法律监督权定位并不准确。我国将检察权定位于法律监督权的一个原因是新中国成立后将检察权的监督职能定位于一般监督职权。实践证明，一般监督权使得检察机关承受了

不能承受之重，所以 1982 年《宪法》就不再规定检察机关对"公民是否遵守宪法和法律，行使检察权。"

第二，法律监督权的定位和我国实行人民代表大会制度具有直接关系。我国政权组织形式预设了一个理论前提，那就是国家机构中存在着一个最高的权力机关，而其他机关则处于次一级的地位。最高权力机关为了实现对行政权和司法权的监督创设了检察机关。从系统论的观点来看，政治监督可以划分为系统内自循环监督和系统之间的交互监督两大类。以人民代表大会制度为前提的监督系统本质上属于系统内自循环监督，其最大缺点是不能对系统内最高决策权本身进行监督。[1] 这就使得国家权力监督具有了不周延性，其无法解决谁来监督监督者的问题。也许有人会说，检察机关监督行政机关和司法机关，而检察机关受人大监督，人大受人民监督。但是人民监督人大并非易事，人民监督人大必然通过有效的法律途径来进行，离开了司法的权威监督就无法很好地运作。再说人大行使立法权是人大代表集体进行的，人民罢免个别人大代表具有不合理性，反而不如司法权对立法是否符合人民的根本意志（宪法）进行审查更为切实可行。其实法院对人大的立法进行违宪审查也不表明法院的地位就一定高于人大，而是说当人民代表的意志和宪法相冲突时，法院应当以人民的意志为准，即"宪法与法律相较，以宪法为准；人民与其代表相较，以人民的意志为准"。[2] 在我国，全国人大具有双重属性，既是国家的最高权力机关，又是行使最高立法权的机关。司法权对立法权的审查也可被看作是对全国人大立法权的审查，并不否定全国人大作为最高权力机关的地位。再说，人民代表大会制度是我国的政权组织形式，政权组织形式的上位概念是政体，政体的上位概念是国体，政权组织形式不具有根本性。

将检察机关独立于行政机关的唯一正当理由在于，为了实现《人民检察院组织法》第 6 条的功能："人民检察院依法保障公民对于违法的国家工作人员提出控告的权利，追究侵犯公民的人身权利、民主权利和其他权利的人的法律责任。"即对行政人员的违法行为监督需要检察权和行政权保持一定的独立性。否则监督就无法顺利进行。其实，检察权从其产生之日起其最主要职能就是代表政府对犯罪行为进行追究，对行政机关违法犯罪行为的监督只占其中一小部分，因为行政机关主要领导人的失职行为可以通过权力机关的质询、罢免来进行，行政机关的违法行为还可以由行政相对人通过行政诉讼由司法机关来纠正。仅在检察权来追究行政机关工作人员的情况下在理论上才要求检察权与行政权的分离。而这部分犯罪只是制约行政腐败的一种特殊形式，可通过特别的检察制度来规范。如美国为了对付政府官员犯罪行为，参议院任命了一个超然独立的、不属于现行检察系统

---

[1] 参见蔡定剑：《国家监督制度》，中国法制出版社 1991 年版，第 15 页。
[2] ［美］汉密尔顿等：《联邦党人文集》，程逢如等译，商务印书馆 1980 年版，第 393 页。

的"独立检察官"。我国也可以尝试将监察部门作为专门的追究国务院组成部门和地方行政机关及其工作人员的犯罪的机构,监察部在地方设立自成体系的机构,实行垂直领导,不受地方行政机关和权力机关的干涉。当然,行政机关工作人员是否犯罪的最终判断权在法院。国务院如果有重大违法行为可由全国人大及其常委会特设专门监督机构来调查。或者我们也可以设立类似于瑞典的议会监察专员制度,不一定非要将检察机关设置为一个专门的法律监督机关。

另外,在分析检察权的性质时,一定要区分检察机关的性质和检察机关在国家权力结构中的功能。笔者认为,将检察权的性质定位为法律监督混淆了二者之间的关系。应该说,法律监督是检察权在国家权力结构中的功能定位,而非检察机关的性质。检察权在性质上是行政权并不绝对排斥其作为国家法律监督机关的功能定位。

总之,只有以司法为正义之源作为逻辑起点来构建国家权力关系,才能既克服系统内自循环监督的缺点,又吸收系统之间的交互监督的优势,使国家权力监督链条形成闭合状态。因此检察权不具有超越司法权之上的权威,结合检察机关的主要职能来看,检察权只能是行政权,或者是一种特殊的行政权。

第二节 检察机关的定位与检察权的配置

检察机关的定位是指检察机关在一国宪政体制下的地位和功能,即检察机关在与其他国家机关之间的权力分工过程中所处的地位与所应当发挥的作用。检察机关的定位与检察权的性质不同。如前所述,检察权的性质是指检察权是司法权、行政权、法律监督权,还是兼有行政和司法权的问题。

检察权的配置是指:"为适度限制权力和有效保护公民合法权益,在主权国家特定宪政制度框架内,由立法机关按照一定的立法程序,遵循特定共同体的文化历史传统和社会公众领域所共同形成的主观法权诉求,界定检察权力性质,组织和构建检察机关,赋予检察机关行使特定强制权力,规范检察权运行机制的规范性活动。"[①] 检察权配置的结果表现为一国宪政体制内检察机关所享有的具体职权。检察机关的定位与检察权的性质在一定程度上决定了检察权的配置,检察权的配置则反映了检察机关的定位与性质。相比之下,检察机关的定位对检察权的配置起到了决定性的作用。从实然的角度来说,检察权的性质应当具有唯一性,不会因为国家性质和体制的不同而发生变化,世界各国检察权的配置之所以具有很大的差别,从一定程度上说主要是由检察机关的定位所决定的。而一国对检察

---

① 韩成军:"检察权配置基本问题研究",载《河北法学》2011年第12期。

机关的定位又不是随心所欲的，检察机关的定位受到检察权的性质、国家体制、政治理念、历史传统等多种因素的制约。

一、检察机关的定位与检察权配置的历史与现状

我国检察机关的定位与检察权的配置在法律规定上并不是同时出现的。从理论上说，检察机关的定位应当先于检察权的配置而存在。但在法律上，我国首次明确检察机关定位的是1979年7月1日第五届全国人民代表大会第二次会议通过的《中华人民共和国人民检察院组织法》，该组织法第1条规定："中华人民共和国人民检察院是国家的法律监督机关。"之后，现行的1982年《宪法》第129条也作出同样的规定，从而使检察机关的定位在宪法上首次得到了明确。而检察权的配置则早在1949年9月中国人民政治协商会议第一届全体会议通过的《中华人民共和国中央人民政府组织法》就作了明确的规定，该法第28条规定："最高人民检察署对政府机关、公务人员和全国国民之严格遵守法律，负最高的检察责任。"虽然该组织法没有明确规定检察权的定位，但从检察权的配置不难看出，当时我国将检察机关定位于"一般监督"机关。也就是检察机关可以对一切主体的违法行为实施检察监督。

之后，1949年12月批准的《中央人民政府最高人民检察署试行组织条例（草案）》以及1951年9月3日中央人民政府委员会第十二次会议通过的《中央人民政府最高人民检察署暂行组织条例》都对检察机关赋予了一般监督权。如《中央人民政府最高人民检察署暂行组织条例》第2条规定："中央人民政府最高人民检察署，为全国人民最高检察机关，对政府机关、公务人员和全国国民之严格遵守法律，负最高的检察责任。"第3条对检察机关的职权作出了如下具体的规定："最高人民检察署受中央人民政府委员会之直辖，直接行使并领导下级检察署行使下列职权：（一）检察全国各级政府机关、公务人员和全国国民是否严格遵守中国人民政治协商会议共同纲领、人民政府的政策方针和法律法令；（二）对反革命及其他刑事案件，实行检察，提起公诉；（三）对各级审判机关之违法或不当裁判，提起抗诉；（四）检察全国监所及犯人劳动改造机构之违法措施；（五）处理人民不服下级检察署不起诉处分之声请复议案件；（六）代表国家公益参与有关全国社会和劳动人民利益之重要民事案件及行政诉讼。"

1954年宪法以国家根本法的形式进一步明确了检察机关的一般监督权的定位。1954年《宪法》第81条规定："中华人民共和国最高人民检察院对于国务院所属各部门、地方各级国家机关、国家机关工作人员和公民是否遵守法律，行使检察权。地方各级人民检察院和专门人民检察院，依照法律规定的范围行使检察权。"同时通过的《中华人民共和国人民检察院组织法》第4条对检察机关的职权作出了与1951年9月通过的《中央人民政府最高人民检察署暂行组织条例》基

本相同的规定，只是在内容上作了少许的变化，即取消了检察机关参与行政诉讼的职权，同时新增加了两条：一是地方各级检察院对地方国家机关的决议、命令和措施是否合法实施监督，并对国家机关工作人员和公民是否遵守法律实行监督；二是检察机关对侦查机关侦查行为的合法性和刑事判决执行进行监督。

1975 年"文革"期间通过的宪法则取消了检察机关作为国家法律监督机关的主体地位，该法第 25 条规定："检察机关的职权由各级公安机关行使。检察和审理案件，都必须实行群众路线。对于重大的反革命刑事案件，要发动群众讨论和批判。"1978 年宪法恢复了 1954 年宪法的规定，仍然将检察机关的监督权定位于一般监督。1982 年宪法第一次以根本法的形式确规定了检察机关是国家法律监督机关的定位，但将检察院对国家机关的决议、命令等合法性的监督权赋予了人大及其常委会。根据 1983 年 9 月 2 日第六届全国人民代表大会常务委员会第二次会议通过《关于修改〈中华人民共和国人民检察院组织法〉的决定》第 5 条规定，人民检察院享有下列职权："（一）对于叛国案、分裂国家案以及严重破坏国家的政策、法律、法令、政令统一实施的重大犯罪案件，行使检察权。（二）对于直接受理的刑事案件，进行侦查。（三）对于公安机关侦查的案件，进行审查，决定是否逮捕、起诉或者免予起诉；对于公安机关的侦查活动是否合法，实行监督。（四）对于刑事案件提起公诉，支持公诉；对于人民法院的审判活动是否合法，实行监督。（五）对于刑事案件判决、裁定的执行和监狱、看守所、劳动改造机关的活动是否合法，实行监督。"通过实施检察权达到该法第 4 条规定之目的："人民检察院通过行使检察权，镇压一切叛国的、分裂国家的和其他反革命活动，打击反革命分子和其他犯罪分子，维护国家的统一，维护无产阶级专政制度，维护社会主义法制，维护社会秩序、生产秩序、工作秩序、教学科研秩序和人民群众生活秩序，保护社会主义的全民所有的财产和劳动群众集体所有的财产，保护公民私人所有的合法财产，保护公民的人身权利、民主权利和其他权利，保卫社会主义现代化建设的顺利进行。"从另一个侧面来说，这也属于检察权的职权。修订后的人民检察院组织法去掉了对普通公民是否遵守宪法和法律的监督权，但从组织法第 4 条的规定来看，检察权的职权依然是一般法律监督。

二、检察机关定位的基本原则

如前所述，检察机关的定位决定着检察权的配置，因此这里主要探讨一下检察机关定位的主要原则。笔者认为，检察机关的定位必须遵循以下四项基本原则：尊重宪政体制原则、符合权力制约原则、依据检察权性质原则以及权力行使的有效性原则。

（一）尊重宪政体制原则

我国的政体是共和政体，政权组织形式是人民代表大会制度。人民代表大会制度是按照民主集中制的原则构建起来的。这与西方按照分权制衡原则确立起来的政权组织形式具有很大的区别。"西方议会制的核心是分权与制衡，国家权力分由不同机关行使，各自独立、相互制约，没有一个专制的、最高的权力。"① 而我国政权组织形式是由人民代表大会来高度集中行使国家权力，人民代表大会是我国的权力机关，人民代表大会产生"一府两院"，"一府两院"对人大负责，人大对人民负责。按照人民代表大会的体制设计，检察机关是国家的一个独立的国家机关，既不隶属于行政机关，也不隶属于人民法院。我国将检察机关作为一个单独的法律监督机关，既有历史的原因，同时也受到苏联政治体制的影响，在一定意义上也与孙中山先生的五权宪法中"监察权"有一定的联系。检察权作为国家权力的一种形式在各国都是存在的，特别是在行使公诉权方面各国具有高度的一致性，只是检察机关在各国的定位不同。有的国家将检察机关仅仅定位于公诉机关，有的国家将检察权定位于行使公诉权和监督与制约侦查权的机关，我国将检察机关定位于法律监督机关，但其行使的职权目前也主要是公诉权、对国家公职人员犯罪的侦查权以及监督公安机关的侦查行为。将检察权作为一项与人民政府和人民法院具有同等地位的国家机关来协助人民代表大会行使监督权具有一定的合理性和可行性。在现有的政治体制框架内检察机关还有充分的权力运行空间，如果取消检察机关的宪法地位，将检察机关纳入行政机关的一部分或作为人民法院的内设机关可能会导致政治秩序的混乱。因此对检察机关的定位要尊重宪法的制度设计。

（二）符合权力制约原则

权力制约原则是指国家各权力之间要互相监督、互相制衡，从而保障权力不被滥用，以达到保障公民权利的目的。权力制约的前提是国家权力的分立。最早的分权思想可以追溯到古希腊时期。亚里士多德在其《政治学》一书中曾经指出："一切政体都有三个要素——议事职能、行政职能和审判职能。"② 古罗马思想家波利比阿则初步提出了分权制衡的主张，他把政府分为人民大会、元老院和执政官三部分，并认为三种权力均衡发展、互相配合、彼此合作才能保证国家机构的稳定，当国家某一部门过分揽权的时候就应当受到其他部门的抵制。"任何越权的行为都必然会被制止，而且每个部门自始就得担心受到其他部门的干涉……"③ 近代分权思想首先由洛克所倡导，而后由孟德斯鸠加以发展并完成的。洛克在《政府论》一书中把国家权力分为立法权、执行权和对外权，并认为三种权力不能集中在某一个团体或某一个人的手中以防止诱惑人们去攫取权力，但洛克的分

---

① 蔡定剑：《中国人民代表大会制度》（第四版），法律出版社2003年版，第134页。
② ［古希腊］亚里士多德：《政治学》，吴寿彭译，商务印书馆1965年版，第214页。
③ ［古罗马］波利比阿：《罗马史》（第6卷），生活·读书·新知三联书店1957年版，第53页。

权其实是立法权与行政权的两权分立。孟德斯鸠在洛克分权的基础上将国家权力分为立法权、行政权和司法权，并认为国家的权力不能集中在一个人或一个机关的手中，否则公民的权力就没有保障。

我国虽然不实行三权分立的政权组织形式，但也存在着国家权力的分工，人民代表大会制度也在一定程度上体现了分权制衡的思想，如人大主要负责立法权的行使，政府机关主要行使行政权，人民法院负责审判工作，人民检察院则享有对法律实施的监督权。从理论上说，人大的权力是包罗万象的，可以行使任何国家权力，只是由于工作需要或人大能力所限才把行政权、审判权和检察权交给了行政机关、审判机关和检察机关来行使。单独设置检察权的目的正是为了很好地实现国家权力的互相制约。根据人民代表大会制度，检察机关没有对人大反制约的权力，但检察机关对行政机关和人民法院的监督与制约是十分明确的。对行政机关的制约主要体现在对行政机关工作人违法犯罪行为的侦查权与提起公诉权，对监狱执行刑罚的监督权，以及对公安机关和国家安全机关的侦查进行约制权。对人民法院的监督主要针对人民法院审判行为进行监督，当然也包括对人民法院工作人员的腐败行为进行制约，甚至对人大工作人员的违法行为也具有制约的权力。虽然我国宪法将检察机关定位于法律监督机关，但检察机关的这种监督在本质上是对国家权力的制约。以权力制约来定位人民检察院还是以法律监督来定位人民检察院，会对检察权的配置产生不同的结果。

（三）依据检察权性质原则

检察机关的定位除了尊重宪政体制和符合权力制约原则以外，还必须以检察权的性质为基础。背离检察权的性质来定位人民检察院在理论上是错误的，在实践中会引发各种问题。当然，权力的定位和权力的配置并不总是完全相符的，有时也会发生权力配置和权力定位的错位。比如在英国的宪政史上，行使立法职能的上议院和行使行政职能的枢密院同时又是行使最高司法权的机关，这与分权原则和法治原则基本是冲突的。虽然人们并不否认英国是一个法治国家，但这种体制上的弊端是显而易见的，为此英国政府对其宪政体制进行了重大修改，最终依据《2005年宪制改革法案》第三章而设立了英国最高法院，并于2009年10月1日起开始运作，从而结束了司法职能与立法职能和行政职能混同的历史。如前所述，检察权本质上是行政权，如果强行将检察机关定位于泛泛的法律监督权而对任何机关，特别是对人民法院的司法权进行监督，就必然会带来各种弊端。

（四）权力行使的有效性原则

权力行使的有效性是指在国家机关的设置与职权配置方面要科学、精干、合理；国家机关在行使权力时，不仅要提高权力行使的质量，而且还要保障权力行使的效率。为此，首先，要做到在国家机关的设置方面要精简机构，不能重复设置，浪费国家的有限资源。其次，在国家机关的职权配置方面，要做到分工明确、责任明晰、权责一体。已经配置给其他国家机关的权力就不能再重复配置给另一个国家机关。国家机关职权的重复配置必然导致分工不明、职责界限不清、互相推诿的现象发生。再次，为了保障国家权力行使的质量，必须根据国家权力的性质配备相应素质的工作人员以及行使国家权力所必需的物资保障。立法机关、行政机关、司法机关的工作性质不同，对其成员的素质要求也不尽相同。即使是同一机关不同部门之间对工作人员的素质要求也不尽相同。最后，为了保障国家权力行使的效率，必须要求国家机关的定位和职权配置相互协调，既不能定位很高，而职权配置却远不能满足该机关定位的要求，也不能机关定位较低，但职权配置过剩。两种情况都会严重影响该机关的工作效率。

三、检察机关定位与检察权配置存在的问题

我国现行《宪法》第129条规定："中华人民共和国人民检察院是国家的法律监督机关。"根据上述检察机关定位的四项基本原则，结合检察权的职权来分析，笔者认为我国检察机关的定位不够准确，而且检察职能也过于宽泛。

首先，将检察机关定位于法律监督机关在表述方面就不够科学和准确。在法理学上，法律监督有狭义和广义两种解释。"狭义的法律监督指有关国家机关依法定职权和程序对立法、执法、司法等法制运作过程的合法性进行的监察、制控和督导；广义的法律监督指一切国家机关、政治或社会组织和公民对法的全部运作过程的合法性所进行的监察、制控和督导。"[①] 因此从一般的法理来解释，法律监督的主体具有广泛性，所有国家机关，甚至包括公民都是法律监督的主体。依据监督主体不同，可以将法律监督划分为国家监督和社会监督。国家的立法机关、行政机关和司法机关都是法律监督的主体，只是监督方式不同而已，因此法律监督职能不为检察机关所独有。将检察机关定位于法律监督机关，从字面上很难预测或推测到检察机关究竟享有哪些具体的职权。检察机关的定位是检察权配置的基础和前提，在定位模糊的情况下，就有可能产生检察权配置标准不易确定，检察权配置过多或过少的现象，从而不利于发挥检察机关的功能。

其次，现行的《人民检察院组织法》对检察权的配置过于宽泛。将检察机关定位为法律监督机关在很大程度上受到了苏联将检察机关定位于一般监督的影响。我国从新中国成立后，直到1978年《宪法》这种定位仍然未改变。1978年《宪法》第43条仍然赋予了最高人民检察院对国家机关和公民是否遵守宪法和法律行使检察权。但现行的《人民检察院组织法》已经取消了检察机关对公民是否遵守宪法和法律行使检察权的规定。现行组织法作出这样的规定是符合法理的。因为按照权力分工与有效性原则，公民的违法行为可以划分行政违法行为、刑事违法行为

[①] 张文显主编：《法理学》，高等教育出版社2003年版，第285页。

和民事违法行为，违反行政法的行为显然应该属于行政机关的职权范围，民事违法行为主要由当事人借助人民法院来解决，只有当公民触犯了刑法后，检察机关才有权介入调查并提起公诉。但现行的《人民检察院组织法》对检察权的配置仍然过于宽泛，有些职权和其他国家机关职权互相重叠，界限模糊不清。如检察机关对行政官员腐败案件的查处就与纪检监察部门的职权存在着交叉与重合现象。再比如检察机关对于人民法院的审判活动是否合法实行监督，有一定的不妥。检察权在性质上是行政权，人民法院的审判行为属于司法权，根据司法的终局性，检察机关在案件审理过程中应当处于案件当事人地位，不应该享有优越于法律赋予其他当事人的诉讼权利。特别是人民检察院的职权配置和检察目的或功能也无法做到统一，现行的《人民检察院组织法》第 4 条赋予了人民检察院广泛的职责或目的，而这些目的或职责是国家立法机关、行政机关、司法机关、军事机关、政党以及社会组织等共同协作才有可能达到目的，将这样的艰巨任务赋予检察机关会使检察机关不堪重负，也不符合权力分工原则。再说宪法和法律赋予检察机关的职权是有限的，凭借有限的职权来实现上述的目的是根本不可能的。

另外，虽然检察权配置存在着广泛的一面，但同时也有欠缺的一面，只不过欠缺一面的问题不太明显而已，有些本应当属于人民检察院的职权却没有赋予人民检察院，如公益诉讼权。

第三节　检察机关的应然职权

根据有关法律、法规的规定，人民检察院现有的职权如下：（1）对直接受理的刑事案件进行侦查；（2）对侦查终结的刑事案件提起公诉；（3）对公安机关的侦查监督和人民警察执行职务的行为进行监督；（4）对行政诉讼、民事诉讼和刑事诉讼审判活动进行监督；（5）对监狱执行刑罚的活动、看守所的监狱管理活动进行监督；（6）发布司法解释。另外，最高人民检察院在其认为行政法规、地方性法规、自治条例和单行条例同宪法或者法律相抵触时，可以向全国人民代表大会常务委员会书面提出进行审查的要求。当然，现实的检察权运行过程中，检察机关自身还发明了一些权力，如职务犯罪的预防等。

由于我国对检察机关的定位过于宽泛，因此仅从我国现行《宪法》第 129 条规定的"中华人民共和国人民检察院是国家的法律监督机关"我们还不能确定检察机关的具体职能。这里我们不妨从国家机关各权力之间相互关系出发，根据上述检察机关的定位原则来反推检察机关的职权，从而最终确定检察机关的定位。笔者认为按照上述逻辑，检察机关应当保留的职权是：（1）对直接受理的刑事案件进行侦查；（2）对侦查终结的刑事案件提起公诉；（3）对公安机关的侦查活动进行的侦查监督；（4）对监狱执行刑罚的活动、看守所的监狱管理活动进行监督；（5）对人民警察执行职务的行为进行监督。应当取消的职权是：（1）发布司法解释权；（2）对行政诉讼、民事诉讼和刑事诉讼审判活动进行监督权。应当增加的职能是：提起公益诉讼权。

（一）检察机关应当保留的职权及其理由

1. 对直接受理的刑事案件进行侦查的保留理由

根据我国刑事法律的相关规定，人民检察院自侦案件的范围主要是：贪污、贿赂犯罪案件；国家工作人员的渎职犯罪案件；国家机关工作人员利用职权实施的侵犯公民人身权利的犯罪以及侵犯公民民主权利的犯罪案件，具体包括：非法拘禁案、非法搜查案、刑讯逼供案、暴力取证案、体罚、虐待被监管人案、报复陷害案、破坏选举案；国家机关工作人员利用职权实施的其他重大犯罪案件。人民检察院直接受理的刑事案件主要涉及国家机关工作人员的职务违法犯罪行为，由于国家机关工作人员一般掌握着国家权力，查处难度较大，反侦察的能力也比较强。特别是国家行政机关更是职务犯罪的多发地，如果由公安机关来查处就违背了起码的自然公正原则，因为公安机关本身就是行政机关的重要组成部分。单独设立检察机关不仅可以集中国家的侦查资源形成合力，而且在侦查技术、装备等方面也会逐步形成规模，检察机关工作人员也会积累专门侦破职务犯罪案件的经验和技能等。检察机关查处职务犯罪案件体现了权力制约原则，也是我国单独设立检察机关的最重要的理由。从世界各国的反腐模式来看，对职务犯罪的侦查模式主要可以划分为四类：第一类是检察机关专有职务犯罪侦查模式，如日本和罗马尼亚等国，职务犯罪的侦查权单独赋予了检察机关；第二类是警察机关专有职务犯罪侦查模式，如澳大利亚、巴西、英格兰和威尔士地区、瑞士、爱沙尼亚、马其顿、加拿大等国，加拿大的皇家骑警队（RCMP）就设有专门的腐败犯罪调查科；第三类是独立的反腐机构专有职务犯罪侦查模式，如新加坡的贿赂调查局、菲律宾的独立调查处、印度的中央调查局、泰国的反贪污委员会以及我国香港地区的廉政公署等；第四类是检察机关和警察机关共有职务犯罪侦查模式，如法国、德国、意大利、西班牙、葡萄牙、挪威、丹麦、希腊等国。我国则属于检察机关专有职务犯罪侦查模式。也有学者建议我国应当成立专门的廉政公署，以解决检察机关集侦查、逮捕、提起公诉于一体的状况。[①] 但笔者考虑到司法体制改革渐进性、大众对检察机关的依赖性以及我国检察机关体制单独设立的优势，还是认为将反贪案件的侦查交由检察机关行使比较稳妥，检察机关自身的监督问题可以通过检察机关内部分权或其他途径来解决，因为检察权不是终局性的权力。

[①] 参见崔敏："论司法权力的合理配置"，载信春鹰、李林主编．《依法治国与司法改革》，中国法制出版社1999年版，第368~382页。

2. 对刑事案件提起公诉权的保留理由

提起公诉是世界各国检察机关的重要职权之一,是检察机关追述犯罪的重要手段。在人类历史的相当长的时期内,刑事犯罪仅仅被看作是对受害人的侵犯,起诉活动也主要以受害人或其近亲属以自诉的方式向法院提起。随着社会和国家的发展,到了近代社会,大多数国家都意识到刑事犯罪不仅仅是对个人的侵害,更是对社会的侵害,也就是马克思所说的孤立的个人反对"统治关系"的行为。因此绝大多数国家将刑事犯罪的起诉权由国家机关来行使,这也是许多国家建立检察机关的原因。从某种程度上来说,没有公诉权就没有检察机关。但是由于各国历史传统和法治实践不同,赋予检察机关公诉权的时间先后也有一定差别,而且检察机关在提起公诉权的范围方面也有差异,有的国家检察机关独揽了公诉权,如日本。有些国家则允许自诉在一定范围内存在,如英国。我国则属于后者。我国《刑事诉讼法》第204条规定了自诉案件的种类。

3. 对公安机关的侦查监督权的保留理由

侦查行为是以追溯犯罪与刑罚为目的特殊行政行为,往往会涉及公民的人身自由权的保障问题,因此对公安机关的侦查监督是十分必要的。根据我国法律的规定,检察机关对公安机关的侦查监督是检察权的重要组成部分。目前学界对侦查监督的内涵还存在着一定的分歧,有学者认为侦查监督仅仅是对侦查活动的监督,将审查批捕和审查起诉排除在侦查监督之外;另一种观点认为侦查监督包括对公安机关全部侦查活动的监督,审查起诉和审查批捕也属于侦查监督的范围;还有学者认为,包括审查批捕、审查起诉以及侦查活动监督三个方面。[①] 笔者赞同侦查监督是对侦查机关整个刑事侦查工作的监督的观点,侦查工作当然也包括对公安机关立案活动的监督。同时审查批捕也是一种重要的对侦查工作监督的手段或途径。至于审查起诉,如果从提起公诉的角度来看,其属于检察机关的行为,如果从对侦查机关的工作监督角度来说,其又属于对公安机关侦查结论的把关,因此也可以认为审查起诉是侦查监督的组成部分。从世界范围来看,检察机关对警察的侦查活动监督也属于普遍现象,只不过是检察机关对警察的监督权大小有所区别而已。根据检察机关对侦查工作监督的程度不同,可以将其划分为"检察主导侦查模式下的侦查监督"和"警察主导侦查模式下的侦查监督"两种类型。前者如法国、德国、意大利、日本等国,后者如美国和英国等。在检察主导侦查模式的国家,侦查权由检察机关和警察机关共同行使,但检察机关不仅可以指挥、监督警察机关的侦查工作,而且必要时还可以自行侦查。在警察主导侦查模式下的国家,警察机关和检察机关各自具有独立的地位和侦查权,或者警察独揽侦查权,检察机关独揽提起公诉。虽然警检之间在行使职权时也互相合作,但他们之

---

① 王桂五主编:《中华人民共和国检察制度研究》,法律出版社1991年版,第300页。

间不存在领导与被领导的关系。我国检察机关对公安机关侦查监督基本属于检察主导侦查模式下的侦查监督。公安机关是行政机关的一部分，对行政权的控制是检察机关独立存在的最重要理由。

4. 对监狱执行刑罚的活动、看守所的监狱管理活动进行监督

监狱执行刑罚活动、看守所的监狱管理活动往往关乎公民的人身自由权，特别是刑罚的执行活动还是国家刑事诉讼制度的重要组成部分，是刑事诉讼的关键阶段。在刑事诉讼中，侦查、公诉、审判、执行四个阶段构成了完整的刑事诉讼过程，执行是其中重要的一个环节，只有法院的生效刑事判决得到客观、公正的执行，才有可能实现国家刑事诉讼的目的。因此检察机关对生效刑事判决实施检察也是世界各国检察权的重要组成部分。为了保障刑事判决和裁定的有效执行，世界许多国家的刑事法律都规定了刑事判决的执行监督程序。根据各国具体情况不同，检察机关在执行过程中所起的作用也不尽相同，但大致可以概括为四种类型：一是检察机关作为执行机关的体制；二是检察机关指挥执行的体制；三是检察机关和法官分权制衡的执行体制；四是检察机关监督执行的体制。就总体而言，大陆法系国家检察机关的执行权力要大于英美法系国家。我国现行的刑罚执行主体有人民法院、公安机关和隶属于司法行政机关的监狱，检察机关则是刑罚的执行监督机关，因此我国刑罚执行体制属于检察机关监督执行的体制。我国现行《刑事诉讼法》第265条规定："人民检察院对执行机关执行刑罚的活动是否合法实行监督。如果发现有违法的情况，应当通知执行机关纠正。"1994年12月，由第八届全国人大常委会第十一次会议通过的《中华人民共和国监狱法》第6条规定："人民检察院对监狱执行刑罚的活动是否合法，依法实行监督。"根据2012年10月第十一届全国人民代表大会常务委员会第二十九次会议已通过的《全国人民代表大会常务委员会关于修改〈中华人民共和国监狱法〉的决定》第15条第2款的规定，"罪犯在被交付执行刑罚前，剩余刑期在三个月以下的，由看守所代为执行"。我国现行的执行体制中，人民法院作为刑罚的执行主体负责死刑立即执行、罚金、没收财产等的执行工作，这与人民法院作为中立的司法机关身份不符，因为执行行为在性质来说是行政行为。人民检察院的执行职能有待于进一步的加强和完善。

5. 对人民警察执行职务的行为进行监督的理由

《人民警察法》第42条规定："人民警察执行职务，依法接受人民检察院和行政监察机关的监督。"对人民警察的监督理由和上述的对公安机关的侦查监督权的保留理由，以及对监狱执行刑罚的活动、看守所的监狱管理活动进行监督的保留理由是高度一致的，但这里必须明确以下两点：

首先，检察机关对人民警察的监督并不是对所有国家机关中的人民警察进行监督。根据《人民警察法》第2条第2款的规定，人民警察包括公安机关、国家

安全机关、监狱、劳动教养管理机关的人民警察和人民法院、人民检察院的司法警察。如公安机关的人民警察就具有多个种类，包括治安警察、户籍警察、刑事犯罪侦查警察、交通警察、巡逻警察、外事警察、经济犯罪侦查警察、公共信息网络安全监察专业警察、禁毒警察、警务督察、监所警察、科技警察、部分公安法医等。接受人民检察院监督的警察主要是刑事犯罪侦查警察、经济犯罪侦查警察、禁毒警察等。人民法院的司法警察不应受人民检察院的监督，因为人民检察院在提起公诉案件中是作为一方当事人出现的，如果人民法院的司法警察受人民检察院的监督就不利于维护法庭秩序与司法公正。另外，属于现役军人的警察，如消防警察、边防警察、武警等也不是人民检察院的监督对象。

其次，人民检察院对人民警察的监督仅限于对具有与刑事犯罪的侦查、执行等职能有关人民警察进行监督，如刑事犯罪侦查警察、经济犯罪侦查警察、禁毒警察等。如果警察的职务行为和刑事犯罪的侦查与执行没有直接的关系，如治安警察、户籍警察、交通警察、巡逻警察、外事警察、警务督察、科技警察等，则不属于人民检察院的监督对象，对其监督权则属于行政监察机关的职权。

显然人民检察院对人民警察职务行为的监督要么与刑事侦查行为有关，要么与监狱执行行为有关，要么就是涉及人民警察的职务犯罪行为，而这两部分已经被包含在上述的人民检察院的职权范围之内，因此没有必要作为一项单独的职权列举出来。这样，人民检察院保留的职权可以概括为四项，即（1）对直接受理的刑事案件进行侦查；（2）对侦查终结的刑事案件提起公诉；（3）对公安机关的侦查活动进行的侦查监督；（4）对监狱执行刑罚的活动、看守所的监狱管理活动进行监督。

（二）检察机关应当除去的职权及其理由

1. 取消司法解释权之理由

1981年6月第五届全国人民代表大会常务委员会第十九次会议通过的《全国人民代表大会常务委员会关于加强法律解释工作的决议》（以下简称《决议》）第2条规定："凡属于法院审判工作中具体应用法律、法令的问题，由最高人民法院进行解释。凡属于检察院检察工作中具体应用法律、法令的问题，由最高人民检察院进行解释。最高人民法院和最高人民检察院的解释如果有原则性的分歧，报请全国人民代表大会常务委员会解释或决定。"据此，最高人民检察院获得了"司法解释权"。目前关于最高人民检察院是否应当具有司法解释权存在着很大争议，大多数学者主张取消最高人民检察院的司法解释权，只有少数来自检察系统的学者认为检察机关行使司法解释权具有正当性。笔者赞同大多数学者的观点，具体理由如下。

首先，最高人民检察院获得司法解释权的来源不具有正当性。从全国人大常委会的职权来看，全国人大常委会有权制定一般法律，全国人大有权制定基本法律。

《人民检察院组织法》属于基本法律，而非一般法律。而在《人民检察院组织法》并未赋予最高人民检察院司法解释权。尽管全国人大常委会享有修改补充基本法的权力，但不得与该法的基本原则和精神相抵触。在人民检察院组织法没有赋予最高人民检察院司法解释权的情况下，全国人大常委会通过上述《决议》来赋予最高人民检察院此项职权是缺乏正当理由的。与此相比，最高人民法院的司法解释权则是人民法院组织法赋予的。现行的《人民法院组织法》第32条规定："最高人民法院对于在审判过程中如何具体应用法律、法令的问题，进行解释。"

其次，最高人民检察院的法律解释权与检察权的性质相冲突，如前所述，检察权在本质上是行政权。从上述检察机关保留的几项职能来看，无论是对直接受理的刑事案件进行侦查，还是对公安机关的侦查活动进行的监督，以及对监狱执行刑罚的活动、看守所的监狱管理活动进行监督都是围绕公诉权展开的，而"以公诉权为基本内容的检察权在本质属性和终极意义上应属于行政权"[①]。最高人民检察院享有司法解释权与检察权的性质相冲突。人民检察院在主动追溯犯罪的同时又享有司法解释权也不符合权力分工和制约原则。而人民法院作为我国的司法机关，在审判的过程中必然会遇到法律解释问题，赋予人民法院法律、法令解释权，甚至宪法解释权也是符合司法规律的。

再次，最高人民检察院行使司法解释权违背了司法统一原则。我国是单一制国家，司法统一原则是我国建设社会主义法治国家所必须遵循的基本准则。司法统一原则不仅要求立法的统一，而且也要求法律解释的统一。最为关键的是，虽然《决议》中规定，"凡属于法院审判工作中具体应用法律、法令的问题，由最高人民法院进行解释。凡属于检察院检察工作中具体应用法律、法令的问题，由最高人民检察院进行解释。"但由于检察机关和审判机关的在涉及刑事领域行使的职权具有高度的共性，有时属于法院审判工作中具体应用法律、法令的问题也正是检察院在检察工作中所遇到的需要解释的问题。因此，最高人民检察院和最高人民法院共享司法解释权在现实司法实践中经常发生冲突，即影响了法制的统一，也影响了司法效率，同时也与司法最终原则相冲突。

笔者认为，在司法实践中取消检察机关解释法律的权力，但并不否认检察机关在司法解释的形成过程发挥一定的作用。检察机关完全可以通过建议或提请全国人大常委会对法院的不合法的司法解释提出审查，这样不仅可以保障法制的统一，而且可能更有利于提高司法解释的质量。

2. 取消对行政诉讼、民事诉讼和刑事诉讼审判活动进行法律监督及其理由

人民检察院对人民法院的诉讼活动进行法律监督在中国似乎是一个不证自明

[①] 陈卫东："我国检察权的反思与重构——以公诉权为核心的分析"，载《法学研究》2002年第2期。

的公理，就和人大有权对人民法院进行监督一样。人民法院是人大产生的，人大当然对人民法院具有监督权。人民检察院是国家的法律监督机关，当然也有权对人民法院的审判行为是否合法进行监督。人民检察院对人民法院的审判活动进行监督在法律上具有明确的授权。除了人民检察院组织法的规定外，三大诉讼法都对此做了明确的规定，如 1989 年的《行政诉讼法》第 10 条规定："人民检察院有权对行政诉讼实行法律监督。"1991 年的《民事诉讼法》第 14 条规定："人民检察院有权对民事审判活动实行法律监督。"1996 年修改后的《刑事诉讼法》第 8 条规定："人民检察院依法对刑事诉讼实行法律监督。"因为审判权是国家的重要权力之一，一切有权力的人都容易滥用权力是万古不易的一条经验。为防止审判权的滥用，国家动用一切力量对其监督都似乎具有了正当性。但其实不然，下面笔者就人民检察院对人民法院监督的正当性进行质疑。

第一，人民检察院对人民法院的审判活动进行法律监督有损于法院的权威。如前所述，司法是社会的正义之源，只有以司法是社会正义之源来构建国家权力结构才能使国家权力监督的链条达到完全闭合的状态。司法权虽然也有滥用的可能性，但是根据司法独立原则，制约司法权的主要力量不是来自其他国家机关，当然也包括人民检察院，而是来源于法律制度，如公开审判制、合议制、两审终审制、律师制度、弹劾制度等，再加上严格的法官人才选拔机制、法官的终身制、高薪制等优越的法官保障制度。特别是诉讼当事人借用这些制度对法官形成强有力的制约，使得法官不敢腐败、不能腐败、不愿腐败。正如马克思所言，法官除了法律就没有别的上司，如果在法官之上还有掌握着法官命运的人民检察院，那么法官居中裁判就变得十分困难。司法的正义是实体正义与程序正义的统一，对司法监督在另一面其实是在追求绝对的实体公正。殊不知追求绝对实体正义而牺牲程序正义也是不正义，因为正义不仅要实现，而且还必须借助公正的程序来实现。在法治国家，任何国家机关都有可能成为诉讼案件的一方当事人，不是其他国家机关来监督司法，而是司法主体通过对个案的审判来监督与制约其他国家权力。这样司法才能成为解决社会争议的最后一道防线，成为社会的正义之源。有了正义之源的社会，国家机关才会变得越来越清廉，国家权力才能得到有效的制约。

第二，人民检察院对人民法院的审判活动进行法律监督破坏了诉讼结构的平衡性。在诉讼法律关系中，法官居中裁判，原告和被告互相对峙，从而达到一种诉讼结构的平衡状态。在刑事诉讼中，人民检察院一方面处于原告的地位，另一方面又是刑事审判活动的监督者，这种情况很难实现诉讼地位的平等性。在行政诉讼和民事诉讼中，人民检察院的介入同样也会使得本来平衡的诉讼结构失衡。人民检察院介入后，虽然本着客观公正的原则来行使监督权，但其主张一般来说不是对原告有利就是对被告有利。至于为了保障公共利益来介入民事诉讼和行政诉讼的说法也不具有正当性。法律是公益的体现，人民法院依法判案本身就体现了公共利益，没有必要需要检察院来介入。而人民检察院维护公共利益的最佳方式应该是自行提起民事公益诉讼或者行政公益诉讼，但是到目前为止我国法律却仍然没有赋予人民检察院此项职权。人民检察院对普通民事案件和行政案件的介入，使得本来相对简单的诉讼法律关系变得愈加复杂，增加当事人对人民法院的不信任感，同时也增加了人民检察院的工作负担，不利于人民检察院利用有限的国家资源和精力履行自己本应当履行的职责。

第三，混淆了诉讼法律监督和一般监督。人民检察院的法律监督和一般监督是不同的。法律监督是作为专门的法律机关所实施的监督。这种监督要优于当事人的监督，如人民法院对人民检察院的抗诉案件必须再审，而一般当事人的抗诉并不一定必然引发再审程序。人民检察院的这种强势的法律监督使得检察权凌驾于审判权之上，违背了司法是社会正义之源之公理。我们在否定人民检察院法律监督的同时并不否认人民检察院的一般监督权。一般监督是指公民、法人、社会团体、国家机关等作为一般主体对人民法院的审判行为所享有的监督权，如通过公开审判，公民、法人、社会团体或其他国家机关等都享有对人民法院审判行为的监督权，这种监督不独为人民检察院所享有。因此所谓人民检察院的一般监督权是指人民检察院以当事人的身份对其提起的刑事诉讼或民事公益诉讼以及行政公益诉讼进行监督的权力，以及作为普通的国家机关所具有的监督权力。人民检察院在提起刑事诉讼以及公益诉讼的过程中，作为案件一方当事人享有与对方当事人同等的诉讼权利，承担与对方当事人同等的诉讼义务。

第四，混淆了对审判活动的监督与对法官腐败行为的监督。

人民检察院不享有对诉讼案件的特殊监督权并不表明其对于法官的腐败行为没有监督权和查处权。如前所述，根据我国刑事法律的相关规定，人民检察院对于贪污、贿赂犯罪案件；国家工作人员的渎职犯罪案件；国家机关工作人员利用职权实施的侵犯公民人身权利以及民主权利的犯罪案件都享有监督权。法官是国家机关工作人员的重要组成部分之一，人民检察院同样也享有对法官腐败行为的监督权。对案件的监督和对法官的监督是两种不同性质的监督，如果一个法官在审判案件过程中都是依法进行的，判决也是合理公正的，但法官在办理案件的过程中私下收受了当事人的贿赂，人民检察院也要同样追究法官的腐败责任。相反，如果一个案件判决是不公正的，则可以通过二审程序或审判监督程序继续纠正，只要法官不存在腐败行为，人民检察院就不能对法官追究任何责任。司法是社会的正义之源与人民检察院对法官腐败行为的查处并不矛盾，将腐败的法官清理出司法队伍是司法廉洁的保障。人民检察院在侦查结束后，如果认为法官的行为已经构成了犯罪，可以以一方当事人的身份将法官起诉到法官弹劾机构。只保留人民检察院对法官腐败行为的查处权而取消对人民法院审判案件的法律监督权，可以保障法官在审理案件的过程中平等地对待双方当事人,不至于在审理过程中迫于检察院法律监督权而产生过多的压力。只要法官在审理案件过程中忠于法律,不存在贪污受贿等司法腐败行为,其永远都是法律帝国的王侯。

(三) 检察机关应当增加提起公益诉讼权及其理由

所谓公益诉讼,"是指当国家行政机关、企事业单位或有关团体的行为违反了有关法律规定,侵害了国家利益或社会公共利益时,公共利益的代表人(检察机关、其他国家机关或社会团体)依法向法院提起诉讼,要求法院进行审理并作出裁判的诉讼活动。简言之,公益诉讼就是有关公共利益的诉讼活动。"[1] 从公益诉讼的定义可以看出,公益诉讼具有以下一些特征:首先,公益诉讼的侵权主体具有广泛性,不仅包括国家机关,而且还包括企事业单位和社会组织。其次,公益诉讼的侵害对象是一定范围内不特定的多数人员的利益。再次,提起公益诉讼的主体具有广泛性,包括国家机关、社会组织或个人,都可以成为提起公益诉讼的主体。虽然在实践中,检察机关已经开始了公益诉讼的有益探索,如1997年7月1日,河南省方城县人民检察院以原告的身份代表国家提起了第一例有关国有资产流失的民事公诉案件,首开了我国公益诉讼之先河。同年12月3日,这起检察机关提起的民事公益诉讼案件获得了胜诉,很好地维护了国家利益。[2] 但我国目前现有的法律规定并没有明确赋予检察机关作为民事公益诉讼和行政公益诉讼的主体资格,而在理论上,检察机关应该是提起公益诉讼的最重要主体之一。其具体理由如下。

第一,公益诉讼的侵权主体具有强势性。一般而言,公益诉讼的侵权主体要么是国家机关,特别是国家行政机关,要么是掌握一定公权力的社会组织,要么是经济实力比较强大的社会团体,因此公益诉讼的侵权主体具有一定的强势性。这种强势性不仅是其成为公共利益侵权主体的实力基础,同时也是社会力量难以阻挡其对公共利益进行侵犯的原因。而一旦发生了公共利益被侵犯的后果之后,对侵权主体违法行为进行纠正也就变得比一般侵权行为更加困难。侵权主体必然会凭借其职权优势或经济实力采取各种手段来阻止对违法行为的纠正。因此公益诉讼案件一般取证比较困难,有些证据还须有专门的检疫、检测、检验手段。人民检察院作为单独设立的国家检察机关正是要维护社会公共利益,发现与打击严重侵害社会公益的违法犯罪活动。检察机关相对于一般主体而言,其不仅具有组织人员优势,而且还具有装备技术优势,完全有能力担当起维护社会公共利益的重任。

第二,公益诉讼的侵权主体往往是行政机关或者与行政机关行使职权密切相

---

[1] 邓思清:"论建立公益诉讼制度的必要性和可行性",载《西南政法大学学报》2007年第1期。
[2] 郭恒忠、吴晓锋:"公益诉讼何去何从",载《法制日报》2005年9月28日。

关。行政机关作为国家权力机关的执行机关本无自己的利益，其在权力机关—行政机关—行政相对人三者的关系中居于中间地位。对行政机关来说，虽然其从权力机关那里取得了管理社会的权力，但其往往具有不作为的惰性，或者主动侵犯相对人的利益，或者和行政相对人勾结起来侵犯公共利益。如水质污染、排污超标往往和行政机关不作为有关，强制违法拆迁一般是行政机关主动作为的行为，但更多是行政机关和行政相对人互相勾结侵犯公共利益，大部分不作为案件一般也和行政机关与相对人勾结有关。因此民事公益诉讼案件与行政公益诉讼案件有时联系非常紧密。如果行政机关认真依法履行自己的职权，许多民事公益诉讼也不会发生。所以公益诉讼案件往往和行政机关及其工作人员的违法履行或不履行职责密切相关。而检察机关的重要职责之一就是要对国家机关及其工作人员的腐败行为进行监督。在调查和提起公益诉讼的过程中，不仅维护了公共利益，而且还可以发现和制约行政机关的腐败行为，可谓一箭双雕。

第三，检察机关作为公益诉讼的主体有利于公益诉讼程序规范化。由于公益诉讼的侵害对象是一定范围内不特定的多数人利益，因此提起公益诉讼的主体也具有多样性。从理论上来说，一切受到侵害的公益案件受害人都有权利提起公益诉讼，这样就造成了两种不良的后果。一种情况是由于受到侵害的主体众多，而且在侵害不是很严重的情况下就有可能造成没有人提起公益诉讼的状况，如为了"3角钱"的如厕费诉讼、春运期间火车票价浮动诉讼等。况且还涉及诉讼费等问题。另一种情况是诉讼主体过多的问题，即诸多公益诉讼受害人都提起了公益诉讼，而且时间前后不一，这就给诉讼带来了一定的麻烦和混乱。如果将检察机关作为唯一或者主要的公益诉讼主体就会有利于规范公益诉讼活动。

第四节　检察机关的应然定位

应该说无论在宪法上还是在法律上，检察机关的定位都是非常明确的。我国首次明确检察机关定位的是1979年7月1日第五届全国人民代表大会第二次会议通过的《中华人民共和国人民检察院组织法》，该组织法第1条规定："中华人民共和国人民检察院是国家的法律监督机关。"之后，现行的1982年《宪法》第129条也作出同样的规定，从而使检察机关的定位在宪法上也得到了明确。但目前检察机关作为法律监督机关的定位不仅具有模糊性，而且也不够准确，导致了在实践中反而无法合理地配置检察机关的职权。

上述我们根据检察机关的定位原则，结合检察实践进而推导出检察机关的应有职权，然后我们再来研究检察机关的定位。从理论上来说，应该是先有检察机关的定位，后有检察机关的职权。但更深入来讲，应该是先有检察机关的定位原则，后有检察机关的定位，再有检察权的配置。由于我国宪法和法律对检察机关的定位不够准确，因此我们先撇下检察机关的定位，直接由检察机关的定位原则，结合检察实践而推导出了检察机关的应有职权。这样做的目的是更加准确地对检察机关进行定位。在有了检察机关的职权的基础上，结合检察机关的定位原则来对检察机关定位，这样不仅有了检察机关的定位前提基础，而且也有了定位检察机关实践基础。结合两个方面来看，我国检察机关的准确定位应当是：中华人民共和国人民检察院是国家的检察机关。这样的定位的具体理由如下。

第一，将人民检察院定位于检察机关符合"检察"的基本内涵。"监督"与"检察"内涵不同。《辞海》对"监督"的解释是"监察督促"之意，《后汉书·荀彧传》："古之遣将，上设监督之重，下建副二之任。""监督权"则包括公民对国家机关和工作人员实行监督的权利；国家机关对其他国家机关的工作、上级国家机关对下级国家机关的工作、特定国家机关对其他国家机关的特定工作的监督权力；国家权力机关对国家行政机关、司法机关或公职人员提出质询的权利。[①] 而《辞海》对"检察"的解释是"检举稽查"之意，《后汉书·百官志五》："什主十家，伍主五家，以相检察。民有善事恶事，以告监官。"另外"检察"还有："审查被检举的犯罪事实"之意。[②] 因此，"监督"和"检察"二者之间还是有很大区别的。具体来说"监督"与"检察"的区别是：（1）目的不同。监督的主要目的是使被监督者的行为按照法定的轨道来运行。检察的目的是发现纠正违法或错误。（2）主体地位不同。监督的主体具有广泛性，监督主体与监督对象的地位具有多样性，监督主体可以高于被监督者，也可以与被监督者平等，也可以低于被监督者。检察主体一般具有特定性，检察者的地位一般高于被检察者。（3）手段不同。监督的手段比较广泛，有察看、调查、督促、监视、检查、建议、纠正、检举、审核、评议、警告、惩戒、控告等，一般不具有强制性。而检察手段比较相对较少，而且一般具有强制性，如侦查、控诉、纠正等。（4）实施的时间不同。监督与被监督行为一般同时进行，而检察一般具有事后性。

人民检察院的功能主要在于通过对违法犯罪行为的追究来纠正、惩戒被检察者的违法犯罪行为，从而达到国家法律统一实施的目的。用法律监督机关来定位检察机关显然是不科学和不准确的。其实早在1979年《人民检察院组织法》制定前对检察院的定位就有"国家的检察机关"和"国家的法律监督机关"之争。前者认为，监督主要是事前的监视，而检察是事后的监督；后者认为，检察的实践已被苏联所证实，如果没有一个坚强的专门法律监督机关，我国的法律的实施就没有可靠的保证。把检察院确定为检察机关是同义语的反复。这一争论经第七次

[①] 参见《辞海》，上海辞书出版社2010年版，第1832~1833页。
[②] 参见《辞海》，上海辞书出版社2010年版，第1837页。

全国检察工作会议讨论仍然未取得一致意见，直到草案送交全国人大法制委员会审查时才由彭真确定采纳了"法律监督机关"的观点。[①] 另外，检察机关的定位也可以在相关辞书中得到佐证，如《辞海》对检察机关的解释是："行使检察权的国家机关"[②]；《中国大百科全书》（简明版）对检察机关的解释是："行使国家检察权，对宪法、法律的正确施行进行监督，代表国家对刑事案件提起公诉，对民事案件的审判实行监督，并对重大的民事案件提起公诉的专门机关。通常指检察院、检察署等。"[③] 因此，检察机关是行使检察权的国家机关，而不是行使监督权的国家机关。当然，从广义来说检察也可以视为监督的组成部分，但监督的外延要远远大于检察的外延。将检察机关定位为监督机关，就好像给检察机关戴上一顶大帽子，使得检察机关不堪重负。

第二，将人民检察院定位于检察机关符合检察机关的职权。检察机关的定位必须结合检察机关的职权。从一定意义上来说，检察机关的定位是对检察机关职权的概括和总结。因此，检察机关的定位必须以检察机关的职权为基础。如前所述，检察机关的应然职权包括：（1）对直接受理的刑事案件进行侦查；（2）对侦查终结的刑事案件提起公诉；（3）对公安机关的侦查活动进行侦查监督；（4）对监狱执行刑罚的活动、看守所的监狱管理活动进行监督；（5）提起民事公益诉讼和行政公益诉讼。从检察机关行使的职权不难看出，检察机关的职权是围绕着两个中心来配置的，一是检察权的配置和对国家机关及其工作人员的控制有关，二是和公诉权有紧密的联系。这里公诉权包括了刑事案件的公诉权和民事案件与行政案件的公诉权，其核心是对违法犯罪行为，特别是国家机关及其工作人员的违法犯罪行为的追查。因此，检察机关的定位应当是国家的检察机关，而不是国家的法律监督机关。将检察机关定位为法律监督机关偏离了检察机关的工作重心。

当然，目前将检察机关定位于法律监督机关首先是受列宁一般监督思想的影响所致，另外也受到对检察权职权定位不准确的影响，如检察机关对公民是否守法进行监督，对人民法院的审判行为是否合法进行监督，这里确实就存在着"监督"性质。但通过如上分析，对公民是否守法的监督是行政机关的主要职权，而对人民法院审判行为的监督则违背了司法是社会正义之源的原理。如果去掉了这两项职权（其实对公民是否守法的监督，一般监督观点早已被否定了），那么检察机关就基本不具有了监督的属性。用监督来定位检察机关就不够准确，而将人民检察院定位为国家的检察机关就是比较贴切的了。

第三，将人民检察院定位于检察机关符合检察机关定位的基本原则。如前所述，检察机关的定位应当遵循四项基本原则，即尊重宪政体制原则、符合权力制

---

① 姜小川："检察权定位：检察职权配置的关键"，载《法学杂志》2011年第9期。
② 参见《辞海》，上海辞书出版社2010年版，第1837页。
③ 《中国大百科全书》（简明版），中国大百科全书出版社1998年版，第2337页。

约原则、依据检察权性质原则以及权力行使的有效性原则。首先,将人民检察院定位于检察机关,符合我国的政权组织形式。在人民代表大会制度下,人大产生一府两院。保留人民检察院的独立地位不仅符合人民代表大会制度,而且符合普通人的宪政意识及宪法习惯。尽管检察权在本质上属于行政权,如果将其纳入行政体制就会产生体制上的巨大变动,增加改革的难度。其次,检察的本意是检举稽查,人民检察院作为检察机关,除了追究普通公民的犯罪行为之外,更重要的是对国家机关及其工作人员渎职犯罪行为进行追查,充分体现了权力制约原则。再次,取消对人民法院审判行为进行监督体现了检察权在本质上是行政权的特征。司法是社会的正义之源,检察权无论是何种权力都不具有凌驾于审判权之上的权力。最后,将人民检察院定位于检察机关而不是监督机关符合权力行使的有效性原则。检察机关的定位高度体现了检察机关职权的有限性,如果将检察机关定位为法律监督机关就使得检察机关的职权无限扩大,使检察机关承受了不该承受的负担,或者使得检察机关定位名不副实,贬损了检察机关存在的价值。新中国成立以来,特别是改革开放以来,检察机关没有在国家权力机关体系中发挥很好效能,没有对国家机关及其工作人员的腐败行为形成强有力的制约,这和检察机关的定位不准具有一定的关系。如果将人民检察院定位于检察机关,将其职权集中于对国家机关及其工作人员的违法犯罪行为的追查,也许今天就不会有如此多的"苍蝇"和"老虎"了。

综上所述,人民检察院是国家的检察机关。

第五节　谁来监督监督者

法检关系中还有一个重要的理论问题必须予以破解,那就是经常有学者对检察机关追问的一个老话题:"谁来监督监督者?"检察机关是国家的法律监督机关,有权对人民法院的审判活动进行监督,那么谁来监督监督者呢?对于这个问题有如下三类不同的答案。

第一类观点认为检察机关已经有广泛的监督者。尽管检察权是一种程序性的权力,但作为一种国家权力,检察权与其他国家权力一样受到了广泛的权力监督和权利监督。如中国共产党和政协的民主监督;人大的权力监督;侦查权与审判权的制约;犯罪嫌疑人、被告、被害人、辩护人等的权利制约;新闻媒体的制约;人民监督员的制约;以及检务公开的程序性制约等。[①]。

第二类观点认为这个问题是对检察监督的误解。该观点认为,这种议论所针

[①] 参见薛献斌等:《话说检察权》,中国检察出版社2010年版,第167~186页。

对的并不是检察机关的工作没有人监督,而是指对检察机关的监督没有像检察机关作为法律监督机关对其他国家机关所进行的监督那种性质、那些手段。检察权并不是一种至上的终极性权力,不具有实体处理权,因而必然也受到其他权力的监督。①

第三类观点认为这个问题本身就不成立,是个伪命题。该观点认为"谁来监督监督者"看似问题尖锐,实则本身就存在着一个逻辑悖论,因为这是个无法构建的权力制约循环问题,实际上就是要求任何一个监督者的背后都应有另外一个监督者,这种无穷尽的监督在任何一个权力构架中都不具有现实性。②类似地还可以提出更多地质疑,如谁来审判审判者?谁来管理管理者?谁来领导领导者?谁来保卫保卫者?谁来研究研究者?谁来质疑质疑者?可见,所谓的"谁来监督监督者"的问题只是一个文字游戏,是一个很不严肃的,甚至是荒谬的伪命题。③

我们认为,"谁来监督监督者"并不是一个简单的文字游戏或者是荒谬的伪命题。相反,这是一个包含着丰富司法哲理的命题,这一问题关乎着司法改革的发展方向,乃至司法改革最终的成败。对于这一问题的不同回答,直接反映了如何对待谁是社会的正义之源,司法裁决有无终局性,监督圈是否为自我系统内简单循环等一系列重要命题。而对其中任何一个问题如果作出了错误的答案,其对司法改革的负面影响都是不可低估的。笔者对这一问题的具体诠释如下。

第一,这个问题是基于司法是社会的正义之源的理念而提出的。前面已经论述过司法缘何为社会的正义之源的问题,这里只是稍加补充。由于中西方的政治理念、政治制度不同,监督的理念也不尽相同。在三权分立的体制下,立法权、行政权和司法权之间是相互制衡的关系。而在人民代表大会制度之下的立法权、行政权和司法权却不是相互制衡的关系,人民代表大会是国家的权力机关,同时也是行使立法权的机关,其地位远在其他国家权力之上。行政权、审判权、军事权都是由权力机关产生的,受权力机关的监督,向权力机关负责。为了保障法律的统一实施,权力机关还创设了检察机关作为国家的法律监督机关。

但就具体的个案来说,西方走的道路似乎可以概括为:司法权不仅可以监督立法权,而且还可以监督行政权。司法机关在国家监督链条中处于源头地位。议会虽然拥有对法官的弹劾权,但弹劾权的行使主要是针对法官个人的,不是针对案件的,法官和法院对案件的审判具有终局性和权威性。由于诉讼制度比较完备,加上终身制和高薪制的助推,法官腐败是极其罕见的。司法因此成为国家机关里

---

① 参见张智辉:《检察权研究》,中国检察出版社2007年版,第304~305页。
② 参见薛献斌等:《话说检察权》,中国检察出版社2010年版,第167页。
③ 参见孙加瑞:"关于'谁来监督监督者'的回答",载王玄玮:《中国检察权转型问题研究》,法律出版社2013年版,第109~110页。

最为廉洁的机关，成为解决社会争议的最后一道防线，于是司法成为社会的正义之源。

而中国就具体个案来说与西方国家所走的道路有很大不同，中国对个案监督似乎可以概括为：人民监督人大，人大监督法院，另外人大还创设了检察院来监督法院。人民法院在国家监督链条中处于末端的地位。人大甚至还发明了个案监督等各种手段来监督法院，检察院也可以通过各种手段对法官和案件进行监督。对于一个案件来说，我们不仅要问检察院来监督法院，那么谁来监督检察院呢？于是就产生了谁来监督监督者的问题。对于这个问题我们还以做进一步的回答，那就是人大来监督检察院。那么谁来监督人大呢？我们的答案是人民来监督人大。这个看似圆满的答案问题就出在了人民监督人大这里。首先人大是立法机关，立法权是集体行使的权力，我们怎么知道哪个人大代表投了赞成票还是反对票？国家最危险的权力是行政权，行政权如果被滥用了，我们通过罢免人大代表的方法来制约行政腐败管用吗？因此不如将问题交由司法机关来处理，既方便又快捷，而且还更加具有效率。违宪问题交由法院来处理也是具有可行性的，人大是权力机关，司法机关对人大制定的法律进行违宪审查只是审查人大立法权是否违宪，而不是要颠覆人大的最高地位。人大的权力不仅仅是立法权。对行政机关的制约通过行政诉讼也最为有效。这样在个案处理问题上将人民法院作为处理案件的终端。从这个角度来说人民法院也可以成为社会的正义之源。而我国目前的监督模式还是没有解决谁来监督监督者的问题。司法凭借其公开的程序，完备的诉讼制度，优秀的法律职业者以及弹劾制的威慑最终成为社会的正义之源。司法权要监督其他国家权力，而不是受其他国家权力来监督。制约司法腐败的力量主要来自于公开程序所带来的广大社会力量的制约。这样的监督链条可以进一步概括为：人民监督司法权，通过司法权来制约立法权、行政权和检察权。从而实现人人起来监督政府，政府才不会人亡政息的伟大设想。当然人民也可以通过各种途径来监督国家机关，但要想真正做到有效监督就必须借助司法权来完成。权利借助权力来制约权力。至此也就解决了谁来监督监督者的问题。

第二，这一问题的核心是要树立司法的终局性。司法的终局性是指"对于司法机关作出的生效裁决，除经司法机关依法改判外，其他任何机关、组织或个人均不得变更或撤销"[①]。司法终局性原理起源于古罗马法的"一事不再理原则"，其功能在于维护法的安定性。对司法终局性的否定就会使案件长期处于悬而未决的状态，导致了社会关系的不稳定性。要知道，正义不仅包括实体正义，而且还包括程序正义。正如美国一位大法官所言："我们能够作出最终判决并非因为我们

---

① 汪习根主编：《司法权论——当代中国司法权运行的目标模式、方法与技巧》，武汉大学出版社2006年版，第80页。

判决正确，相反，我们之所以判决正确，是因为我们享有终审权。"① 迟来的公正本身就是不公正。

司法终局性要求依照法律程序作出的判决结果具有稳定性和权威性，除非在极其特殊的情况下是不能被推翻的，即使要推翻原来的判决也只能由司法主体来实行。其他主体只有建议权，而不能强制司法机关启动重新审理的程序。有学者认为，我国检察机关是程序性的机关，对人民法院确有错误的判决具有抗诉权，而案件的最终结果还是由人民法院来决定，因此人民检察院对人民法院如何判决案件没有实体的决定权，也不会对司法权威造成损害。

我们认为，司法的终局性同时也包括了对于生效判决启动再审程序的否定。"程序中某一环节一旦过去，或者整个程序一旦结束，就不能再回复或者重新启动，这是程序有序性的必然延伸和逻辑归结。"② 更何况检察机关的这种程序启动不仅仅是建议，而且具有强制性。如 2012 年修改后的《中华人民共和国刑事诉讼法》第 243 条第 4 款规定："人民检察院抗诉的案件，接受抗诉的人民法院应当组成合议庭重新审理，对于原判决事实不清楚或者证据不足的，可以指令下级人民法院再审。" 2012 年修改后的《中华人民共和国民事诉讼法》第 211 条第 1 款规定："人民检察院提出抗诉的案件，接受抗诉的人民法院应当自收到抗诉书之日起三十日内作出再审的裁定。" 既然对于人民检察院的抗诉，人民法院必须启动再审程序，那么人民法院的判决就不是最终的判决。或者说人民法院的判决是否具有终局性，其决定权在人民检察院而不在人民法院。另外，《民事诉讼法》第 213 条还规定："人民检察院提出抗诉的案件，人民法院再审时，应当通知人民检察院派员出席法庭。" 这里的立法意图我们不得而知，但有一点是肯定的，那就是审判机关的再审必须符合检察机关的意图。或者人民法院为了达到让检察机关满意而让人民检察院监督其审判的全过程。人民检察院对法官腐败行为的监督与对案件的监督结合起来形成合力，这时司法的裁决就不具有终局性了，检察机关对案件如何判决起了决定性的作用，人民法院成了有权无威的司法机关。检察机关成了法官之上的"法官"。法官断案时不仅要遵守法律，而且还要达到让检察机关满意。因此，检察机关的强制启动再审行为同时也是对司法独立原则的否定。因为司法独立的核心是法官独立，法官除了法律就再有别的上司。检察机关的全程监督使得法院不再是法律帝国的首都，法官也不再是法律帝国的王侯。我国在诉讼法领域创立再审制度所依据的理念，如"实事求是"、"有错必纠"、"实体真实"、"不枉不纵"等在一定程度是与司法的终局性理念互相矛盾的。特别是再审程序没有次数的限制，使得这一制度有时成了某些当事人利用检察机关谋求私利

---

① 参见贺卫方：《司法的理念与制度》，中国政法大学出版社 1998 年版，第 262 页。
② 陈桂明：《程序理念与程序规则》，中国法制出版社 1999 年版，第 28 页。

的工具。

第三，即使监督者的背后还有另外的监督者，也不能成为监督者监督人民法院的正当理由。如上所述，谁来监督监督者的命题是要解决谁是社会的正义之源问题以及司法的终局性问题，其核心是要排除任何国家机关、社会团体和个人对司法终局性的颠覆。这个问题的要害是司法权之上不允许存在一个法官之上的"法官"，人民检察院可以作为诉讼一方当事人来进行诉讼，享有诉讼法规定的当事人的权利和义务，但不得享有诉讼主体以外的特殊权力。我国目前实行的检察长列席审判委员会制度就是典型的法官之上有"法官"的表现。

但笔者在此并不否定检察机关对法官个人腐败问题进行追究，在我国检察机关享有对国家机关及其工作人员的职务犯罪追诉权。法官也属于国家机关工作人员之一。这种监督是对人的监督，而不是对案件的监督，不是对人民法院诉讼活动的监督。对人的监督和对案件的监督是有很大区别的。法官在一个案件中即使判决非常公正，如果收取了当事人的贿赂也要对法官进行追究。相反，法官如果在案件中没有违法现象，即使判决错误也不应该对法官追究任何责任，或者说如果追究错案也只能通过二审程序或者审判监督程序来进行，而不会是由检察机关启动抗诉来进行。因此，谁来监督监督者之命题的核心是要树立司法的终局性和权威性，重点不在于有没有机关来监督人民检察院，即使监督者（人民检察院）的背后还有另外的监督者（如政党、人大、侦查机关、法院、新闻媒体、诉讼参与人等），而且另外的监督者对监督者的监督效果也很理想，那也不能成为人民检察院监督人民法院的正当理由。同理，行政机关背后也有监督者，但行政机关也不能监督人民法院。谁来监督监督者就是要反对监督的无限循环性，将司法打造成社会的正义之源。

第四，"谁来监督监督者"绝不是文字游戏。通过以上分析，我们认为"谁来监督监督者"的问题确实是一个尖锐的问题，本身也不存在逻辑悖论。这个问题就是解决看似无法构建的权力制约循环问题，就是要求任何一个监督者的背后都应有另外一个监督者，但是人民除外。人民的意志背后无须再有监督者。司法是社会的正义之源就是要使这种看似无穷尽的，反复循环的问题有一个终极的答案。那就是人民通过司法权来控制立法权与行政权。就国家权力结构系统内而言，司法权在国家权力制约中处于监督的终端。此时我们必须为"谁来监督监督者"的问题换一个提问对象了。此前这个问题针对的对象是检察机关，现在这个问题该问人民法院了。因为对于人民检察院而言根本不存在"谁来监督监督者"的问题，检察权是程序性的权力，不具有终局性。如果把司法看成是社会正义之源的话，我们就会追问司法权：你凭什么来裁决议会的立法是否违宪？凭什么来判断行政机关的行政行为是否合法？凭什么来判断检察机关指控的罪名是否成立？凭什么来解决平等主体之间的财产关系和人身关系之纠纷？谁来监督你？对于谁来监督司法权，而使得司法权成为社会主义源头的问题，笔者在"司法是社会的正义之源"一节中已经给出了也许是令人不太满意的答案。但愿读者来继续完善这个答案，丰富这个答案，而不是否定这个答案。因为只有有了这个答案我们才敢于信任司法机关，敢于树立司法的权威。司法没有权威法律就没有权威，法律没有权威，建设社会主义法治国家就只能是中国人的"法治梦"了。

第三章

法检关系若干问题辨析与确正

在前两章分别探讨了人民法院和人民检察院的基础理论问题,特别是审判权与检察权的性质以及审判机关与检察机关的宪法定位。这是理顺法检关系的两个最基本的前提。由于对这两个基本问题在理论界和实务界远远还没有达成共识,以至于在理论和司法实践中导致了法检关系的混乱。这种混乱的表现之一就是在中国有关法院和检察院的改革举措中存在着某种高度的"对称"现象,有时是人民法院效仿人民检察院的改革举措,有时是人民检察院效仿人民法院的改革举措,如"审判权独立"对应"检察权独立"、"审判委员会"对应"检察委员会"、"主审法官"对应"主诉检察官"、"人民陪审员"对应"人民监督员"等。这种对应有时是必要和科学的,有时是完全没有必要甚至是违背司法规律的。因此在本章有必要根据法检关系的基础理论对于法检关系中若干"对称"现象进行比较分析,为进一步理顺三大诉讼法中的法检关系扫除不必要的障碍。

第一节 审判独立与检察独立

审判独立和检察独立是两种不同性质的独立,但由于对审判权和检察权的性质认识不同,对人民法院和人民检察院的宪法定位不同,从而导致了对审判独立和检察独立的不同理解。应该说,对人民法院独立行使审判权在学界的观点还是比较一致的,但对于人民检察院是否可以独立行使检察权却存在着较大的分歧。大致来说,可以划分为以下三种观点:[①] 第一种观点认为,检察权具有司法权的属性,检察独立涵盖于司法独立中,因而检察独立是司法独立的有机组成部分;

[①] 参见冯景合:《检察权及其独立行使问题研究》,中国检察出版社2012年版,第202~203页。

第二种观点认为,检察独立具有自身的内涵和外延,检察独立与司法独立并非具有隶属或包容关系,司法独立仅指审判权独立而不包括检察权的独立;第三种观点认为,检察独立的提法本身就不科学,并反对检察独立的说法。如王桂五先生就曾经指出:"这里不存在什么司法独立或检察独立的问题。我们所说的依法独立行使检察权,并不是说检察权是独立于统一的国家权力之外的一种权力,而是说检察机关在代表权力机关行使这项权力时,只服从法律,不受行政机关、社会团体和个人的干涉。"同时他还强调:"人民检察院依法独立行使检察权不同于检察官依法独立行使检察权。"[①]

就总体而言,大多数学者同意检察独立的提法,但认为检察独立和审判独立具有不同的内涵,而在法律规范和执政党的重要文件中,对司法独立和检察独立并没有严格的区分,或者说,我们从法律文本和党的重要文献中很难区别司法独立和检察独立。首先,从宪法规定方面来看,我国《宪法》第126条对审判独立的规定是:"人民法院依照法律规定独立行使审判权,不受行政机关、社会团体和个人的干涉。"而《宪法》第131条对检察独立的规定是:"人民检察院依照法律规定独立行使检察权,不受行政机关、社会团体和个人的干涉。"不难看出,在对检察权独立行使的问题上作出了与审判权独立行使的相同表述,不同之处仅在于将《宪法》第126条的"人民法院"转换成"人民检察院",将"审判权"转换成"检察权"。从民族区域自治制度来看,民族区域自治机关不包括人民法院和人民检察院。另外,从2006年8月27日第十届全国人民代表大会常务委员会第二十三次会议通过的《中华人民共和国各级人民代表大会常务委员会监督法》也可以看出,人大对法院的监督和对检察院的监督没有任何区别。对人民检察院的所有监督手段也同样适用于人民法院。其次,从党的重要文献中我们也很难看出审判独立和检察独立的区别,如党的十五大报告在推进司法改革方面表述是:"推进司法改革,从制度上保证司法机关依法独立公正地行使审判权和检察权,建立冤案、错案责任追究制度。"十六大报告表述为:"按照公正司法和严格执法的要求,完善司法机关的机构设置、职权划分和管理制度,进一步健全权责明确、相互配合、相互制约、高效运行的司法体制。从制度上保证审判机关和检察机关依法独立公正地行使审判权和检察权。完善诉讼程序,保障公民和法人的合法权益。切实解决执行难问题。改革司法机关的工作机制和人财物管理体制,逐步实现司法审判和检察同司法行政事务相分离。"十七大报告则表述为:"深化司法体制改革,优化司法职权配置,规范司法行为,建设公正高效权威的社会主义司法制度,保证审判机关、检察机关依法独立公正地行使审判权、检察权。"十八大报告则表述为:"进一步深化司法体制改革,坚持和完善中国特色社会主义司法制度,确保

[①] 王桂五主编:《中华人民共和国检察制度研究》,法律出版社1991年版,第144页。

审判机关、检察机关依法独立公正行使审判权、检察权。"党的十八届三中全会指出:"确保依法独立公正行使审判权、检察权。改革司法管理体制,推动省以下地方法院、检察院人财物统一管理,探索建立与行政区划适当分离的司法管辖制度,保证国家法律统一正确实施。"不难看出,在党的重要文献中几乎将司法机关等同于人民法院和人民检察院,司法权的独立行使既包括了人民法院独立行使审判权,也包括了人民检察院独立行使检察权。但笔者认为,对于人民检察院独立行使检察权的提法不够科学和严谨,应该尽早地取消人民检察院独立行使检察权的提法,以免未来的司法改革陷入误区。其具体理由如下:

第一,检察机关独立行使检察权是对司法独立的误解。如前所述,司法行为是司法主体的行为,司法关系是三方法律关系,即原告、被告和司法主体之间形成的法律关系。人民法院的审判权是典型的司法权。人民检察院行使的检察权具有单方性,不具有三方性,在本质上是行政权。司法独立具有特定的内涵,其不仅指司法机关要独立于立法机关和行政机关,而且还包括审理具体案件的法官独立。这些特点都是检察权所不具备的。而我国理论界通常将检察机关和审判机关统称为司法权,因此人民法院要独立行使审判权,人民检察院当然也要独立行使检察权,司法独立也就自然包括了审判独立和检察独立。这种逻辑上的错误必然导致在理论和司法实践中对检察权运行内在规律存在着广泛的误解,从而使人民检察院独立行使检察权成了一个貌似合理的说法。

第二,现行宪法对司法独立的不科学表述进一步加深了对检察独立的误解。司法独立的本质是法官独立,法院独立只是法官独立的前提条件之一,法院独立并不意味着法官也当然独立,而我国《宪法》第126条只规定了法院独立。另外,司法独立不仅要求法官和法院独立,而且还要求司法机关独立于立法机关与行政机关。而我国《宪法》第126条只规定了人民法院依照法律规定独立行使审判权,不受行政机关、社会团体和个人的干涉,而没有规定人民法院审理案件可以不受人大或政党的干涉。这种独立的不彻底性就使得可以用相同的话语来表达审判独立和检察独立了。于是就出现了宪法对审判独立和检察独立的相同表述。其实我国宪法对于检察权独立行使的表述还是具有一定的道理的,尽管检察独立的提法并不科学。检察机关在我国作为独立的国家机关,其重要职能是控制行政权的滥用,从这个角度说人民检察院在行使检察权时应当不受行政机关的干涉。另外,检察独立不是司法独立,检察官不享有和法官一样的独立性,检察独立至多是检察机关系统的独立。这样《宪法》第131条规定的"人民检察院依照法律规定独立行使检察权,不受行政机关、社会团体和个人的干涉"就具有合理性。因此,正是由于《宪法》第126条对司法独立的规定的不科学性,导致了《宪法》第126条和第131条表面上具有了高度的一致性。而这种高度的一致性又反过来让人误以为检察机关也是司法机关,和人民法院一样具有同等的独立性。如果我们再回到"五四宪法"关于审判独立的规定这一点或许就更加清楚了,《五四宪法》第 78 条规定:"人民法院独立进行审判,只服从法律。"而《五四宪法》第 83 条对检察权独立行使的规定是:"地方各级人民检察院独立行使职权,不受地方国家机关的干涉。"由于五四宪法在检察机关体制设置上实行的是垂直管理体制,地方各级检察机关独立于地方权力机关,因此作出了如此的规定。如果检察机关的设置不是垂直管理,而是地方各级人大产生地方各级检察机关,那么这样的规定显然就不科学了。

第三,人大与审判机关和检察机关的历史关系不同。党的十八届三中全会中提出要改革司法管理体制,推动省以下地方法院、检察院人财物统一管理。这预示着省以下人民法院和人民检察院将脱离同级人大而产生。省以下地方法院的人财物统一管理在人民代表大会制度中还是首创,因为从历史上看,新中国成立后同级人大产生同级人民法院一直是保持不变的。1954 年《宪法》第 80 条规定:"最高人民法院对全国人民代表大会负责并报告工作;在全国人民代表大会闭会期间,对全国人民代表大会常务委员会负责并报告工作。地方各级人民法院对本级人民代表大会负责并报告工作。"1954 年通过的《中华人民共和国人民法院组织法》第十四条也作出了相同的规定,此后的 1975 年宪法、1978 年宪法和 1982 年宪法均对作出了类似的规定。

但是人大与人民检察院的关系却复杂多变,跌宕起伏。1949 年 12 月,根据《中华人民共和国中央人民政府组织法》的有关规定而制定的《中央人民政府最高人民检察署试行组织条例》第 2 条规定:"全国各级检察署均独立行使职权,不受地方机关干涉,只服从最高人民检察署之指挥。"因此新中国成立之初,我国上下级检察机关之间实行垂直领导体制,地方检察署不受地方权力机关的领导与制约。但由于新中国成立初期检察机关实行垂直领导体制的各方面条件还不太成熟,在实践中感到"有些窒碍难行之处",因此才没有真正实施,必须加以改变。在随后 1951 年 9 月中央人民政府委员会第十二次会议审议通过的《中央人民政府最高人民检察署暂行组织条例》以及《各级地方人民检察署组织通则》,不得已将检察机关的垂直领导改为双重领导体制,即各级地方人民检察署受上级人民检察署的领导,同时各级地方人民检察署(包括最高人民检察署分署)为同级人民政府的组成部分,同时受同级人民政府委员会之领导。到了 1954 年宪法和第一部《人民检察院组织法》又恢复了垂直领导体制,如 1954 年的《人民检察院组织法》第 6 条规定:"地方各级人民检察院独立行使职权,不受地方国家机关的干涉。地方各级人民检察院和专门人民检察院在上级人民检察院的领导下,并且一律在最高人民检察院的统一领导下,进行工作。"到了"文革"之后的 1978 年宪法检察院的领导体制又一次发生了变化,1978 年《宪法》第 43 条规定:"最高人民检察院监督地方各级人民检察院和专门人民检察院的检察工作,上级人民检察院监督下级人民检察院的检察工作。最高人民检察院对全国人民代表大会和全国人民代表大会常务委员会负责并报告工作。地方各级人民检察院对本级人民代表大会负责并报告工作。"这样检察机关的领导体制就成了一重领导、一重监督的特殊领导体制。到了1979年9月颁布的《中华人民共和国人民检察院组织法》将检察机关上下级的监督关系又恢复为了领导关系,该法第10条规定:"最高人民检察院对全国人民代表大会和全国人民代表大会常务委员会负责并报告工作。地方各级人民检察院对本级人民代表大会和本级人民代表大会常务委员会负责并报告工作。最高人民检察院领导地方各级人民检察院和专门人民检察院的工作,上级人民检察院领导下级人民检察院的工作。"现行的1982年宪法继续沿用了这种体制,只不过在表述上有所不同。现行《宪法》第132条规定:"最高人民检察院是最高检察机关。最高人民检察院领导地方各级人民检察院和专门人民检察院的工作,上级人民检察院领导下级人民检察院的工作。"第133条规定:"最高人民检察院对全国人民代表大会和全国人民代表大会常务委员会负责。地方各级人民检察院对产生它的国家权力机关和上级人民检察院负责。"

综上所述,人民检察院的领导体制经过了反复和曲折的变化,主要是实行垂直领导体制还是双重领导体制之间的转变,甚至还出现了上下级检察院之间的是领导关系还是监督关系的分歧。与人民法院的领导体制相比,检察机关的领导体制可谓是一波三折。

如前所述,检察权在本质上属于行政权,因此检察机关上、下级之间的监督与被监督关系是应当被否定的,领导与被领导关系则是值得肯定的。在检察系统和法院系统的独立性设置方面,由于党政不分,检察权要制约地方行政权,就必须同时也要脱离地方权力机关,实行垂直领导体系。但对于人民法院系统来说,无论党政关系是否正常化,法院都可以自成体系,脱离地方权力机关和行政机关的控制。因为司法权的使命不仅要制约行政权,而且还要防止地方立法权的违法。但宪法却从来没有规定过人民法院自成体系,脱离地方权力机关。之所以会产生上述宪法和法律规定的混乱局面,首先是对检察权性质和检察机关的宪法定位不准,其次是受苏联列宁法律监督思想的影响,最后还受到人民代表大会制度的制约。

第四,审判机关与检察机关独立的原理不同。审判机关的独立是世界绝大多数国家的普遍做法,审判独立和司法独立具有高度的一致性,只是提法不同而已。审判独立是国家权力分立的重要表现。从理论上说,立法机关和行政机关都有可能成为案件的一方当事人,因此司法机关只有保持中立才有可能做出公正的判决。而我国现在的同级人大产生同级人民法院的做法使得地方各级人民法院成为地方各级人民的法院,极易造成司法权的地方化。目前我国正在改革试验中的省以下地方各级人民法院的人财物统一管理的做法符合司法独立的基本原理,而且可以继续进一步发展为整个人民法院系统的垂直管理体系。另外，司法系统的统一管理也是实现司法独立，将司法权打造成社会的正义之源的现实需要和必要的措施。当然，要将司法打造成社会的正义之源，还必须同时实行法官的终身制与高薪制。

但对于省以下地方各级人民检察院的人财物统一管理之原理与人民法院却有很大的不同。从人民检察院的职权来看，人民检察院行使的权力大多数和刑事案件有关，或者说人民检察院的职权是围绕着案件展开的。其中有许多职权，如对直接受理刑事案件的侦查和提起公诉、提起行政公益诉讼、对公安机关侦查权的监督、对监狱管理的监督等都是对行政权力的制约，理论上要求检察机关和行政机关分立或脱离。其实这一点在法律规定方面我们已经这样做了，人民检察院是独立的国家机关，不隶属于行政机关。检察机关对行政权没有形成有效制约的背后深层次原因不是检察机关没有独立于行政机关，而是由于同级人大同时产生了同级人民政府和同级人民检察院。而地方人大、政府和检察院都受同一党委的领导，地方检察院对同级人民政府的制约也必须在同级党委的统一领导下才能实现。这样才使得检察机关实行垂直领导，脱离地方人大有了必要性。如果党政关系继续改善的情况下，检察机关脱离地方人大不仅没有必要性，反而在一定程度上还有可能是对人民代表大会制度的否定。因为地方权力机关真正想要发挥制约地方行政机关作用的话，是离不开地方检察机关的。在人大权力有限的情况下，人大可以利用地方检察机关来制约地方行政机关。如果地方检察机关实行了垂直领导，那无疑是去掉了地方人大监督地方行政机关的得力助手，其实质是在肢解地方人大的权力，在一定程度上会瓦解人民代表大会制度。正如有些学者所担心的那样："各级人民代表大会与本级检察机关的关系，是上下级机关之间的隶属关系，否定人民代表大会及其常委会的领导权，就是否定民主集中制的原则，否定全国人民代表大会及其常委会的领导权，全国人民代表大会就不会成其为最高国家权力机关。在这种情况下，我们整个国家将没有一个统一的国家领导机关，就会出现立法、行政、审判、检察四权并列或四权分立的局面，如同资产阶级的三权分立制度一样。这是否认国家权力机关领导权必然导致的结论，这当然不符合我国的政治制度。"[①] 而人民法院的管理体系独立却没有这样的担忧，因为人民法院行使的国家的审判权，其不仅肩负着制约行政权的使命，而且还担负着制约地方立法权的使命，从而保障国家法律的统一实施，避免地方权力机关的立法违背宪法和法律以及国务院制定的行政法规。地方人大地位越高，就越需要对其进行制约，司法独立就越有价值。否则就很难保障宪法和全国人大及其常委会制定的法律得到统一的实施。因而没有司法的独立和权威，人大制定的法律就不会得到很好的实

---

① 王桂五主编：《中华人民共和国检察制度研究》，中国检察出版社 2008 年第二版，第 498 ~ 499 页。

现。人民法院独立行使审判权是在维护人民代表大会制度，而不是在否定人民代表大会制度。我国是单一制国家，地方司法机关脱离地方权力的控制具有可行性。

另外，法官的独立与检察官的独立不同。司法独立必然要求法官独立，而检察权不是司法权，检察官个人独立的提法是值得商榷的。因为追究犯罪需要检察机关的集体力量，单个检察官不仅人单势孤，而且极易被腐化，从而有可能故意放纵犯罪。

总之，人民法院独立行使审判权与人民检察院独立行使检察权具有本质的不同，二者不应该混同。否则在司法改革道路上就有可能要走许多弯路。

第二节　审判机关的不作为与检察机关的不作为

根据行为的表现形式不同，可以将法律行为划分为作为的法律行为和不作为的法律行为。作为行为是指以积极、主动作用于客体的形式表现出来的具有法律意义的行为。不作为是指主体本来应该以积极、主动的态度来完成某种具有法律意义的行为，但其却以消极、抑制的形式来对抗。检察机关的主要职责是代理国家积极主动地追溯犯罪行为，无论是对国家机关工作人员的渎职行为的侦查，提起公诉，还是对公安机关的侦查行为以及对监狱管理行为进行监督，都需要检察机关以积极态度来作为。如果检察机关消极不作为，就有可能使得很多重大违法犯罪行为脱离了法律的制裁而逍遥法外。

检察机关无论是作为一种特殊的行政机关也好，还是作为专门的检察机关也好，其都是国家权力结构中的一员。在人民代表大会制度下检察权运行的理论基础应当是检察代理论。具体来说，在检察关系中，检察机关是由人民代表大会产生的，其职权以及行使职权的物质条件都是权力机关给予的，而其职权的内容是围绕公诉案件展开的。这样在检察法律关系中就呈现出三方法律关系：权力机关——检察机关——检察相对人。这里的检察相对人就是受到检察权直接或间接影响的公民、法人或其他组织。具体来说包括检察机关直接侦查案件的犯罪嫌疑人，被提起公诉的被告人，公益诉讼案件涉及的被告人，以及作为被监督对象的公安侦查机关和监狱管理机关等。三方法律关系分别是：权力机关和人民检察院的关系；人民检察院和检察相对人的关系；权力机关和检察相对人的关系。检察机关处在权力机关和检察相对人之间。

从理论上来看，对于检察机关自身来说，检察机关履行的职责是权力机关赋予的，检察机关是在代理权力机关行使职权或履行职责的。但检察机关履行职责对其本身没有任何益处，任何作为对其都是不利的，因为作为的行为需要检察机关耗费大量的人力和物力来支撑。所以消极不作为是检察机关的一个顽症。检察机关极有可能为了某种利益放纵犯罪的发生或积极主动追究违法犯罪行为，也有可能因为无利可图而放纵违法犯罪的发生。如果没有利益驱动，检察机关的不作为无疑是对检察机关最为有利的。相比之下，我们不惧怕检察机关的作为，而是惧怕检察机关的不作为。因为如果检察机关不作为，案件就起诉不到法院，违法犯罪行为也就得不到最终的追究。相反如果检察机关作为，即使是违法作为也并不可怕，如检察机关将一个本来无罪的人起诉到人民法院，人民法院可以根据证据规则而宣告被告人无罪。

与此相比，人民法院的审判行为遵循的是不告不理的原则，案件一旦受理，对于人民法院来说消极不作为是非常困难的，因为原告或被告都在等待着判决结果。人民法院一旦受理案件，就必须在法定期限内给当事人一个明确的说法。即使在原告或被告证据不足的情况下，也必须根据各种诉讼类型的证明标准给案件一个最终的审判结果。在原告或被告的期待下，法院的不作为几乎是不可能出现的。因此对于人民法院来说，我们最为关注的是其判决是否公正，而不是其是否作出了判决。当然也有个别案件超越了法定的审理期限而没有判决结果，或者永远也不给出一个判决结果来。这种低级的司法腐败是一般法官所不为的，因为这样的错误最为明显，纠正起来也最为简便。

正因为如此，检察机关的不作为成为世界各国普遍关注的问题，总体来说，对于检察机关不作为的控制主要体现在以下几个方面：

第一，审判机关对检察机关的制约。德国从20世纪80年代起采取了起诉便宜主义，在刑事诉讼追诉利益较小，或者考虑到程序的经济性，或者由于其他法律政治利益与刑事追诉的价值目标相抵触时，尽管存在着一定的犯罪事实，但检察官仍可以不予起诉。[①] 检察官可以根据犯罪的轻重、犯罪嫌疑人是否有悔罪表现以及是否是未成年人、犯罪是否涉及国家利益和社会公共利益等多种因素来决定是否提起公诉。但根据《德国刑事诉讼法典》，对于某些案件在检察官决定不起诉前必须经过法院的审查同意，如犯罪嫌疑人有悔罪表现的犯罪案件；法院可以免予刑罚处罚的案件；犯罪行为轻微的案件；对公众利益危害不大而且可以用某些惩罚性措施替代刑事责任的轻罪案件等。在日本，为了防止官官相护的现象发生，避免检察官滥用不起诉的裁量权，《日本刑事诉讼法》规定了"准起诉程序"。根据《刑事诉讼法》第262条的规定，对于刑法第193条至第196条规定的公务员滥用职权的案件，或破坏活动防止法第45条规定的公安调查员滥用职权的案件，告发人或告诉人如果对检察官不起诉决定不服，可在法律规定的期限内通过检察官提出请求书，请求地方法院将该案交付法院审判。当法院认为告诉人或告发人的请求有理时，可以裁定将该案交给有管辖权的法院来审判。同时法院指

---

① 参见：《德国刑事诉讼法典》，李昌珂译，中国政法大学出版社1995年版，第15页。

定律师担任公诉人，被指定的律师在审判过程中执行检察官的职务。

第二，检察机关的内部制约。根据"检察一体"的原则，上下级检察机关是领导与被领导的关系，上级检察机关有权命令下级检察机关为或不为一定的行为，下级检察机关必须服从。例如在法国，检察机关在具有法定情形的情况下可以做出不予立案的决定。但对于检察机关的不起诉决定，告发人或控告人可以按照级别向上一级检察长或检察官提出要求追诉的申诉，上级检察长或检察官经过审查后认为应当提起公诉的，可以向下级检察官发出追诉的命令，下级检察官必须执行。如果检察官作出的不起诉决定违背了社会利益，检察长就可以向其提出意见，甚至总检察长在必要时也可以向其提出应当遵守的意见。在某些情况甚至可以命令检察官发动公诉。① 根据我国《刑事诉讼法》和 2012 年 10 月由最高人民检察院第十一届检察委员会第八十次会议通过的《人民检察院刑事诉讼规则（试行）》第 413 条中的有关规定，对于有被害人的案件，人民检察院决定不起诉的，应当将不起诉决定书送达被害人。被害人不服的，可以自收到决定书后 7 日内向上一级人民检察院申诉请求提起公诉。上级人民检察院应当进行复查，复查后如果认为下级人民检察院不起诉决定错误的，上级人民检察院有权撤销下级人民检察院不起诉的决定，交下级人民检察院提起公诉，上级人民检察院的决定下级人民检察院必须执行。《人民检察院刑事诉讼规则（试行）》第 425 条还规定，最高人民检察院有权对地方各级人民检察院的不起诉决定，上级人民检察院有权对下级人民检察院的不起诉决定，发现确有错误的，予以撤销或者指令下级人民检察院纠正。另外，各级人民检察院的检察委员会以及检察长对于检察不作为也具有一定的制约作用。根据有关法律规定，应当提交检察委员会讨论决定或者检察长决定的不作为案件包括存疑不起诉案件；相对不起诉案件；公安机关申请复核的不批准逮捕案件；依法应当作出撤销案件处理决定的职务犯罪侦查案件；公安机关认为不起诉决定有错误，要求复议、复核的案件；犯罪嫌疑人应当逮捕而本院侦查部门未移送审查逮捕，侦查监督部门向侦查部门提出移送审查逮捕犯罪嫌疑人的建议未被采纳的案件等。

第三，被害人的制约。主要是指刑事案件的被害人对于检察机关不起诉决定不服时，可以直接向法院提起刑事诉讼，从而对检察院不起诉决定形成了一定的制约机制，防止检察官滥用不起诉的裁量权。例如，在法国，根据《刑事诉讼法典》的有关规定，如果检察官对案件作出不起诉的决定，受害人有权向刑事法院提起民事诉讼，同时还可以要求刑事法院对刑事部分进行审查，这时检察官就必

---

① 参见《法国刑事诉讼法典》，余叔通、谢朝华译，中国政法大学出版社 1997 年版，第 36 条、第 37 条。

须进行公诉。① 在德国，根据刑事诉讼法的有关规定，如果检察机关在侦查终结后决定停止诉讼程序或者不支持提起公诉的申请，被害人则可在一个月内向州高级法院申请作出强制起诉。如果法院审理后认为没有足够的提起公诉的理由，则驳回申请；如认为有正当申请理由，则裁定准予提起公诉，裁定由检察院负责执行。我国刑事诉讼法也赋予了被害人独立的诉讼当事人地位。其中对自诉案件就规定了被害人有证据证明对被告人侵犯自己人身、财产权利的行为应当依法追究刑事责任，而在人民检察院或者公安机关不予追究被告人刑事责任的情况下，被害人有权提起诉讼。

第四，特定组织的审查制约。在美国，为了实现对检察官的权力制约建立了大陪审团审查制度，大陪审团的成员由法院确定的有法定资格的公民组成。其职责是根据检察官提出的案件情况和自己的调查来确定检察官控告犯罪的理由是否成立，从而决定是否对被告人提起公诉。根据美国宪法修正案第5条的规定："非经大陪审团提出公诉或者告发，不得使任何人接受死刑或者有辱名声之罪行的控告。"因此美国联邦和一半以上的州都实行了大陪审团制度。大陪审团提起公诉后，检察官应当向大陪审团提交罪行控告状（亦称公诉书草案），然后大陪审团进行调查并收集证据。经过大陪审团调查讨论后，如果认为证据不足以支持进一步的指控，则作出不提起公诉的决定，从而撤销案件并释放在押的犯罪嫌疑人。在日本，刑事诉讼采取起诉便宜主义。为了防止检察官滥用不起诉裁量权，日本于1948年设置了检察审查会，制定了《检察审查会法》。检察审查会为民选机构，独立行使审查权。其成员由具有众议院选举权的公民以抽签的方法确定，检察审查会设立在地方法院及其分院所在地。检察审查会的主要职责之一就是根据申诉人的申请或者根据自己所掌握的证据，对检察官的不起诉决定是否正确进行监督审查。检察审查会成员共由11人组成，如果有8名以上成员认为检察官的不起诉决定不正确，就可以制作建议纠正不起诉决定的建议书。虽然建议书对检察官没有强制性的约束力，但由于检察审查会成员来自国民，反映民意，而且还要将检察审查会的决定公之于众，因此对检察官具有一定的潜在影响力。2004年5月，日本国会对《检察审查会法》作了进一步的修改，并规定如果检察官接到起诉决议书后仍不起诉，检察官审查会可以再作一次决议，如果仍有8个以上成员作出应当起诉的判断时，将由法院指定律师代替检察官提起公诉。

在我国，除了上述对检察机关的制约之外，还存在着公安机关和国家权力机关对检察机关的不作为进行监督。公安机关对检察机关的不作为的监督主要体现在对不批准逮捕和不起诉的制约。根据我国《刑事诉讼法》以及《人民检察院刑

---

① 参见［法］卡斯东·斯特法尼等：《法国刑事诉讼法精义》（下），罗结珍译，中国政法大学出版社1999年版，第502页。

事诉讼规则》的有关规定，公安机关认为人民检察院不批准逮捕的决定确有错误时，有权要求复议，如果对复议不服还有权向上一级人民检察院提请复核，上级人民检察院应当立即复核并将是否变更的决定通知下级人民检察院和公安机关。此外，对于公安机关侦查终结移送起诉的案件，如果检察机关作出不起诉决定的还应当将不起诉决定书送达公安机关，如果公安机关认为检察机关的不起诉决定确有错误的，也可以要求复议。如果检察机关仍然不采纳起诉建议，公安机关有权向上一级人民检察院提请复核。

根据人民代表大会制度，人大是我国的权力机关，人民检察院是由同级人大产生的，人大对检察院具有广泛的监督权。2006年8月第十届全国人民代表大会常务委员会第二十三次会议通过了《中华人民共和国各级人民代表大会常务委员会监督法》，该法规定了人大常委会有权听取人民检察院的专项报告、有权对最高人民检察院司法解释备案审查、有权向人民检察院询问和质询、进行特定问题调查、对人民检察院的工作人员可以提出撤职案等。应该说人大对人民检察院的监督是全面的。所以人大可以对检察机关的不作为采取相应的监督手段。当然，检察机关的不作为不仅仅表现为不起诉。在我国检察机关负有对国家机关工作人员的违法犯罪进行检察的义务，如果检察机关对国家机关工作人员的职务犯罪行为不侦查、不逮捕，也就谈不上起诉和不起诉的问题。所有的这些不作为情形都是人大可以监督的。人大监督从理论说具有权威性，是其他国家机关所不能替代的。目前，省以下检察机关的人财物统一到省级来管理，主要是由于我国人大的权威还没有真正树立起来。为了防止检察机关受制于其他同级国家机关，特别是同级行政机关，从而对同级国家机关工作人员职务犯罪行为听之任之，才采取了这样的改革举措。

另外，在我国为了体现人民的意志，我国还建立了人民监督员制度。2003年最高人民检察院首次在检察系统内部提出了人民监督员制度，相继制定了《最高人民检察院关于实行人民监督员制度的规定（试行）》《关于适用〈最高人民检察院关于实行人民监督员制度的规定（试行）〉若干问题的意见》《最高人民检察院关于进一步扩大人民监督员制度试点工作的方案》以及《最高人民检察院关于人民监督员监督"五种情形"的实施规则（试行）》等。目前全国已有90%左右的人民检察院都实行人民监督员制度。人民监督员绝大多数来源于各级人大代表、政协委员和有法律工作经验者。工人、农民和企业职工等各界人士也占一定比例。人民监督员主要对人民检察院的三类案件和五种情形进行监督，涉及检察机关不作为的有两类案件，分别是拟撤销案件的和拟不起诉的。涉及不作为情形的有：超期羁押的（应当释放而不释放）；应当立案而不立案的；应当给予刑事赔偿而不依法予以确认或者不执行刑事赔偿决定的。此外，各地还广泛实行了特约检察员、廉政监督员以及特约监督员等措施。这些都在一定程度上对检察机关的不作为有一定的制约作用。

总之，与审判机关的不作为相比，检察机关的不作为更加难以控制。

第三节 审判委员会与检察委员会

审判委员会与检察委员会分别是人民法院和人民检察院内部的重要决策机构。这两种机构也都是具有中国特色法律制度的重要组成部分。但随着司法改革的进一步深入，审判委员会与检察委员会都不同程度地遭到法学界和司法实务部门的批评与责难。相比之下，对审判委员会改革的呼声更加强烈，甚至主张取消审判委员会的也大有人在。因此有学者认为："由于在许多学者有关司法制度的理论预设中不包含检察制度，所以检察改革的理论问题是一个被主流学者们遗忘的角落。检察理论在司法理论中的边缘化也在一定程度上导致了检察改革在司法改革中的边缘化。"[①] 但笔者认为，之所以检察委员会遭到的垢病更少一些，是因为审判委员会和检察委员会是两种性质完全不同的委员会，其存在的理论基础大不相同。相比之下，检察委员会仍然具有存在的正当性与合理性，而审判委员会则是司法改革的"绊脚石"，因此必须加以彻底废除。正如罗尔斯所言："一种理论，无论它多么精致和简洁，只要它不真实，就必须加以拒绝或修正；同样，某些法律和制度，不管它们如何有效率和有条理，只要它们不正义，就必须加已改造或废除。"[②] 下面笔者就结合有关学者对审判委员会和检察委员会的评说来比较一下两者的异同，从而表明笔者的态度。

一、审判委员会与检察委员会的共性

审判委员会与检察委员会的共同之处主要表现在以下几个方面：

第一，两者产生的历史背景基本相同。在审判机关内设立审判委员会与在检察机关内设立检察委员会都是中国的首创。在新中国成立之前就已经有了一定的存在基础。审判委员会制度起源于新民主主义革命时期。早在1932年6月中华苏维埃共和国中央执行委员会公布的《裁判部暂行组织及裁判条例》第7条就规定了县级以上裁判部组织裁判委员会，被视为审判委员会的萌芽。1934年2月的《中华苏维埃组织法》第38条也规定了在最高法院内组织委员会，之后在解放区也曾建立过类似于审判委员会的组织，1949年被统称为"裁判研究委员会"。新中国成立之后，继续沿用了审判委员会制度，如1951年的《中华人民共和国法院

[①] 张智辉、谢鹏程："现代检察制度的法理基础——关于当前检察理论研究学术动态的对话"，载《国家检察官学院学报》2002年第4期。

[②] [美]约翰·罗尔斯：《正义论》，何怀宏等译，中国社会科学出版社1988年版，第1页。

暂行条例》第 15 条,1954 年的《中华人民共和国人民法院组织法》第 10 条,1979 年的《人民法院组织法》第 11 条等都明确规定了审判委员会制度。[①]

　　检察委员会的雏形是 1931 年中央苏区建立的工农检察人民委员部。根据当时的法律规定,工农检察人民委员部是中央苏区行政机关的组成部分,其职能与现在的监察部基本相同。当时的检察人民委员会合署在"裁判所"内,设有"正副检察员"之职,还没有检察委员会。真正的检察委员会制度可以追溯到抗日战争期间的山东抗日根据地。1941 年的山东省《改进司法工作纲要》首次规定了要设置检察委员会,并规定设置检察委员会的目的是:发扬检察制度,贯彻法律保障人权之精神,便于领导和加强检察工作。从此检察委员会逐渐成为中国特色检察制度的一项内容。[②] 1949 年 9 月,新中国成立前夕的《中华人民共和国中央人民政府组织法》第 29 条规定:"最高人民检察署设检察长一人,副检察长若干人,委员若干人。"同年 10 月,中央人民政府委员会任命罗瑞卿、何香凝等十一人为最高人民检察署委员。12 月通过的《中央人民政府最高人民检察署试行组织条例》规定最高人民检察署委员可设十一到十五人。1951 年 9 月通过的《中央人民政府最高人民检察署暂行组织条例》对检察委员会的规定基本与《试行组织条例》相同。1954 年 9 月,第一届全国人大一次会议通过的《中华人民共和国人民检察院组织法》对检察委员会的规定是:"各级人民检察院设检察委员会。检察委员会在检察长的领导下,处理有关检察工作的重大问题。"之后,检察委员会作为检察制度的一项重要内容延续至今。[③]

　　新民主主义革命时期以及新中国成立后我国一直设立并保留的审判委员会和检察委员会有着共同的历史与现实基础。其一是法律人才匮乏,其二是法律制度不健全。新民主主义革命时期的主要任务是通过武装力量来推翻旧政权并建立新政权。由于长期处在战争环境当中,没有稳固的政权组织,所以既不可能建立完备的法律制度,也不可能培育大量高素质的执法人员。早在新中国成立前的 1949 年 2 月,党中央就发布了《中共中央关于废除国民党的六法全书与确定解放区的司法原则的指示》,然而新中国成立后到改革开放前相当长的一段时期内,除颁布了《中华人民共和国宪法》之外,居然没有制定出完备的刑法典、民法典以及行政法律规范,程序性法律制度也基本处于空缺状态。国家建设主要依靠党的方针和政策,这给执法、司法都带来了巨大的挑战。而另一方面,执法人员的法律素养也一直不被重视。"反右"斗争的扩大化以及后来的十年"文革"期间政治代替了法律,法律被视为阶级镇压的工具,对执法人员主要强调政治过硬,法律知

[①] 参见王利明:《司法改革研究》,法律出版社 2001 年版,第 200~201 页。
[②] 参见孙青平:"我国检察委员会制度之检讨",载《前沿》2011 年第 15 期。
[③] 参见王桂五主编:《中华人民共和国检察制度研究》,中国检察出版社 2008 年 6 月第二版,第 471~472 页。

识并不被重视,这种状况直到1995年颁布并实施了《中华人民共和国法官法》和《中华人民共和国检察官法》才从根本上改观。法律制度的不健全和法律人才的匮乏两个因素结合在一起必然导致人们对执法者的担忧,所以为了准确地理解党的路线方针和政策,为了更好地实现司法公正,采取审判委员会和检察委员会这种集体负责制度无疑是比较稳妥和切实可行的。

　　第二,支持审判委员会和检察委员会的理由基本相同。随着《法官法》和《检察官法》的颁布实施、社会主义法律的日趋完备以及社会主义法律体系的形成,人们对审判委员会和检察委员会存在的合理性开始了质疑,从而产生了三种不同的观点,一种观点主张继续保留审判委员会和检察委员会,另一种观点主张改进审判委员会和检察委员会,还有一种观点主张废除审判委员会和检察委员会。主张继续保留审判委员会和检察委员会的基本理由包括:(1)审判委员会和检察委员会符合民主集中制原则,民主集中制是我国国家机构的组织和活动原则之一,人民法院和人民检察院也不例外;(2)权力制约的需要。审判权和检察权都是国家的重要权力,但凡有权力的人都要滥用权力,因此必须对权力进行制约,审判委员会和检察委员会的创立就是为了实现人民法院和人民检察院内部的权力制约;(3)为了保障法律的统一实施。人民法院和人民检察院内部的人员素质存在着很大的差异,审判委员会和检察委员会可以在一定程度上保障人民法院和人民检察院在重大案件和重大法律问题上保持一致,从而实现法律的统一实施;(4)实现司法公正的重要举措。司法是社会的正义之源,为了防止个别法官和检察官的腐败,保证个案的正义,采取集体决策可以最大限度地保障司法公正;(5)审判委员会和检察委员会采取集体决策的形式,可以在一定程度上提高法官和检察官抵御来自社会的办案压力,特别是中国社会是人情社会,这成了法官和检察官办案的掣肘;(6)传统司法决策机制的影响。几千年来我国一直沿袭司法与行政高度合一的体制,汉朝遇有重大案件时由宰相、御史大夫和廷尉等高级官吏共同审理;唐代形成了三司会审制度,由大理寺、刑部和御史台共同审理重大案件;明清两代形成的会审制度主要有三司会审、九卿会审、秋审和朝审等。① 这在一定程度上也对我国司法决策制度产生了潜在的影响。

　　第三,主张废除审判委员会和检察委员会的理由基本相同。主张废除审判委员会和检察委员会的理由可以大概归纳为如下几个方面:(1)审判委员会和检察委员会已经完成了其历史使命。两个委员会建立的主要历史背景,一是新中国建立初期法律工作人员极度匮乏,二是国家主要法律制度极不健全。然而这两个理由随着法律人才不断增加和社会主义法律体系的形成已经不存在了;(2)人员构成不合理,行政化倾向日益严重。审判委员会和检察委员会的组成人员主要是法

---

① 李希昆、张树兴主编:《中国法制史》,重庆大学出版社2002年版,第147页。

院和检察院的院长、副院长、检察长、副检察长、庭长等主要业务负责人,人员构成的行政化色彩非常明显,专业性不强,这与司法的理念严重不符;(3)严重违背了司法规律,不利于实现司法公正。审判委员会和检察委员会的工作程序违背了司法的独立性、公开性、中立性、亲历性,同时是架空了诉讼程序制度,不利于实现司法公正;(4)审判委员会和检察委员会为外界干涉法院和检察院的工作提供了便利通道。由于审判委员会和检察委员会人员构成的严重行政化,院长或检察长对重大疑难案件就有了绝对的主导权,从而为其他国家机关或个人干涉案件提供了便利条件;(5)不符合司法效率原则。审判委员会和检察委员会工作程序缺乏规范性,导致案件久拖不决,严重地影响了司法效率;(6)司法责任不明确,使追究责任机制无法落实。审判委员会和检察委员会的集体负责形式与主诉检察官和主审法官制度互相矛盾,并使得法官和检察官的责任转移,进而使得错案追究机制无法得到很好的落实。

二、审判委员会和检察委员会的差异

审判委员会与检察委员会虽然产生的历史基础基本相同,支持与反对审判委员会和检察委员会的理由也基本相同,但笔者认为审判委员会和检察委员会是两种性质截然不同的委员会。尽管支持和反对的理由基本相同,但如果从审判委员会和检察委员会的性质来分析,这些支持和反对的理由就需要重新组合,有些支持的理由却成为反对的理由,有些反对的理由反而成了支持的理由。具体来说,审判委员会和检察委员会的区别如下:

第一,从发展趋势来看,审判委员会是必须加以彻底废除的,而检察委员会则是可以被保留的。人民法院在性质上是国家的司法机关,行使的是司法权,而人民检察院是国家的检察机关,行使的是特殊的行政权。司法权的行使有其内在的规律性,从国家权力制约的角度来看,司法是社会的正义之源,司法机关在国家权力结构中必须处于独特的地位,从司法权的运行规律来看,司法运行必须遵守司法独立原则,司法独立的核心是法官独立,法官除了法律就没有别的上司。尽管我国《法院组织法》规定审判案件应当由审判员或者由审判员和人民陪审员组成的合议庭来进行,审判委员会的主要任务是总结审判经验,讨论重大、疑难案件和其他有关审判工作的问题,但在司法实践中审判委员会却是名副其实的审判组织。《最高人民法院审判委员会工作规则》明确将审判委员会界定为"国家最高审判组织"。而且规定讨论案件是审判委员会的职责之一,审判委员会的决定合议庭应当执行。《刑事诉讼法》也作出了类似的规定。可见审判委员会的性质是法院内部的最高审判组织。既然是审判组织就应该按照有关诉讼法的规定来审理案件。然而审判委员会却是通过"讨论"的形式来"审理"案件的,讨论的地点不在法庭上,而且是在案件当事人不在场的情况下来讨论的。讨论的程序不是公开的，而且几乎是"秘密"的。不仅如此，审判委员会还是合议庭之上的审判组织。审判委员会的决定合议庭还必须执行。种种迹象表明，审判委会的运行机制严重地违背司法权的本质属性以及司法权运行的基本规律。因此审判委员会需要从根本上加以废除。但对于检察委员会来说，情况就大不相同。检察权在本质是一种特殊的行政权，行政权的运行规律与司法权的运行规律存在着巨大的差别。行政机关的上下级之间以及内部组织机构之间是领导与被领导的关系，这就决定了检察委员会在一定程度上的合理性。尽管检察委员会的内部运行机制也存在着某些不合理之处，但是这些缺陷是可以加以改进和完善的。在性质上检察委员会与行政权的行使规律并不存在着本质的冲突，因而是可以保留和改进的。

第二，民主集中制原则在审判委员会和检察委员会的适用差异。民主集中制原则的确是我国国家机构的组织活动原则，但民主集中在不同的国家机构之间的表现程度是不同的。在立法机关和司法机关更多地表现为民主，而行政机关和军事机关则更多地表现为集中。人民法院是司法机关，人民检察院在本质上是行政机关。从这一点来看，在人民法院内部取消审判委员会不是因为审判委员会违背了民主集中制，而是因为审判委员会违背了其他司法规律。民主集中制在司法领域则主要表现为合议庭审判案件，独任制是民主集中制在司法领域的例外。

检察机关在本质上是行政机关，或者是一种特殊的行政机关。检察委员会在检察机关不应该是最高决策机关，行政机关应该实行首长负责制，检察机关的首长是检察长，因此检察机关应该实行检察长负责制。但是检察长负责制与检察委员会制度的存在并没有必然的矛盾，检察委员会可以为检察长作出正确的决定提供重要的参考。

第三，审判委员会和检察委员会在提高抵御外界干扰能力方面的差异。审判委员会和检察委员会采用集体负责的形式，对于抵抗来自外界的干涉，摆脱中国人情社会的纠缠确实起到一定的抵御作用，但对此审判委员会和检察委员会的作用是大不相同的。对于审判委员会来说，这种作用完全是多余的，没有必要的。因为我国法律明确规定了人民法院的审判组织形式是合议庭，独任制是特殊的审判组织形式。独任制审理的案件是简单、轻微的案件，法官也没有必要借助审判委员会来保护自己。合议庭本身就是集体负责的审判形式。更为主要的是，审判委员会制度违背了司法规律，违背了司法的独立性、公开性、中立性、亲历性，模糊了法官的责任，同时是架空了诉讼程序。另外司法权的行使采取的是不告不理的原则，案件被起诉到法院，法院就必须有个明确的说法，有个最终的审判结果。当事人对一审判决不服还可以上诉到二审法院。因此，法官只要给出了公正的审判结果，一般是不会招致当事人的记恨或报复的。

相比之下，检察机关的行为则不然，检察权是一种特殊的行政权，具有很大的主动性和裁量性。也就是说，检察机关追究与不追究、起诉与不起诉等裁量权是比较宽泛的。比如在诸多的"老虎"和"苍蝇"中,选择哪一只"老虎"来打,选择哪一只"苍蝇"来拍?采取什么样的拍打方式?拍打到什么程度?等等一系列问题都是检察机关的自由裁量权。因此如果很好地利用检察委员会制度,确实在一定程度上可以起到保护检察官的作用。当然从理论上来说检察机关的裁量权也是有限的。但是和法院相比,检察机关的裁量权还是较大的。法院的判决是必须作出的,在判与不判上没有裁量权,只要属于法院的受案范围,法院就必须作出判决。再说检察机关在本质上行使的是行政权,检察委员会的存在并没有和检察权形成截然的对立,在检察长负责的情况下,检察长完全可以利用检察委员会这种形式在人情社会和法律之间进行周旋,从而更好地维护法律的尊严。

第四,审判委员会和检察委员会在违背司法规律方面的差异。如前所述,人民法院是典型的司法机关,人民检察院是特殊的行政机关。因此,审判委员会有可能违背司法规律,而检察机关不是司法机关,检察委员会也不可能违背司法规律,即使违背了司法规律,只要不违背行政规律即可。而对检察委员去行政化或者强化其司法属性的建议本身就是建立在对检察权定性不准的基础之上的。[①]

审判委员会主要违背了司法独立性、公开性、中立性、亲历性等基本原则或规律。从独立性来看,司法独立的核心或最高境界是法官独立,法官依法独立判决案件不受其他任何干涉,而审判委员会的决定即使合议庭不同意也必须执行,审判委员会成了法官之上的"法官",侵犯了法官的独立权;从公开性来看,审判委员会讨论重大疑难案件是在不公开的状态下进行的,既没有群众的旁听,也没有新闻记者的报道。司法公开是制约司法腐败的重要制度之一,在立法权、行政权和司法权三者之间,司法的公开程度应当是最高的,审判委员会对司法公开的违背也可以说是其致命的缺憾之一;按照现行法律规定,审判委员会也违背了司法的中立性,如检察长可以列席审判委员会,而刑事诉讼的被告人却不能同时列席;最后,审判委员会还违背了司法的亲历性。司法审判是在法庭进行的,并且是在原告、被告在场的情况下进行的。法官必须亲自经历并且目睹了案件审判的全部过程,这样才有可能对案件作出公正的判决。而审判委员会主要是通过听取合议庭或某一主审法官的汇报或者对案件的陈述来决定案件的,这样就出现了审者不判,判者不审的现象,上述的每一个缺点都是对司法权公正行使的巨大威胁。况且审判委员会的缺陷还不止于此。

第五,审判委员会和检察委员会在预防腐败和实现权力制约方面所起的作用不同。由于审判委员会违背了诸多的司法规律,因此审判委员会是导致司法腐败的重要制度之一,而在制约司法腐败方面所起的效果是微乎其微的。审判委员会

---

① 如张毅、王中开:"论检察委员会的去行政化",载《法学杂志》2008年第4期;蒋薇、钱鹏:"司法现代化标准下的检察委员会制度改革",载《云南行政学院学报》2011年第2期;刘昌强:"强化检察委员会司法属性之路径探析",载《河北法学》2011年第11期。

架空了法官责任制，不利于法官提高自己的素质，给不求上进的法官提供了避风港。同时也为外界通过法院主要领导干涉案件审判打开了一个通道。甚至法官也可以在向审判委员会报告案情时歪曲事实真相，达到自己预判的结果。当然这里并不否认审判委员会在司法人员极度匮乏以及法律制度极不健全的时期所起的积极作用。但就发展趋势而言，审判委员会日益成为阻碍司法独立的障碍。要想从根本上实现司法公正，必须真正实行司法独立。而司法独立的核心是法官独立、合议庭独立，而不是审判委员会独立。审判委员会具有严重的行政化倾向，其决定合议庭和法官必须执行，这是典型的命令与服从的关系，不是司法的监督与被监督关系。再说法官的廉洁也不是靠审判委员会的制约所能够实现的。司法的廉洁要靠完备的诉讼制度来保障，靠弹劾制度来威慑，靠高薪制和终身制来助推，靠高素质的法官来保障。新中国成立相当长的一个时期内，我们制约法官腐败的方法就是监督与控制，没有从根本上按照司法规律来进行司法改革，没有树立起法官个体的独立与尊严。说到底就是没有把司法理念贯彻到司法改革中去。正如有学者所言："可以说，司法改革首先是一场观念和思想的革新。观念和思想并不能单独成为司法改革启动和成功的保证，但是没有新观念和新思想指导的任何改革是注定要失败的。"① 审判委员会即使有时实现了个案正义，但从长远来看对制约司法腐败是毫无益处的。对于法官制约的一个重要的保障是法官的责任制，而经过审判委员会决定的案件使得法官责任追究机制落空。因此审判委员会不仅不会制约法官，而且还放纵了法官，催生了大批不负责任的法官。检察委员会虽然也有弊端，但检察权毕竟在本质上是行政权，行政权要实行首长负责制。因此检察委员会是可以通过改革来加以利用的。我们完全可以将检察委员会改造成为检察长或主诉检察官提供决策的机构。可以规定，检察长提交检察委员会讨论决定的案件最终由检察长来负责，主诉检察官提交检察委员会的案件，最终由主诉检察官负责。再说检察机关行使的是程序性的权力，即使对案件定性错误或起诉错误还有法院作为正义的最后一道防线来加以矫正。当然，也可以将审判委员会改造成为向法官提供咨询的机构。

第六，审判委员会和检察委员会在影响效率方面的差异。从效率的角度来看，由于审判权和检察权的性质不同，对于效率的要求也不尽相同。相比之下，检察机关作为一种特殊的行政机关更加要注重效率，而审判机关则可以尽量做到在公正和效率之间达到平衡。

由于对检察机关的定性不准，所以我国法律对检察委员会的决策方式几度发生了重大变化。新中国成立初期，我国设立的检察署委员会采取民主制和委员长

---

① 陈瑞华："正义的误区——评法院审判委员会制度"，载《北大法律评论》1998年第1卷第2辑，第408页。

负责制相结合的决策机制,委员会意见出现分歧时取决于检察长。如 1949 年《中央人民政府最高人民检察署试行组织条例》和 1951 年《中央人民政府最高人民检察署暂行组织条例》都对检察署委员会的决策机制作出了类似的规定。1954 年 9 月我国的第一部《人民检察院组织法》第 2 条规定:"检察委员会在检察长领导下,处理有关检察工作的重大问题。"但没有规定检察委员意见出现分歧时取决于检察长。1979 年的《人民检察院组织法》贯彻了民主集中制原则,第 3 条规定:"检察委员会实行民主集中制,在检察长的主持下,讨论决定重大案件和其他重大问题。如果检察长在重大问题上不同意多数人的决定,可以报请本级人民代表大会常务委员会决定。"1980 年最高人民检察院制定的《人民检察院检察委员会组织条例》增加了在重大问题请本级人民代表大会常务委员会决定的同时还"应抄报上一级人民检察院"的规定。1999 年最高人民检察院在《关于改革和加强检察委员会工作的通知》中作出了更加具体的规定:"如果对重大问题争议较大,检察长应建议不付表决,进一步调查研究后,下次再议。如果检察长在重大问题上不同意多数人的意见,可以报送上一级检察院决定,同时抄报同级人大常委会。"最高人民检察院 2008 年制定的《人民检察院检察委员会组织条例》,对内部重大决策争议做了明确的规定。在明确民主集中制、检察长"搁置权"的同时,区分了重大案件与重大问题,在检察长不同意多数人意见时采取不同的决策方式。该条例第 14 条规定:"地方各级人民检察院检察长在讨论重大案件时不同意多数检察委员会委员意见的,可以报请上一级人民检察院决定;在讨论重大问题时不同意多数检察委员会委员意见的,可以报请上一级人民检察院或者本级人民代表大会常务委员会决定。在报请本级人民代表大会常务委员会决定的同时,应当抄报上一级人民检察院。"

综上所述,检察委员会的决策机制几经变化。但笔者以为,检察机关在性质上是特殊的行政机关,行政机关最优化的决策机制是首长负责制,我国宪法也规定了上级人民检察院和下级人民检察院之间的关系是领导和被领导的关系。首长负责制不仅是行政效率的保证,而且也为追究责任提供了明确的对象。从目前我国检察机关的决策机构来看没有完全实行首长负责制。当然,作为特殊的行政机关可以采取特殊的决策机制。但目前的决策机制违背了行政效率原则,也不利于追究行政责任。从效率的角度来看,新中国成立初期的检察长负责制还是最优的决策机制。目前决策机制对检察长负责制的背离是完全没有必要的。检察机关完全可以采取两种负责制的形式:一般案件由主诉检察官负责,对经过检察委员会讨论的案件由检察长负责。检察长可以否决检察委员会多数的意见,如果检察长感觉案情重大,可以将案件移送管辖,由上级检察院来负责,而没有必要报请上一级人民检察院决定或者抄报上一级人民检察院。人民检察院也完全没必要将案件报请本级人民代表大会常务委员会决定,因为这不仅违背了效率原则,而且还违背了国家权力分工原则。既然国家将检察事宜委托给了检察机关，检察机关就应当完全有权力、有能力处理好属于其职权范围内的事项。对于检察机关而言，有些问题是必须在很短的时间内作出决定的，如涉及是否批准逮捕，是否冻结财产的案件等，检察机关就应当快速作出决定。即使检察机关对案件定性或决定错误，人民法院还可以对其加以纠正，大可不必违背效率原则而使用烦琐的汇报请示程序。而审判机关在法定的期限内作出判决，而这一法定期限一般是在几个月的时间，而且还可以适当延长。因此审判委员会一般不存在影响司法效率的问题。我们之所以主张废除审判委员会不是因为其违背了司法效率，而是由于其违背了其他司法规律。

第四节　主审法官与主诉检察官

一、主审法官与主诉检察官制度的实施背景

主审法官和主诉检察官制度都是在20世纪90年代末期我国所创建的司法改革之重要举措。为了进一步落实党的十五大报告中提出的"推进司法改革，从制度上保证司法机关依法独立公正地行使审判权和检察权，建立冤案、错案责任追究制度。"最高人民法院和最高人民检察权分别推出了主审法官制度和主诉检察官制度。

主审法官制是指由人民法院按照一定的程序选拔或指定一批思想品德较高、业务素质较好的审判员为主审法官，由主审法官担任独任制审判员或由主审法官组织其他审判员、代理审判员、人民陪审员等一同组成合议庭对承办的案件进行审理，并对除了必须提交审判委员会讨论之外的案件自行作出判决的制度。主审法官制度是在我国法官素质普遍不高的情况下，为了迅速提高庭审质量，减少人民法院内部审理案件的层层审批程序，改变"审着不判，判者不审"的状况，进而落实审判责任制，实现法官责、权、利的统一，而在人民法院内部创新的一项司法改革举措。通俗地讲就是："为强化合议庭职责，要放权给审判员，放权不是一齐放，而是逐步地放，要因案而放、因人而放。所谓因人而放，不是对所有的人都放，而是先放权给一部分政治好，业务强，有驾驭庭审能力的审判员。先把一些案件的审判权交给他们，给他们压担子，让他们在法庭上又审又判。"[①]

1999年10月，最高人民法院制定发布了《人民法院五年改革纲要》，提出

---

① 王怀安："审判方式改革是我国民主和法制建设在审判领域的重大发展"，载最高人民法院研究室编：《走向法庭》，法律出版社1997年版，第27页。

了："强化合议庭和法官职责，推行审判长和独任审判员选任制度，充分发挥审判长和独任审判员在庭审过程中的指挥、协调作用。"这是目前法院系统推行主审法官制度的主要依据。其实，早在最高人民法院发布第一个《人民法院五年改革纲要》之前，主审法官制度就已经在个别法院开始实施，如1993年4月上海市杨浦区人民法院就开始实行了主审法官责任制。1999年1月，青岛市中级人民法院产生了33名主审法官。之后，主审法官制度在我国法院系统普遍建立起来。

由于主审法官制度是人民法院内部进行的一项司法改革措施，因此除了最高人民法院制定的《人民法院五年改革纲要》作为主要的依据之外，并没有其他更为明确的法律依据，各地法院在主审法官产生条件和程序、职权范围、责任方式以及福利待遇方面的做法并不完全一致。对主审法官的选任和卸任、考核、保障、监督操作也并不统一。由于没有一套明确的法律制度作为保障，各地法院改革的效果也并不十分理想，法院的行政化管理模式没有根本的改观，责任制也并未得到很好的落实。因此，2013年11月，中国共产党十八届三中全会通过的《中共中央关于全面深化改革若干重大问题的决定》又发出了"完善主审法官、合议庭办案责任制，让审理者裁判、由裁判者负责"的指示。

与主审法官制度相对应的是在人民检察院内部实行的主诉检察官制度。主诉检察官制度"是指在检察长的领导下，依照法律的有关规定，在审查起诉部门实施的，以主诉检察官为主要责任人，相对独立承担刑事案件的办理工作并承担相应责任的一种办案制度"[1]。人民检察院实行主诉检察官制度主要出于三方面的考虑，一是适应刑事诉讼庭审方式的变革需要。1997年1月1日修订后生效的《刑事诉讼法》对庭审方式做了重大的改革，将原来的纠问式改为了对抗式，强化了庭审控辩对抗成分，由出庭检察官出示证据并承担证明被告人有罪的责任。这就对公诉人在法庭上的诉讼活动提出了很高的要求。这是主诉检察官制度诞生的最为直接的动因；二是为了提高检察机关的办案效率。长期以来检察机关办案行政化模式比较严重，形成了"三级审批"制，即由检察人员承办案件，经部门负责人审核，然后再由检察长或者检察委员会决定的三步走办案模式。这样不仅导致了检察机关办案效率降低，而且还导致了办案责任模糊，无法落实责任追究制度；三是为了响应和落实党的十五大提出的司法改革精神。主诉检察官制度在20世纪90年代末期就开展了大胆的探索。河南省检察机关最早推出了"主诉检察官制度"，上海市杨浦区检察院推出了"等级公诉人制度"。在其启发下，北京市海淀区人民检察院于1983年3月开始试行"检控分离"机制下的主诉检察官制度，1998年下半年，广州市白云区检察院在反贪部门试行主办侦查员办案责任制。河

---

[1] 黄京平主编：《主诉检察官办案责任制理论与实践》，中国法制出版社2002年版，第1页。

北省唐山市人民检察院为了更好地实行主诉检察官制度还于1998年8月制定了《河北省唐山市人民检察院关于实行主办检察官责任制的暂行规定》。在试点工作的基础上，最高人民检察院于2000年1月制定了《检察改革三年实施意见》，将主诉检察官制度作为六项改革措施之一，同时最高人民检察院还制定了《关于在审查起诉部门全面推行主诉检察官办案责任制的工作方案》，并要求全国各级检察机关的审查起诉部门从2000年1月起全面推行主诉检察官制度。2000年5月又制定并下发了《关于在民事行政检察部门推行主诉检察官办案责任制的意见》和《关于在检察机关侦查部门开展主办检察官办案责任制试点工作的意见》。到2003年年底，全国共有2897个检察机关实行了主诉检察官制度，任命了主诉检察官12 633名。到2004年年底，全国90%以上的检察机关都实行了主诉检察官制度。[①]但主诉检察官制度和主审法官制度一样，实施的效果都不够理想。

二、主审法官与主诉检察官之区别

由于审判权和检察权的性质不同，因此对主审法官制度与主诉检察官制度二者的效果评价也不尽相同。其区别主要体现在以下几个方面：

（一）主审法官制度违背了司法规律，而主诉检察官制度与检察规律则并不存在明显的矛盾

主审法官制度与司法的理念是背道而驰的。司法独立不仅指法院独立行使审判权，而且还特别强调法官独立行使审判权，即所谓的法官除了法律就没有别的上司。法院的各级法官，特别是同一法院内部的各法官之间应当处于平等的地位。主审法官制度人为地将法官分为主审法官和非主审法官，即普通法官。而主审法官享有超越普通法官之上的权力。普通法官无权单独适用简易程序来审理案件。在合议庭审理的案件中，普通法官与主审法官相比，处于服从地位、陪审地位或辅助地位。这在一定程度上剥夺了普通法官审理案件的资格，这也与我国《法院组织法》《刑事诉讼法》等法律中规定的合议庭对案件的表决制度相冲突。按照有关法律规定，合议庭对案件的评议采取少数服从多数的原则。但在合议庭由主审法官操纵的情况下，由于主审法官要对案件负责，根据责权相一致的原则，主审法官对案件的判决结果起着决定性作用。法官对案件的独立审判权演变成了"主审法官"对案件的独立审判权。普通法官的意志已经被主审法官"代表"了。在法律帝国里，每个王侯的地位应当是平等的，不存在高低贵贱之别。法官平等的重要意义在于各法官之间可以互相钳制，以制约司法的腐败与恣意。从这一点来说，主审法官制度不仅不利于实现司法公正，而且还有可能进一步阻碍司法公正的实现。

---

① 参见邓思清："主诉（办）检察官制度改革回顾及启示"，载《人民检察》2013年第14期。

主审法官制度还是司法行政化的重要表现之一。在普通法官──→主审法官──→庭长──→副院长──→院长──→审判委员会这一等级链条中，主审法官仍然是司法权行政化的一个环节。而主审法官也只是对一定的范围内的案件才有最终的决定权，其审判权也是不完整的。对于重大疑难案件还必须报审判委员会来决定，或者听命于庭长、院长。也许主审法官制度在提高案件的审判效率以及错案责任的落实方面可以起到一定的效果，但其在一定程度上加重了司法权运行的行政化程度，使得普通法官的主体地位进一步被削弱。司法权运行的行政化与司法独立原则在根本上是对立的，本来是司法改革的对象之一，而主审法官制度却进一步加深了司法权运行的行政化现象。提高审判效率以及落实案件责任追究本来是可以通过其他改革手段解决的，完全没有必要"发明"主审法官制度。

主诉检察官制度与主审法官制度在性质上是根本不同的，检察权在性质上是行政权，或者说至多带有司法权的某些特征。因此主诉检察官制度与检察权的运行规律并不存在明显的冲突。由于行政机关实行首长负责制，检察长完全可以在检察官整体素质不高的情况下，根据一定的程序选择比较优秀的检察官来委以重任。这样不仅可以提高办案的效率，也可以落实案件责任追究制度，待检察官的素质普遍提高之后，也可以实行检察官负责制，没有必要继续推行主诉检察官制度。即使这样，检察长也完全可以根据案情来指定某一检察官负责，其他检察官对主要负责的检察官起辅助作用。因此，主诉检察官制度不仅可以保留，而且还可以完善。但主审法官制度是必须坚决予以废除的，因为任何与司法规律相违背的改革之举都是治标不治本的行为，是饮鸩止渴之举。也许这些改革措施可以临时起到某一方面的积极作用，但从长远来看，其只会阻碍司法改革的进程。

（二）关于"放权"还是"还权"之辨析

有一些学者认为，赋予主审法官与主诉检察官一定的权力是"放权"或者"还权"于法官和检察官。但我们认为，基于审判权和检察权的性质不同，"放权"还是"还权"之间的界限是非常明确的。主审法官制度是"还权"于法官，而主诉检察官制度是"放权"于检察官。下面就"放权"还是"还权"给予进一步的说明。

主审法官制度之所以是"放权"，是由司法权的性质所决定的。司法权在本质上是判断权，要求判断者在特定的公开场所，在原被告双方当事人对峙的情况下，依托双方所提供的证据材料，按照证明标准，依据法律对双方的争议进行裁决。裁判者必须亲历案件的审理过程方能准确地作出公正的判决。坚决杜绝"审者不判"、"判者不审"的现象。然而我国的司法独立原则在宪法规范层面上只赋予了人民法院独立行使审判权，而没有赋予法官独立行使审判权。再加上新中国成立后一直受战争时期行政思维的影响，在很长一段时期内没有把司法权当成一个特殊的权力来对待，法官的任职资格过低，整体法律素质不高，最终在法院系统内部形成了一种浓厚的行政化办案色彩。法官办案需要层层审批。法官对案件事实进行审理，而在法律的适用上，重大、疑难案件必须交由审判委员会来讨论，审判委员会的决定合议庭必须执行。即使是适用简易程序审理的案件法官有时也要受到庭长、院长对案件判决的干预。为了保证案件不被上级法院改判，有时下级法院的法官还要提前请示上级法院的法官对案件如何判决作出指示。这种"审者不判"、"判者不审"的现象是司法行政化的重要体现，在很大程度上剥夺了法官的裁判权。这与法官独立行使审判权是截然对立的。我国宪法虽然没有直接赋予法官独立行使审判权，但是关于审判独立的规定是受到当时历史条件的限制以及法治意识不够发达的因素所制约的。随着我国法治建设的不断进步，法官素质的不断提高，法治意识的不断增强，我们已经认识到了法院独立是司法独立的外部保障，司法独立的真谛在于法官独立。法官独立行使审判权是司法独立的必然要求。主审法官制度在一定程度上正是对司法独立本质的回归，是把本来应该属于法官的权力还给法官。因此，主审法官制度是"还权"于法官，而不是"放权"于法官。当然目前这种还权还具有不彻底性，具体表现为两个方面。其一，不是对所有的法官都"还权"，还权的对象仅限于主审法官；其二，不是对所有的案件"还权"。还权的案件仅仅限于比较轻微的案件。当然目前我国各级法院对于放权的案件规定并不一致。

　　检察机关在性质上是行政权，必须遵循检察一体原则，即各级检察机关及其组成人员在法律上被视为一个整体，下级检察机关在检察职权、履行职责的过程中要听从上级检察机关的指挥，每个检察机关内部人员则要服从检察长的指示和命令。检察一体原则整合了检察系统内部资源，为检察机关集中力量办理大案要案提供了重要的保障。检察一体原则是检察机关具有行政属性的表现之一，行政属性从权力运行的有效性来看需要实行首长负责制。上下级检察机关之间是领导与被领导的关系，监管与被监管的关系。这种上下级之间的层层监管一方面可以使得检察机关形成一个统一的整体，另一方面也容易形成一整套完备的层级管理程式，使得案件的承办人员丧失了工作的积极性和主动性，从而影响到办案的效率。为解决检察效率低下问题，检察一体原则也并不排斥将一定的案件全权委托给部分检察官来办理，从而大大提高检察机关的办案效率。

　　由于检察机关实行行政首长负责制，国家把检察权作为一个整体赋予了检察机关，并由检察长全权代理行使检察权。检察长为了提高工作效率，调动检察人员工作的积极性和创造性，完全可以把检察权力"下放"给部分优秀工作人员。因此主诉检察官制度是典型的"放权"，而不是"还权"。与主审法官制度相比，检察权要求检察长作为检察权行使的统一代理人，而司法独立原则则要求单个法官作为独立的个体来行使审判权。检察权内部的放权是检察权内部工作分工的表现，属于检察长自由裁量权范围之内的事项，甚至无需法律的明确授权与规定。

当然放权之后也不排斥检察长对检察人员的必要的监督与制约，检察长在必要的情况下也可以"收权"。而法官的审判权是禁止任何组织或个人剥夺的，审理案件是法官神圣、天然的职责。

（三）改革的必要性问题

主审法官制度与主诉检察官制度都是我国在20世纪90年代开始的改革举措。由于司法权与检察权的性质不同，两种改革措施的必要性也是完全不同的。

主审法官制度与司法独立的本质是对立的，因此这种所谓的司法改革也是完全没有必要的。设立主审法官制度的主要目的是解决司法权运行的行政化问题，从而提高司法效率，保障法官在审理案件时具有一定的独立性，解决审者不判，判者不审的怪现象。但主审法官制度非但没有解决司法权运行的行政化现象，反而使这一问题更加严重。实行了主审法官制度之后，在普通法官之上除了庭长、院长、审判委员会之外又多了个"婆婆"——主审法官。也许主审法官制度在提高司法效率方面取得了一定的成就，但其对整体司法改革可以说是用百害而换取了一利。特别是其使得大多数非主审法官感觉到失去了做法官的尊严，动摇了普通法官的主体性地位。或者说使得普通法官获取尊严和主体性地位的道路更加漫长。

其实，解决司法权运行行政化现象，提高司法效率，明确错案追究的办法有多种，对现有的司法体制内资源稍加改造就可以达到该目的。

第一，提高法官的入职门槛。主审法官制度首先是针对我国现有的法官素质普遍不高而作出的举措，因此我们可以提高法官的入职门槛，严禁没有办案能力的人进入法官队伍，或者说只要进入了法官队伍就必须有独立办案的能力。特别是《法官法》实施以来，我国对初任法官的条件作出了比较严格的规定，然后再付之以完善的岗前培训制度，做到让法官独立办案并非难事。就目前而言，法院的院长、庭长完全可以根据案情指派有经验的法官去审理某些案件，期间搭配一些办案经验较少的法官，形成新老搭配。也可以让没有经验的法官办理一些简单的案件，使其慢慢提高。但是一旦法官被指定审理了某一案件，各法官的地位就是平等的，没有高低贵贱之分，并且平等地对案件负责。这样的措施要比主审法官制度对普通法官的伤害小得多。

第二，科学设计错案追究机制。在现实司法实践中，重大疑难案件必须经过审判委员会来讨论，而且审判委员会的决定合议庭必须执行。特别是在合议庭的意见和审判委员会的意见不一致的情况下，就会出现对案件无人负责的现象。这种追究责任的机制设计得十分不科学，但我们可以将其科学化。例如我们完全可以作出如下的改进：（1）如果合议庭的意见和审判委员会的意见不一致时，判决结果按照审判委员会的意见来判决。但合议庭在判决书中应当标明合议庭的意见。这时对案件负责的应当是审判委员会，而不是合议庭。（2）把审判委员会的意见改变为参考性意见。也就是说审判委员会的意见不具有强制性,只是为合议庭判决提供一种参考意见,合议庭如何判决取决于合议庭各位法官的意志。这种情况下判决结果只能由合议庭负责。(3)取消现在的审判委员会制度,把审判委员会化解为民事审判咨询委员会、刑事审判咨询委员会和行政审判咨询委员会。各咨询委员会的意见只是为合议庭判案提供法律咨询和参考性意见,对案件负责的是合议庭,或者是独任制的法官,而不是各咨询委员会。这样的错案负责机制就是非常明确的,不会存在案件无人负责或者责任不明的状况。笔者较为赞同第三种改革方案。

第三,关于司法效率问题。如果落实了案件的责任追究机制,在某种程度上也就解决了司法效率问题。司法效率和检察效率相比并不是一个十分迫切的问题。我国各诉讼法都对法院审结第一审案件的期限作出了明确的时间规定,这个期限是经过立法者深思熟虑的,法官完全有能力在办案期限内将案件的判决结果呈现给案件的当事人。况且法律还规定了审理期限的中止的各种情况,而且还赋予了法官申请延长审判期限的权力。与司法机关的效率相比,检察效率具有紧迫性,如是否决定逮捕、是否提起公诉、是否查封、扣押、冻结犯罪嫌疑人的财产和银行账号等,都需要在短期内迅速作出判断。

总之,主审法官制度的改革是不仅没有必要性,而且还对司法改革具有阻碍作用。相比之下,主诉检察官制度的改革是比较有必要的。检察权在性质上是行政权,在检察官素质良莠不齐的情况下,率先选拔一批优秀人才担任主诉检察官,不仅可以提高检察效率,明确检察官的责任,而且还有利于调动检察官的工作的积极性和创造性。在这里需要说明的是,在追究责任方面,检察机关和审判机关是不同的。笔者以为我国应当采取完全的检察长负责制。对于检察委员会的意见检察长可以采纳,也可以不采纳。检察长可以向上级检察机关汇报请示检察事宜,但完全没有必要向同级人大请示,因为向人大请示违背了国家权力分工原则。如果检察官的意见和检察委员会的意见不一致,检察长可以作出裁决。如果让检察官服从检察委员会的意见,则由检察长来负责。如果依照检察官的意见,则由检察长和检察官共同负责。

必须说明的是,错案追究对于检察官和法官来说都是缺乏科学性的。试想,检察官将其认为足以定罪的嫌疑人提起了公诉,就完成了其使命,是否定罪或给予何种刑罚是法官的职责,法官错判了案件和检察官无关。对于法官而言,其是依据检察机关提交的现有证据来定案的,即使判决结果后来被证明是错误的,但法官根据现有的证据和证明标准依法判案,也不应当负任何责任,更谈不上终身负责。除非检察官和法官存在着犯罪的故意。

第五节 人民陪审员与人民监督员

一般认为，人民陪审员与人民监督员制度是我国司法体制改革的创新之举，其在一定程度上体现人民参与司法的原则，在宪法上也具有充分的法理依据。如1982年《宪法》第2条规定：中华人民共和国的一切权力属于人民，人民可以依法通过各种途径和形式参与管理国家事务。但由于审判权与检察权在性质上是两种不同权力，因而人民陪审员和人民监督员制度存在着诸多方面的差异。通过对两者的关系进行比较研究，对进一步认识审判权与检察权的性质具有一定的意义。具体来说，人民陪审员与人民监督员制度存在着如下几方面的重要差别：

第一，人民陪审员与人民监督员制度产生的历史背景不同。

陪审制度在西方具有上千年的历史，主要包括英美法系的陪审制和大陆法系的参审制两种形式。但陪审制在我国的历史并不长。虽然我国古代也有对重罪犯人实施的"三刺"和"三讯"制度，具有和现代陪审制度的某种相似性，但由于封建社会对民主具有天然的排斥性，不可能形成具有现代民主性质的陪审制度。我国现代意义的陪审制度始于清末改法修律之时，1906年的《大清刑事民事诉讼法》中首次规定了陪审制度，并对陪审员的资格、产生办法、责任等进行了具体的规定。但随着清政府的垮台该法未得以付诸实施。此后，中华民国政府于1929年公布了《反革命案件陪审暂行法》，陪审官资格是年满25岁以上的国民党党员，专门对"反革命案件"实行陪审团制度，该法于1931年被废止。第二次国内革命战争时期，在中国共产党领导的中华苏维埃共和国颁布了《中华苏维埃共和国裁判部暂行组织及裁判条例》，具体规定了由工会、农会推选的人员与审判员共同组成合议庭的陪审制度。抗日战争时期，各革命根据地也广泛地实行人民陪审制度，陪审的案件主要适用于刑事和民事案件，工会、农会、妇女会、青年会等群众团体都可以推选陪审员参加陪审，有些案件甚至还临时邀请群众代表陪审。在有些根据地还先后制定了有关陪审制度的专门条例，如《晋察冀边区陪审制暂行办法》《山东省陪审暂行办法》《晋西北陪审暂行办法》等。这个时期出现的"马锡武审判方式"就采用了人民陪审制度，并得到了广大人民群众的拥护。解放战争时期，人民陪审制度又有了新的发展。为配合土地改革，各解放区在乡村普遍建立了区、村两级人民法庭，由区、村农民代表大会、农民大会选举出审判委员会；有的县人民法院建立了审判员与当地农民代表组成合议庭分区巡回的审判形式。新中国成立后，人民陪审员制度被明确写入了1954年《宪法》，该法第75条规定："人民法院审判案件依照法律实行人民陪审员制度。"1978年《宪法》第41条第2款规定："人民法院审判案件，依照法律的规定实行群众代表陪审的制度。"另外，人民陪审制度在我国的《人民法院组织法》以及《刑事诉讼法》《民事诉讼》和《行政诉讼法》中都有明确的规定。但我国现行的1982年《宪法》并未对人民陪审制度进行明确的规定。目前关于人民陪审员的最新立法是2004年8月第十届全国人民代表大会常务委员会第十一次会议通过的《关于完善人民陪审员制度的决定》，该决定对人民陪审员产生、任期、权利和义务等内容进行了比较详细的规定。2015年4月20日，在最高人民法院的提请下，十二届全国人大常委会第十四次会议决定授权在部分地区开展人民陪审员制度改革试点工作。试点内容主要包括改革人民陪审员选任条件、完善人民陪审员选任程序、扩大人民陪审员参审范围、完善人民陪审员参审案件机制、探索人民陪审员参审案件职权改革、完善人民陪审员的退出和惩戒机制、完善人民陪审员履职保障制度等几个方面。此次试点拟选择北京、河北、黑龙江、江苏、福建、山东、河南、广西、重庆、陕西10省（区、市），每个省（区、市）选择5个法院（含基层人民法院及中级人民法院）开展人民陪审员制度改革试点工作。试点期限为二年。此次试点将预示着人民陪审制度的进一步完善和发展。

与人民陪审员制度相比，人民监督员制度的历史要短暂的多。改革开放以来，我国职务犯罪率不断上升，检察机关作为国家的法律监督机关承载着越来越重的历史使命。不可否认的是检察机关在打击职务犯罪、保护国家和人民的利益以及维护社会稳定方面发挥了重要的作用。但同时在职务犯罪的侦查方面也呈现出了一些问题，如玩忽职守、徇私枉法、权钱交易、违规办案、执法不作为等。之所以出现上述问题主要是因为职务犯罪侦查监督存在着严重的缺失，特别是检察机关在打击职务犯罪方面集立案、侦查、决定逮捕、提起公诉等一系列活动于一身，如果没有完善的监督机制就很难保证检察机关公正执法。另一方面，人民检察院作为国家的法律监督机关还面临着"谁来监督监督者"的挑战。尽管从理论上说，国家权力机关、政党、人民法院、新闻媒体等主体在一定程度上可以对检察机关进行监督和制约，但由于权力机关和政党的监督缺乏更为具体的操作规范，人民法院对检察机关的监督主要发生在提起公诉之后，新闻媒体监督又没有强制性，因此监督效果也不甚理想。于是检察机关为了追求执法的正当性与合法性，解决检察机关在查办职务犯罪案件中存在的问题，在深入调研、充分论证的基础上，于2003年8月开始启动了人民监督员制度。最早对人民监督员作出规范的是2003年9月最高人民检察院第十届检察委员会第九次会议通过的《关于人民检察院直接受理侦查案件实行人民监督员制度的规定（试行）》，并首先在福建、四川、黑龙江、辽宁、天津、内蒙古、河北、山东、浙江和湖北等地开展了试点工作。到了2004年7月，最高人民检察院第十届检察委员会第二十三次会议又修订并通过了《关于实行人民监督员制度的规定（试行）》，进一步扩大了人民监督员的试点。2005年11月，在广泛试点的基础上，最高人民检察院第十届检察委员会第四十五次会议又通过了《关于人民监督员监督"五种情形"的实施规则（试行）》，进一步细化了检察机关对"五种情形"的监督程序。截止到 2010 年 9 月，全国已经有 3137 个检察院进行了人民监督员的试点工作，占各级人民检察院总数的 86.5%，先后选任人民监督员 3 万多人次。在此基础上，2010 年 10 月，最高人民检察院又出台了《关于推行人民监督员制度的实施意见》，进一步完善了人民监督员的选任方式、调整监督范围、规范监督程序等内容。2015 年 3 月，最高人民检察院、司法部印发了中央全面深化改革领导小组第十次会议审议通过的《深化人民监督员制度改革方案》，该方案就人民监督员的选任机制、管理方式、监督案件范围、监督程序、知情权保障机制等内容提出了新的要求，为人民监督员制度的进一步完善指明了方向。

第二，人民陪审员和人民监督员制度与国外诉讼民主形式之比较。

民众通过不同的形式参与诉讼活动，直接行使司法权，是民主的实现形式之一，是司法民主的重要体现。

从世界范围来看，民众参与审判的主要表现形式是英美法系的陪审制以及大陆法系的参审制。另外还有英国的治安法官制度，日本的检察审查会制度等。古代希腊和罗马就曾经出现了陪审制度，而近代意义的陪审制度则产生于英国。1066 年，随着诺曼底公爵对英国的征服，欧洲大陆的询问制度也逐步渗透到了英国。起初陪审制度是为了发现非法占有之事实，陪审员早期的身份类似于证人，12 世纪中叶，英国的陪审团具有双重职能，一是控告犯罪的职能，二是事实审查职能。1352 年，爱德华三世颁布诏令禁止起诉陪审团参与制作判决，并另设一个由 12 人组成的陪审团专门参加审判，来协助法官认定案情和作出裁决，在此基础上逐步形成了大、小陪审团制度。大陪审团一般在 12~23 人，专门负责案件的调查和起诉。小陪审团由 12 人组成，负责案件事实的审理，案件的法律适用则由法官来负责。此后英国的陪审制度得到了进一步的稳固，并为英美法系和大陆法系的国家所效仿。19 世纪下半叶以来，英国的陪审制度开始走向衰落。1948 年民事诉讼中的陪审制度被正式废除。在刑事诉讼方面，由于相继出现了专门负责犯罪侦查和起诉的机构，大陪审团的功能受到了严重的削弱。1948 年，在英格兰和威尔士完全废除了大陪审团制度。小陪审团制度虽然仍然保留，但其作用也已日渐减少。目前在英国只有 3% 的刑事审判使用陪审团。1977 年的刑事法将必须有陪审团参与审理的刑事案件限定在谋杀、凶杀和强奸案。

与英国陪审团的衰落相比，陪审团制度在美国却得到了很好的发展。1635 年马萨诸塞殖民地建立了北美第一个大陪审团，之后为其他各殖民地所相继效仿。大陪审团负责对犯罪指控进行调查，并决定是否将案件提交法院审判。大陪审团曾经在北美殖民地对抗英国的统治过程中发挥了积极的作用，因此在美国独立之后，大陪审团制度被写入了 1791 年宪法修正案，成为美国司法制度的重要组成部分。直至今天,美国东部和北部各州以及联邦司法系统仍然在重要案件的调查起诉中使用大陪审团。美国在建立大陪审团制度的同时,也开始实行小陪审团制度。早在北美殖民地时期,美国各地的法院在审理民事和刑事案件的时候就广泛地使用小陪审团制度。美国建国后,小陪审团制度也被第一届联邦国会写进了"权利法案",其中第6条明确规定:在所有刑事指控中,被告有权在有刑事管辖权的犯罪发生地获得无偏私的陪审团的审判。此后,由12名陪审员参与审判的作法一直是美国各地法院采用的主要审判方式。由于美国特殊的历史文化背景,在其他各国的陪审制度逐步衰败的情况下,美国的陪审制度一直保持着旺盛的生命力。

在英国,虽然陪审制度衰败了,但还保留了重要的民主参与司法的形式,即治安法官制度。治安法官是指在治安法院从事审判工作的法官。治安法官可划分为无薪治安法官和领薪治安法官两种。而且绝大多数治安法官是无薪治安法官。治安法官由非法律专业人士组成。从1966年起,新任的治安法官必须在业余时间接受一定形式的培训。治安法官具有广泛的司法权,一方面,其不仅可以负责审查批准逮捕,签发逮捕令状,还可以对重罪进行预审,以决定是否将案件移交皇家刑事法院进行正式审判。另一方面,治安法官还有权对轻微刑事案件、家庭法方面的民事案件以及少年犯罪案件进行审判。治安法官可以对案件的事实问题和法律问题作出判决。为了保障案件判决的公正性,英国还由司法书记官或法庭书记官担任法律顾问,为治安法官提供法律、判例以及程序和量刑等方面的咨询和建议,但这并不妨碍治安法官的独立性。治安法官在英国的司法体系中扮演着非常重要的角色。就刑事案件而言,英国大约有95%刑事案件都是由治安法官来处理的。根据1997年的统计,治安法官受理了837 000件简易机动车犯罪案件,531 000件简易非机动车犯罪案件,487 000件可诉罪案件,共有1 855 000位被起诉的被告人,而同期英国刑事法院只有97 000位被起诉的被告人。①

与英美法系的陪审制不同,大陆法系采取参审制来作为实现民众参与司法的形式。与陪审制不同的是,参审制由普通民众组成的陪审员和法官共同组成合议庭来对案件进行审理。大陆法系的参审制源于英美法系的陪审制。1791年法国制定了新的刑事诉讼法并引进了英国的陪审制度。然而英国的陪审制在法国由于水土不服受到众多的诟病,最终法国采取了非职业法官与法官混合审理案件的模式。德国、意大利、丹麦等国也经历了类似的过程而建立了参审制。从法律规定来看,大陆法系的非职业法官较之英美法系的陪审员具有更广泛的权力。如,在德国由一名职业法官和两名非职业法官组成的"二一"法庭中,只要两位非职业法官的意见一致就可以宣告被告人有罪或无罪,从而对职业法官形成了有力的制约。而

---

① [英]迈克·麦康维尔:《英国刑事诉讼法导言》,载中国政法大学刑事法律研究中心组织编译:《英国刑事诉讼法(选编)》,中国政法大学出版社2001年版,第20~21页。

日本为了更好地对检察官不起诉决定进行法律控制，实现民众对诉讼程序的参与，于1948年建立了检察审查会制度。日本的检察审查会制度是在仿照美国的大陪审团制度的基础上形成的。根据日本的《检察审查会法》的规定，检察审查会的成员通过抽签的方式从当地具有众议员选举权的公民中产生，实践中以妇女、学生和退休人员居多。检察审查会的职权主要包括两个方面，一是对检察官的不起诉行为是否适当进行审查；二是对检察业务的改进提出建议和劝告。检察审查会的对检察官不起诉决定的评价有三种，即不起诉正确、不起诉不正确以及应当起诉。检察审查会的评价只具有建议的性质，不具有强制力。但日本国会在2004年通过并于2009年5月实施的《关于部分修改刑事诉讼法等的法律》已经赋予了检察审查会评价一定的强制力。该法规定：当检察审查会作出"应当起诉"的决定后，检察官如果仍然不起诉，检察审查会就要进行再次审查。再次审查后，如果11名检察审查会成员中有8人以上同意作出"应当起诉"的决定，收到检察审查会副本的法院应当指定律师担任检察官直接提起公诉。

从以上国外诉讼民主形式来看，我国的人民陪审员与人民监督员制度相当于英美法系的大陪审团与小陪审团制度。具体来说，人民陪审员负责对案件的审判，与小陪审团制度比较接近。人民监督员负责对案件起诉的相关问题监督，与大陪审团制度比较类似。然而在具体的职责方面与大小陪审团又有着很大的区别。我国的人民陪审员不仅负责对案件事实问题的审查，而且还负责对法律问题的审查，这与小陪审团只负责对案件事实审查形成了鲜明的对比。因此我国的人民陪审确切说与大陆法系的参审制更为相似。同时，人民陪审员制度在某种程度上与英国的治安法官制度具有高度的契合性。值得注意的是，2015年4月最高人民法院提请全国人大常委会作出决定授权在部分地区开展人民陪审员制度改革试点工作，其中改革的一个亮点就是要逐步实行人民陪审员只参与审理事实认定问题，不再审理法律适用问题。在案件评议过程中，人民陪审员可以独立就案件事实认定问题发表意见，而不再对法律适用问题发表意见。这样一来，人民陪审员制度就与小陪审团制度非常接近了。

人民监督员制度与大陪审团制度和日本的检察审查会制度非常类似，但人民监督员在检察机关起诉问题上只有监督权和建议权，没有实质性的决定权，因此在职责方面与大陪审团制度和检察审查会制度又有着很大的区别。

第三，对人民陪审员和人民监督员制度的存废态度不同。

学界对于人民陪审员制度存在着两种截然不同的观点：一种认为人民陪审员制度应该继续完善并发展，另一种认为应当取消人民陪审员制度。赞同人民陪审员制度的观点认为，人民陪审可以促进司法民主，提高诉讼效率，实现司法公正，有利于防止司法腐败等。反对者则给出了相反的答案。结合我国国情以及司法改革面临的难题，笔者认为人民陪审员制度应当取消，具体理由如下：

首先，人民陪审员制度与司法民主与效率没有必然联系。在现代社会，民主的实现形式有多重途径。根据人们参与公共事务的方式可以将民主划分为直接民主与间接民主两种类型。在我国人民实现民主形式的重要制度是人民代表大会制度。国家的司法制度本身就是人民代表大会制度的重要组成部分，是民主的产物。人民产生权力机关，权力机关产生司法机关，司法机关对人民代表大会负责，人民代表大会对人民负责。人民法院的法官由人大产生，法院通过向人大汇报工作等方式接受人大的监督。人民法院上下级之间也存在着监督与制约的关系。这些制度在一定程度上保证了司法民主。民主不一定必须通过直接民主的方式来实现，间接民主也是实现民主的形式，而且是实现民主的主要形式。如果司法机关必须有直接民主的参与才能保障民主的实现，那么立法机关和行政机关是否也必须要体现直接民主呢？显然答案是否定的，因为民主和效率之间也存在着一定的冲突，刻意地追求直接民主会阻碍立法与行政的效率。英国的治安法官制度是实现民主和效率最佳的结合的典范，其不仅体现了接受同类审判的民主原则，而且还大大提高了诉讼效率，特别是大量的民、刑案件在治安法院得到了有效的解决，从而缓解了英国司法机关的压力，使得英国的职业法官能够集中精力来解决重大的或者真正有法律争议的案件，从而在一定程度上造就了英国职业法官的精英化。而我国的人民陪审员是在法官的指导下与法官共同对案件进行审判的，没有真正起到案件分流的作用，在实现司法效率方面收效甚微，甚至有时还会阻碍司法效率。

其次，人民陪审员制度无助于司法公正的实现。在中国，司法腐败的最重要的原因是司法体制安排所导致的，如果不从体制方面入手进行司法改革，其他细枝末节的改革都属于治标不治本的改革。因此实现司法独立，树立司法的权威，在体制上提高司法权在国家权力中的地位才是根治中国司法腐败的最佳选择。当然在这方面我国已经开始了体制方面的改革试点，党的十八届三中全会提出了将省以下法院的人财物统一由省级管理决定便是很好的出路。在提高人民法院地位的同时还必须实行法院的终身制与高薪制，努力把司法打造成社会的正义之源。也只有这样，中国的司法腐败问题才能有望得到根本的解决。而我国绝大多数人民陪审员由于在法律认定方面远不如职业法官，甚至在事实认定方面也未必比职业法官水平高的情况下，在审判过程中很难发挥实质性的作用。中国的司法改革应该集中精力解决最根本性的问题，而不是四处出击，头痛医头脚痛医脚。在司法体制改革没有取得根本性进展的情况下，其他改革只会延缓中国司法体制改革的步伐。

再次，设置人民陪审员制度的目标不够明确。无论是为了案件的事实判断还是为了实现监督司法的目的，都与目前的人民陪审员制度本身互相矛盾。人民陪审员在历史上为实现司法民主确实发生过一定的积极作用，但随着法律职业专业化程度的不断提高以及社会关系日益复杂化与高科技化，社会对法律人才也提出了更高的要求。而按照目前我国人民陪审员的选拔标准，2004年8月通过的《关于完善人民陪审员制度的决定》，担任人民陪审员，一般应当具有大学专科以上文化程度。而大专以上学历也并没有要求是法律学科背景，但人民陪审员在审理案件的过程中和法官具有同等的权力，不仅可以对案件的事实问题进行判断，而且还要对案件的法律问题进行判断。这与法官的职业化本身就是互相矛盾的。

在2015年4月《关于授权在部分地区开展人民陪审员制度改革试点工作的决定草案》的说明中，甚至只要求人民陪审员具有高中以上学历，在农村地区和贫困偏远地区公道正派、德高望重者不受这一限制，也就是说文化程度还可以继续降低要求。之所以降低了人民陪审员的学历标准，是因为这次改革要求人民陪审员只对案件的事实问题进行判断，而不对法律问题发表意见。这里就存在着一个悖论，我国目前的法官，特别是新上任的法官都是通过了司法考试人员，按照《法官法》的标准，高等院校法律专业本科或者高等院校非法律职业本科具有法律知识才能成为法官。为什么一个本科生对法律事实的判断反而需要一个高中学历的公民来把关呢？除非我们承认学历高的人对常识的判断不如学历低的人。当然我们也必须承认法官在某些领域的判断力不一定就好于高中以上学历的人员，但这也远远不能成为设立人民陪审员的理由。

根据案件事实的复杂难易程度，对事实的判断可以大致分为两类：一类是普通人能够作出的判断，另一类是需要专业知识或技能才能作出的判断。对于普通人能够作出的事实判断法官当然也能够做出来，对于法官不能作出的判断只能是涉及特定的专业技术的事实判断，而专业技术性的事实判断高中以上学历的陪审员也未必能够作出正确的判断，除非陪审员正好具有这方面的专业知识。这样一来，针对特殊知识的判断必须是专业人才才最为恰当。如对于是否是医疗事故的判断只能是专门的医学人员才能作出的判断，那么参与案件事实判断的陪审员也必须是医疗专业人员。但就医疗专业而言也具有很细的分工，外科医生对内科医生的领域就不一定熟悉。这样一来，如果是为了解决事实判断的问题，最佳办法绝对不是设立人民陪审员，而是遇到特殊案件时候采取邀请专家听证会来对案件事实进行判断，或者是具有某种特殊经历或特殊知识的人员来作出判断。那种认为还可以进一步降低人民陪审员学历资格的观点一定是受到了英美法系陪审制度的影响，但当时的社会关系比较简单，对陪审员学历要求显然没有必要性。另一方面在中国由于长期的封建统治使人们形成了依赖政府的观念，人们更加相信包青天似的法官而不愿意接受同类人的审判，我们没有理由相信人民陪审员就一定比法官更加公正廉洁。总之，人民陪审员如果是只为了对法律事实作出判断而设置的话就基本没有什么存在的价值，我们完全可以采取一些更加简单的有效的方法来解决案件事实判断的问题，况且绝大多数案件是不需要专业事实判断的。即使需要，有些事实判断还可以通过特殊司法鉴定机构等来作出，一般也不需要邀请专门的专家来法庭作出判断。况且人民陪审员的选任、考核等一系列工作也会浪费大量的司法资源。而如果依靠人民陪审员来监督法官的话，如前所述则更加没有必要了。我们对法官的监督不是太少了，而是太多了，而太多的监督又没有哪一个是十分有效的。法官除了法律就没有别的上司，法官的上司越多，腐败就越严重。

对于人民监督员制度学界也褒贬不一，有学者赞同废除人民监督员制度，有的建议扩大人民监督权的范围并加大人民监督员的监督力度①。笔者的主张是缩小人民监督员的监督范围，将监督范围主要控制在检察机关不作为的案件，并且加强人民监督员的监督力度，在检察机关不作为的情况下，赋予人民监督员一定的强制力。

首先，我国的人民检察院是国家的检察机关，具有独立的法律地位。其除了对公安机关的行使侦查活动进行监督以外，还负责对国家机关工作人员腐败行为进行侦查和提起公诉。由于检察机关对于国家机关工作人员的犯罪案件集侦查与提起公诉于一身，缺乏有效的监督机制，因此在检察机关内部设置人民监督员是十分必要的。这也就决定了人民监督制度在一定程度上的正当性。

其次，人民监督员的监督范围应当限制在人民检察院对职务犯罪案件的监督方面，从而使得检察机关独占侦查权与起诉权的状况得到一定的改善。然而就是在对检察机关职务犯罪的监督方面，人民监督员也应当有所为有所不为。人民监督员的监督范围还应当进一步缩小，那就是主要集中在对检察机关不作为行为的监督。如果检察机关提起了公诉，检机关的行为就会受到人民法院的审查，这样也就不需要人民监督员多此一举。检察机关的某项职权受到其他主体的监督，人民监督员也没有必要再进行重复监督。人民监督员监督范围的缩小更加有利于人民监督员集中力量，使得监督更加具有实效性。

根据 2015 年 2 月中央全面深化改革领导小组第十次会议审议通过的《深化人民监督员制度改革方案》规定，人民监督员的监督范围比较宽泛②。笔者认为这一范围可以再进一步缩小，具体来说：第一，要取消对"不应当立案而立案的"

---

① 如陈卫东教授认为：作为一项初生的制度，人民监督员不可避免地存在定性模糊、缺失民意以及运行机制等结构性缺陷，目前这些缺陷已导致这一改革措施置于生死存亡的十字路口，改革的方向是扩大监督范围、建立由外部选任的、在诉讼程序内具有法律效力的人民监督员诉讼制度。参见陈卫东："人民监督员制度的困境与出路"，载《政法论坛》2012 年第 4 期。

② 人民监督员对人民检察院办理直接受理立案侦查案件的下列情形实施监督：1. 应当立案而不立案或者不应当立案而立案的；2. 超期羁押或者检察机关延长羁押期限决定不正确的；3. 违法搜查、扣押、冻结或者违法处理扣押、冻结款物的；4. 拟撤销案件的；5. 拟不起诉的；6. 应当给予刑事赔偿而不依法予以赔偿的；7. 察人员在办案中有徇私舞弊、贪赃枉法、刑讯逼供、暴力取证等违法违纪情况的；8. 犯罪嫌疑人不服逮捕决定的；9. 采取指定居所监视居住强制措施违法的；10. 阻碍律师或其他诉讼参与人依法行使诉讼权利的；11. 应当退还取保候审保证金而不退还的。

监督，因为一旦立案就必然会有后续的行为，如侦察或提起公诉，如果提起了公诉其行为就可以受到人民法院的进一步监督与制约。第二，取消对检察机关延长羁押期限决定的监督，检察机关在办理案件的过程中必须拥有一定的自由裁量权，检察机关延长羁押期限由检察机关自己掌握比较妥当，对于超期羁押而又没有办理延期手续的由人民监督员监督比较合适。第三，对于"违法搜查、扣押、冻结或者违法处理扣押、冻结款物的"，"应当给予刑事赔偿而不依法予以赔偿的""应当退还取保候审保证金而不退还的"，可以不由人民监督员来监督。因为这样的明显违法行为当事人必然可以通过其他途径去获取救济。再说这样的违法行为人民监督员也不容易查明。况且大多数也属于人民检察院在办案过程中需要裁量的事项。第四，对于"犯罪嫌疑人不服逮捕决定的"可以设计由人民法院来监督。再说是否符合逮捕的条件也是人民检察院的裁量范围。逮捕是中间行为而不是最终行为。第五，"采取指定居所监视居住强制措施违法的"也属于人民检察院的裁量事项，当事人也可以寻求其他救济途径。第六，对于"阻碍律师或其他诉讼参与人依法行使诉讼权利的"也不宜由陪审员来监督。律师和其他诉讼参与人也可以获取其他救济途径。另外这类行为属于作为的行为。最后，对于"检察人员在办案中有徇私舞弊、贪赃枉法、刑讯逼供、暴力取证等违法违纪情况的"也不宜由人民监督员来监督。因为人民监督员行使的仅是一种监督权，对于人民检察院这类重大违法行为的纠正需要有关国家机关调查取证，非人民监督员的力量所能为也。

这样人民监督员的监督范围事项就比较具体，而且主要是对检察机关不作为方面的监督。具体就是：应当立案而不立案；超期羁押；拟撤销案件的；拟不起诉的。之所以要把人民监督员的监督事项限定在不作为的范围内，是因为检察机关的不作为有可能放纵犯罪。不作为的行为对犯罪嫌疑人有利，对检察机关无害，但对社会存在着潜在的危害性。检察机关不作为不易被发现，容易留下监督的盲区和死角，一般很可能存在犯罪嫌疑人与检察机关的幕后交易。而作为的违法行为必然会侵害特定的人利益，利益相关人必然会启动其他救济手段来抗衡。对于超期羁押虽然也属于作为的案件，但由于这类案件事实非常容易判断，不需要深入调查研究，人民监督员很容易胜任此项工作。日本的检察审查会制度也主要是对检察机关不作为情形的监督，值得我们借鉴。

最后是对于人民监督员的监督行为是否应该具有强制力的问题。目前我国人民监督员的监督行为不具有强制力，仅仅起建议的作用。笔者认为，人民监督员的监督行为应该具有一定的强制力，而不仅仅是建议权。如果仅仅是建议权那就与普通公民的监督权没有本质的区别。比如可以借鉴日本检察审查会制度的经验，当人民监督员第一次建议作出"应该立案"、"应当释放嫌疑人"、"不应当撤销案件"、"应当起诉"的决定后，检察官如果仍然不采纳人民监督员的建议，人民监督员要进行再次审查。再次审查后，如果有一定数量的人民监督员仍然要求检察机关作出或不作出上述一定行为时，人民检察院应当执行。

任何制度的设计都必须具有实效性，并且要做到和其他制度的有机结合。在缩小了人民监督员的监督范围之后再附加以一定的强制力，才能使人民监督员制度真正落到实处，而不仅仅是作为民主的招牌而存在。如前所述，人民监督员制度的设立不是为了解决"谁来监督监督者"的问题，而是为了实现对检察机关不作为行为的制约，使得权力监督不留死角。当然，即使对检察机关的监督是完善的，也不能成为检察机关监督人民法院的正当性理由。

第六节 司法公开与检务公开

司法公开是指人民法院在行使审判权的过程中依法将司法权运行的依据、过程、方式、结果等向当事人以及社会公众进行公开的行为或制度。检务公开是指人民检察院在行使检察权的过程中依法将与检察权运行相关的事项，除涉及国家秘密、商业秘密、个人隐私以及未成年人案件外，向诉讼参与人以及社会公众进行公开的行为或制度。如果按照目前我国主流理论认为的司法权也包括检察权的观点，那么检务公开应当是司法公开的重要组成部分。在司法实践中还存在着审判公开的概念，但可以肯定的是二者在实际运用上并不是完全等同的概念。在2009年12月8日最高人民法院发布《关于司法公开的六项规定》之前，官方一直使用审判公开的概念，如2007年6月4日最高人民法院发布的正式文件《关于加强人民法院审判公开工作的若干意见》等都使用了审判公开的概念，2009年之后司法公开的概念得到了学界和官方的认可。2010年10月15日最高人民法院又发布了《司法公开示范法院标准》，使得司法公开的内涵和外延得到了不断的丰富和拓展。审判公开主要强调庭审过程的公开，司法公开则包含了审判公开，审判公开是司法公开的核心要素。由于我们主张采用狭义司法权的概念，因此司法公开仅指人民法院司法权运行状况的公开，不包括检察机关行使职权状况的公开。审判权和检察权是两种性质不同的权力，司法公开与检务公开存在着诸多方面差异，其主要表现在如下几个方面：

一、司法公开与检务公开产生的历史背景不同

与检务公开相比，司法公开是一个古老的话题。意大利著名的法学家贝卡里亚早在18世纪就针对欧洲中世纪的司法专横和秘密审判现象提出了司法公开原理，其在《论犯罪与刑罚》一书中指出："审判应当公开，犯罪的证据应当公开，以便使或许是社会唯一制约手段的舆论能够约束强力和欲望；这样，人民就会说，

我们不是奴隶,我们受到保护。"① 虽然贝卡里亚当时是针对刑事诉讼而言的,但此后司法公开的理念逐步扩展到了民事诉讼和行政诉讼领域,并得到许多国家和国际组织的认可和肯定。如美国国会 1791 年 12 月批准的《美利坚合众国宪法修正案》第 6 条规定:在一切刑事诉讼中,被告享有由犯罪行为发生地的州和地区的公正陪审团予以迅速而公开的审判的权利。到 19 世纪,审判公开原则在法、德、日等国也得到了明确的肯定。不仅如此,联合国大会在 1948 年 12 月通过的《世界人权宣言》也将审判公开作为一项重要的原则来加以规定,该宣言第 10 条规定:"人人完全平等地有权由一个独立而无偏倚的法庭进行公正的和公开的审讯,以确定他的权利和义务并判定对他提出的任何刑事指控。"1966 年 2 月的联合国大会通过的《公民权利和政治权利国际公约》第 14 条也确认了审判公开原则:"所有的人在法庭上和裁判面前一律平等。在判定时对提出的任何刑事指控或他在一件诉讼案中的权利和义务时,人人有资格由一个依法设立的合格的、独立的和无偏倚的法庭进行公正和公开的审讯。"审判公开制度在我国也得到了宪法、法律的确认。我国 1954 年《宪法》第 76 条规定:"人民法院审理案件,除法律规定的特别情况外,一律公开进行。被告人有权获得辩护。"现行的 1982 年《宪法》第 125 条也作出了同样的规定。《人民法院组织法》以及三大诉讼法也依据宪法对审判公开作出了进一步的确认。

另外,在中国司法改革的进程中,最高人民法院陆续出台了一系列关于司法公开的相关规定,使得司法公开更加具有具体性和可操作性。这些相关规定主要包括:1999 年 3 月最高人民法院颁布实施的《关于严格执行公开审判制度的若干规定》;2006 年最高人民法院先后发布的《人民法院新闻发布制度》《关于人民法院执行公开的若干规定》;2007 年 6 月,最高人民法院发布的《关于加强人民法院审判公开工作的若干意见》;2009 年最高人民法院发布的《关于司法公开的六项规定》;2010 年 10 月,最高人民法院发布的《关于确定司法公开示范法院的决定》;2013 年 11 月最高人民法院印发的《最高人民法院关于推进司法公开三大平台建设的若干意见》等。

与司法公开相比,检务公开在我国实行的时间较短。检务公开的实践活动最早是在河北省保定市南市区检察院开展的。1998 年原最高人民检察院检察长韩杼滨在保定市南市区检察院调研时对这项检察信息公开活动给予了充分肯定,进而在全国范围内检察系统进一步得到了推广。1998 年 10 月 25 日最高人民检察院发布了《关于在全国检察机关实行"检务公开"的决定》,在全国检察机关普遍实行检务公开制度。从大的背景来看,检务公开是最高人民检察院为了进一步落实党的十五大精神,规范人民检察院的办案活动,保障公众知情权,增强检察工作

---

① [意] 贝卡里亚:《论犯罪与刑罚》,黄风译,中国大百科全书出版社 1993 年版,第 20 页。

人员的责任感和检察工作的透明度,加强对检察权的监督与制约,回应"谁来监督监督者"等质疑,顺势推出的一项检察重大改革措施。检务公开同时也是检察机关在我国社会转型时期探索中国特色检察制度的一次尝试。

此后,在1999年1月,最高人民检察院印发了《人民检察院"检务公开"具体实施办法》,要求检察人员在侦查、采取强制措施、审查起诉等各个阶段必须履行相应的告知义务。1999年4月最高人民检察院又下发了《关于建立检察工作情况通报制度的通知》,要求各省级检察院建立新闻发言人制度,通报检察工作情况以增大检察工作透明度,从而自觉地接受群众和社会各界的监督。1999年5月,最高人民检察院印发了《人民检察院办理民事行政抗诉案件公开审查程序试行规则》,要求检察机关在审查民事行政抗诉案件时履行对当事人权利义务的告知义务;2001年3月最高人民检察院公诉厅印发了《人民检察院办理不起诉案件公开审查规则》(试行),要求对存在较大争议且有较大社会影响的不起诉案件应当公开审查,充分听取各方面的意见。2006年6月,为全面贯彻落实党的十六大和十六届三中、四中、五中全会精神,进一步落实《中共中央关于进一步加强人民法院、人民检察院工作的决定》的要求,最高人民检察院在总结各级检察机关实施检务公开情况的基础上,又下发了《关于进一步深化人民检察院"检务公开"的意见》,要求各级检察机关要进一步提高对检务公开重要意义的认识,准确把握检务公开的基本原则,在"检务十公开"的基础上进一步充实检务公开的内容,推广电子检务公开,拓宽公开渠道,切实加强检务公开的组织领导,建立健全检务公开的相关工作制度。

由于我国在信息公开方面较之其他国家,特别是西方发达国家起步较晚,在国家立法方面至今还没有统一的信息公开立法。尽管在2007年1月已经颁布了《中华人民共和国政府信息公开条例》,但该条例在位阶上属于国务院制定的行政法规,对于检察机关的信息公开不具有适用性和约束力。同时检察机关又不是审判机关,也不适用审判公开原则,因此可以说"检务公开"在我国的实施依据主要是最高人民检察院自1998年以来先后发布的一系列文件,这些文件仅仅属于检察机关的内部规定,所以"检务公开"目前还缺乏明确的法律依据。

二、司法公开与检务公开的性质不同

司法公开与检务公开的性质是由司法权与检察权的性质决定的。如前所述,狭义的司法权仅指人民法院的审判权,而检察权在本质上是一种特殊的行政权。而司法权与行政权在性质上是两种截然不同的权力。这也就决定了司法公开与检务公开是两种不同性质的公开。进而决定了其在公开的主体、对象、内容、方式、程度、依据等诸多方面的不同。

从公开的主体来看,司法公开的主体是司法主体,主要是各级人民法院及其

派出法庭；而检务公开的主体是最高人民检察院以及各级人民检察院。

从公开的对象来看，司法公开的对象不仅包括当事人和其他诉讼参与人，而且还包括社会公众。就司法公开的最初含义来说，司法公开首先是对当事人和诉讼参与人的公开，进而扩展到对社会的公开。司法公开允许群众旁听和新闻报道，社会公众通过媒体对司法权的运行形成了强有力的监督。检务公开的对象主要是与检察权行使过程中涉及的主体相关，如前所述检察机关主要职权包括检察机关对直接受理的刑事案件进行侦查，对公安机关的侦查监督，对刑事案件提起公诉，对监狱执行刑罚的活动、看守所的监狱管理活动进行监督，对人民警察执行职务的行为进行监督，提起公益诉讼等，因此检务公开的对象主要是检察机关在行使其职权的过程中涉及的对象，其次才是对社会的有限公开，特殊情形下也可以对新闻媒体公开。当然在我国，检察机关是由同级人大产生的，其还负有对权力机关的公开义务。

从公开的内容来看，司法公开的内容包括对司法活动的公开以及司法文件的公开两部分。司法活动的公开包括了立案公开、庭审公开、法官心证公开、判决公开、听证公开、执行公开、审务公开等几个方面。司法文书的公开则包括了原被告起诉状及答辩状的公开、人民法院的立案决定书的公开、人民法院判决书和裁定书的公开、当事人证据材料的公开、死刑复核裁定书的公开、减刑假释裁定书的公开等。但对于不公开审理的案件，其公开的内容要远远小于公开审判案件的公开内容。检务公开的内容也可以大致划分为两大类，一类是"检察事务信息"的公开，另一类是"检察执法信息"的公开。[1] 检察事务信息又被称之为检察管理信息，它主要是指检察机关为了提高系统监督效能，有效地对本系统、本部门的机构、编制、人员、业务、后勤等进行科学的安排并根据发展变化着的情况进行不断地协调和控制而产生的一切信息的总和。[2] 检察执法信息也被称为检察业务信息，其是指检察机关在侦查监督、提起公诉、决定刑事不起诉、侦查、刑事申诉检察、民事行政检察以及刑事赔偿等活动过程中产生的涉及他人权利、义务关系的信息及结果信息的公开。出于对司法权力制约的需要，司法公开重在对于审判过程的公开，而检务公开由于受到检察机关行政性的影响以及追溯犯罪的保密性要求和保护被追诉人的隐私需要，检务公开则侧重于对检察事务信息的公开。

从公开的程度来看，司法公开和检务公开的程度是不同的，相比之下，司法公开的程度是最高的，这是由于司法权与检察权的性质所决定的。司法是解决社会纠纷的最后一道防线，是社会的正义之源。这就决定了司法权的行使必须是公

---

[1] 参见高一飞、吴鹏："检务公开的原则与范围思考"，载《人民检察》2014 年第 19 期。
[2] 参见冯中华著：《检察管理理论》，中国检察出版社 2010 年版，第 5~6 页。

开公正的。检察权在性质上是行政权，行政权的行使不仅要追求公正，而且还要具有效率，在很多情况下行政权对效率的追求要高于公正。不仅如此，检察行为一般不是终局行为，因为检察权的主要功能是对犯罪的追究，在认定罪与非罪的过程中，检察机关起着承上启下作用，犯罪嫌疑人是否有罪的最终决定权在人民法院。因此在对犯罪嫌疑人最终确定有罪之前应该推定为其无罪，既然是无罪，那么其合法权益理应受到保护而不宜过分公开。检察权的行使如果侵犯了相对人的合法权益，相对人还可以获得司法救济，这在一定程度上可以弥补检察权在追求效率时的失误。检察机关的监督职能和对职务犯罪侦查职能也决定了检察机关行为在一定程度上不能最大限度地公开。虽然人民法院在审理有些案件时也要保护国家秘密、商业秘密、个人隐私以及未成年人的合法权益，但这些案件毕竟是少数。可以说司法公开以公开为原则，以不公开为例外。而检务公开，特别是其中的检察执法信息的公开就需要受到很大限制，其公开程度远不能与司法公开相提并论。因此，司法公开与检务公开是两种不同程度的公开。

三、司法公开与检务公开的理论基础和价值取向不同

在学者论述司法公开与检务公开的理论基础时，给人的感觉似乎是司法公开和检务公开具有相同的理论基础，如人民主权原则的必然要求、审判独立和检察独立的必然选择、权力制约原则要求审判权与检察权的行使必须公开等。与此相对应，司法公开与检务公开的价值目标也就演变为对民主、法治、人权、公正等一系列价值目标的保障。当然在一定程度上来说，将司法公开与检务公开的理论基础与价值目标作如此的概括也并没有多大的错误，但如果仔细推敲一下，司法公开与检务公开的理论基础和价值取向还是有一定的区别的。

虽然人民主权原则是构建现代社会的基础性原则，国家的一切权力来源于人民，国家各机关的权力都是人民授予的，人民也有权利对各国家机关进行监督，但人民行使授权的方式与对各种权力的监督方式却存在着很大的差别。从授权的方式来说，特别是在人民代表大会制度的政权组织形式下，人民对立法的授权更加具有直接性，因为参与立法的人大代表是人民选举产生的。而行政机关和司法机关则是由权力机关产生的，行政权与司法权的行使对人民来说具有一定的间接性。从国家权力的权重来看，立法权与行政权掌握着国家的财权、人权和武力，司法权仅仅是判断权，在国家权力结构中处于弱小的地位。但从权力制约的角度来看，国家的立法权又制约着行政权，这是行政法治原则的必然要求，而立法权与行政权又同时要受到司法权的制约，否则司法就不会成为社会的正义之源，法治国家也就无法建立起来。因此人民主权原则在不同性质的国家权力机关之间的表现是不同的，对各种权力的监督机制也具有很大的差异，各种权力的公开程度也不尽相同。人民主权原则并不必然表现为各种权力的行使过程必须是最大限度

地对人民公开。

　　立法公开、行政公开与司法公开是三种不同性质的公开，其公开的程度与方式是存在很大区别的。相比之下，司法公开在这三种公开中是最为彻底的，立法公开次之，行政公开相对较弱一些。行政权是执行权，效率虽然不是行政的首要价值取向，但效率对行政权来说显然要重要于立法权与司法权。由于法律对各类案件的审判都规定了诉讼期限，司法权一般也有足够的时间在法律规定的期限内审结案件。立法一般情况下也需要更长时间的酝酿，对于立法权来说，公正显然要重于效率。程序公开与提高效率在某种程度上存在着一定的冲突，一般来说，程序越公开则效率越低下。检察权作为一种特殊的行政权，其公开的程度显然不能和司法权相比。

　　检察机关的主要职权是对有关职务犯罪行为进行侦查，对刑事案件进行审查批准逮捕、审查起诉，以及对侦查活动和执行活动实行法律监督。其中对职务犯罪的侦查一般需要秘密进行，对刑事案件进行审查批准逮捕需要在较短的时期内完成，因此也要追求效率，一般不需公开。再说从刑事诉讼理论上讲，刑事诉讼分为侦查起诉和法庭审判两大阶段。在侦查和起诉阶段如果出现了问题，那么这些问题必然会在审判阶段表现出来。审判活动采取言辞辩论、直接讯问、当事人双方辩论的方式公开进行，这在一程度上可以弥补侦查起诉阶段的公开性不足问题。所以审判公开与检务公开在内容和范围方面都是具有很大区别的。审判公开侧重于人民法院的法庭审理和宣判的全过程，包括开庭、法庭调查、法庭辩论、被告人最后陈述、宣告判决等全过程都公示于社会，都允许群众旁听，允许新闻记者采访报道。而检务公开则侧重于检察机关的办事制度，包括工作制度、办事程序、办案纪律等向当事人和社会各界公开。①

　　从权力制约的角度来看，检务公开和司法公开都是出于权力制约的需要。但公开对于检察权和审判权的行使的意义却存在着较大的区别。相比之下，公开对于司法权来说显得尤为重要。公开对于司法权的重要性是由司法独立本质所决定的。如前所述，司法独立的本质是在司法独立于谁和司法受制于谁之间寻找平衡点，司法独立并不意味着司法权不受控制。由于司法权处于控制国家权力的源头地位，制约司法权的主要主体不应当是立法权和行政权，司法独立的一面正是指司法权要与立法权和行政权保持独立的地位而言的，甚至在司法体系内部上下级之间也不存在领导与被领导的关系，因此制约司法权的主要力量来自社会与司法权本身的内在品格，而社会力量制约司法权正是借助司法公开的途径来进行的，离开了司法公开，社会力量就无法洞察司法权的运行过程，当然也就无法对其实

---

① 参见白淑卿："谈检务公开的度"，载《河北大学学报》（哲学社会科学版），2000 年第 25 卷第 3 期。

施有效的监督。所以说司法公开虽然仅仅是对司法权运行的程序性要求，但借助这种程序却产生了对司法权的实体制约。相比之下，检察权作为一种特殊的行政权，其本身在国家机关体系内部就存在中很多制约。检察机关上下级之间是领导与被领导的关系，以公诉权为核心的检察权本身也不是终局性的权力，犯罪嫌疑人是否有罪的决定不在检察机关，而在司法机关，司法审判的过程也是对检察权的制约与检验过程。再加上检察权的行使有时需要秘密进行并且还要追求效率等特征，决定了检务公开的程度远不能和司法的公开程度相提并论。

第四章

人民检察院对法官的监督权

司法独立最终要实现法官独立,这是由司法权在本质上是判断权所决定的。判断权要求判断主体根据亲历性原则直接就案件的是非曲直作出自己独立的判断。然而法官独立绝不意味着法官不受任何控制,因为"所有权力都易腐化,绝对的权力则绝对地会腐化",[①] 不受制约的权力必然会导致腐败,因而世界各国都建立了对法官的制约制度,构建了包括对法官的制约的主体、事由、程序、惩戒措施等在内的制约体系。但对法官的制约与对行政机关工作人员的制约方式具有很大的区别,因为对法官制约必须平衡司法独立与对法官制约的关系。其目的就是要使法官在法律王国里真正依据证据和法律来判案。我国也基本建立了对法官的制约制度,然而我国对法官的制约在一定程度上还没有建立起科学完备的制约机制,对法官制约的法律规范比较庞杂,制约主体比较宽泛,制约程序较为模糊,惩戒事由与惩戒措施的规定也不够科学。其突出特点是我国对法官制约在一定程度上没有体现对司法权的尊重,存在着违背司法规律的现象。由于体制等诸多方面的原因,我国对法官的制约基本上还没有跳出"越监督,越腐败;越腐败,越监督"的怪圈,这也是中国司法改革中面临的最需要解决的问题。在对法官诸多的监督主体中,人民检察院作为国家的法律监督机关在对法官的监督过程中应该起什么作用则是法检关系中所要关注的重点。

第一节 域外法官监督制度考察

由于各国的法律传统以及法律理念不尽相同,各国在对法官的制约主体、惩

[①] 阿克顿勋爵,转引自哈耶克:《通往奴役之路》,王明毅、冯兴元等译,中国社会科学出版社1997年版,第129页。

戒事由、程序、惩戒措施等方面的规定也具有很大的差别。

一、对法官的制约主体

在英国，据统计全国仅有500多名法官，而且整体素质很高，法官违法或犯罪被认为是极其罕见的现象，因此英国学术界很少关注法官的违法与犯罪现象。实践中的做法是，要想免除一位法院院长或高等法院法官的职权，必须经过国会两院的同时通过，这几乎已成为英国的一项宪法实践。自1701年《王位继承法》以来，英国议会两院通过联合决议仅免职过一名高等法院的法官。在英国对于法官具有惩戒权的另一主体则是位高权重的大法官。根据有关法律的规定，大法官有权将不能胜任工作的巡回法院的法官和其他司法人员免除职务。因此，可以说在英国只有上下议院和最高司法官才有权对法官进行惩戒。

在美国，制约法官的主体呈现出多样性的特征。由于美国是联邦制国家，存在着联邦法院和州法院的区分。不仅联邦法院和州法院之间制约法官的主体有所不同，而且各州之间对法官制约主体的规定也更加复杂多样。美国对于最高法院的法官、上诉法官以及联邦地区法官要想免职必须经过弹劾程序，弹劾需经过参议院的多数同意，因此参议院是美国制约法官与惩治法官的重要主体之一。参议院的弹劾权来源于美国联邦宪法第2条之规定，美国各州宪法也大都规定了对州法官的弹劾程序，如阿肯色州宪法规定弹劾法官须经州参议院的2/3多数同意。但由于弹劾的条件比较苛刻，因此一般也很少使用。与弹劾制度相比，在过去的25年中，由常设的惩戒委员会来惩戒法官已经成为一种明显的趋势。惩戒委员会由法官、律师和平民组成，各占一定的比例。其可以对所指控的法官的不当行为进行调查和听审，而警察和检察官则无此项权力。1960年，加利福尼亚州首创了该项制度，之后随着大部分州进行效仿，目前美国绝大多数州都设有法官惩戒委员会或惩戒法庭。

由于美国各州为数众多，对法官的制约主体也呈现出多种特色。如在夏威夷州曾经规定，州长可以根据司法资格委员会免除法官职务的建议而将法官免职。而在俄勒冈州、加利福尼亚州、亚利桑那州、内华达州、威斯康星州对法官则采取的是罢免免职办法。根据罢免的程序，一个特定的选区的选民达到一定的比例就可提交申请，进而举行一次特别的选举，由适格的选民来决定某个法官的去留。据此选民有了对法官命运的决定权。在美国还有一些州曾经尝试对具有律师身份的法官采取取消其律师资格的办法来免除法官的职务。因为成为律师协会的成员是担任法官的基本条件之一，律师资格的取消可以间接达到免除法官职务的目的。据此律师协会对法官具有一定的监督制约权。在美国还有一些州，如印第安纳州、亚拉巴马州、新泽西州、路易斯安那州和得克萨斯州等，宪法还曾经授权州最高法院可以直接免除法官的职务的权力。后来由于各州宪法的修改，州最高法院如果想免除法官的职务必须建立在惩戒委员会的调查和建议的基础之上来进行。

在法国，为了保障司法的权威性，根据法国1958年宪法建立了最高司法委员会，负责处理法官、检察官职务犯罪案件和普通的法官惩戒案件。最高司法委员会的主席由法国总统来担任，副主席由司法部长来担任。最高司法委员会有两个部门，每个部门由十名成员组成。第一个部门负责处理法官的晋升和纪律处分案件，第二个部门负责对检察官任命提出意见。第一个部门的组成人员包括5名审判官和一名检察官，另外还有一名由国家行政法院指定的顾问和3名不属于议会和司法部门的著名人士。1994年2月法国宪法修正案对最高司法委员会组织作出了一定的修改，对负责法官事务部门成员的来源作出了新的规定。其中审判官包括一名最高上诉法院的资深法官，由该法院其他法官选举产生；一名高级初审法院院长，由各高级初审法院的全体院长以及各低级初审法院的全体院长选举产生；其余的两名审判官和一名检察官经过双阶段的选举产生，即首先选出一个160人的选举大会，再由这个选举大会推选其中两人担任最高司法委员会成员。检察官的选举则首先选举出一个80人的选举大会，再由选举大会从中推选出一人担任最高司法委员会的检察官代表。当负责纪律处分的部门作出被告法官有罪的结论时，被宣判有罪的法官有权向国家行政法院要求宣告判决无效。另外，上诉法院的院长或者附属该法院的总检察长还可以决定是否采用以较差的工作评估来处分有关的法官。如果对法官不良行为的指控比较严重，上诉法院院长或者总检察长有权向犯错误的法官提出警告。[①]

在德国，联邦基本法第98条第2款规定，对于联邦法官如果出现了职务上或非职务上违反本基本法原则或各邦的宪法秩序时，其应当受到弹劾。弹劾案由联邦议会下院向联邦宪法法院提出，联邦宪法法院经联邦议会的请求，得以2/3的多数，判令该法官转任或退休。如违反出于故意，得令其免职。因此，对联邦法官的弹劾是由联邦议会下院和联邦宪法法院来共同完成的。根据联邦基本法第98条第5款的规定，各州也应当根据基本法第98条第2款之规定制定各州的法官章程，各州法官弹劾案件也由联邦宪法法院来负责审判。除了弹劾之外还存在着对法官的一般司法监督。一般司法监督不属于联邦宪法法院的职权。一般司法监督责任通常由各法院院长以及各州或联邦一级主管具体法院的部门来共同承担。另外，在德国还存在着法官之间的相互制约与监督关系。德国法官要定期对其他法官同事进行评审，而评审结果直接影响到法官能否晋升。同行法官的监督制度也可以导致对法官的警告，甚至引发纪律处分程序。

在日本，对法官实施监督的主体主要包括三种，即议会、全体国民、高等法

---

① 参见最高人民法院司法改革小组编，韩苏琳编译：《美英德法四国司法制度概况》，人民法院出版社2002年版，第591～596页。

院或最高法院组成的合议庭。议会对法官的监督是通过弹劾来进行的。依据《日本宪法》第 46 条的规定，国会为了裁判受罢免追诉的法官而设立了弹劾法院和法官追诉委员会。弹劾法院由参众两院各出 7 名议员组成。法官追诉委员会由参众两院各出 10 名议员组成。弹劾案件由法官追诉委员会来启动，最高法院和任何国民都享有对法官的追诉请求权。法官追诉委员会在接到最高法院或国民提出的弹劾法官请求后，在 2/3 以上成员同意弹劾法官后，即可正式向弹劾法院提起诉讼。弹劾法庭在审理弹劾案件时，参众两院至少分别派 5 名以上议员参与弹劾案件的审理，并在参加弹劾案件议员 2/3 以上同意的情况下就可最终作出弹劾法官的判决。弹劾判决作出之后，被弹劾的法官即丧失法官资格。

全体国民审查的对象只限于最高法院的法官。全体国民利用众议院大选的时机，并依据《最高法院法官国民审查法》，以一人一票的方式对天皇或内阁任命的最高法院大法官进行"信任审查"。

高等法院或最高法院组成的合议庭主要负责对非免职的惩戒案件进行审判。非免职的惩戒主要包括罚款和告诫两种形式。根据《日本宪法》第 78 条之规定，法官的非免职案件由司法机关自行负责追究，其他任何机关、组织和个人都无权惩戒法官。具体来说，简易法庭、家庭法庭和地方法院的法官如有违法乱纪行为，一律由高等法院惩戒。高等法院和最高法院法官的惩戒则由最高法院来负责。高等法院在审理法官惩戒案件时一般由 5 名法官组成的合议庭来负责，而最高法院在审理法官惩戒案件时由 9 人组成合议庭来负责进行审理。对违法乱纪法官的控诉则由被惩戒法官所在的法院来负责实施。

在加拿大，根据《法官法案》的规定建立了专门的组织"司法委员会"作为惩戒法官的机构。该组织于 1971 年成立，其职能主要是对法官的行为举止进行评判。司法委员会坚持"不告不理"的原则，对法官惩戒程序主要依赖公众的举报而启动。除此之外，司法部长或省总检察长如果对于联邦任命的法官行为提出了质疑，司法委员会也应当启动正式的调查程序。加拿大的相关法律还就如何举报法官的不当行为作出了详细的规定，如举报材料应当包含的信息以及举报材料的邮寄地址等。根据法律的规定，司法委员会审理具有不当行为的法官仅限于：加拿大最高法院、联邦上诉法院、加拿大联邦法院审判法庭、加拿大海事上诉法院、加拿大税收法院。司法委员会有权在调查或审查的基础上对法官的惩戒作出决定，但其无权作出对法官免除职务的惩戒。其可以向司法部长提议对某法官免除职务，司法部长再向议会提出进一步的建议。①

二、对法官的惩戒事由

对法官的惩戒既要考虑对法官行为的有效规制，同时又要避免对法官独立的

---

① 参见谭世贵等著：《中国法官制度研究》，法律出版社 2009 年版，第 540~541 页。

不当干涉。而法官基于什么事由受到惩戒则是法官惩戒制度的核心内容之一，它为法官行为模式提供了一个规范的指引，表明法官能做什么以及不能做什么，同时也为惩戒权的行使划出了边界，明确了什么行为可以惩戒以及什么行为不能惩戒。① 由于政治制度和法律传统的差异性，不同的国家在惩戒事由的规定上具有一定的差异性，但同时也具有一定的规律性。考察国外对法官惩戒的事由对完善我国法官的惩戒制度具有一定的参考价值。

（一）英、美对法官的惩戒事由

英美两国从自身的宪政构架和历史传统出发，努力在保障法官独立行使审判权和制约法官腐败之间寻找平衡，从而建立了以"不当行为"为核心的法官惩戒事由。我们一般认为，由于英美法系国家的法官具有崇高的法律地位，非经法定程序被弹劾，可以终生任职，也不受其他形式的惩戒。但这种观点对英美最高法院的大法官而言或许有一定的正确性。英美众多的其他法官实则要受到"不当行为"的约束，而不当行为对法官的约束十分宽泛，不仅涉及法官的职务行为，而且还涉及法官的非职务行为，可见英美两国十分重视维护法官的良好形象和职业道德。为了使法官职业成为最高尚和最廉洁的职业，其对法官的要求比我们想象的要苛刻的多。

在英国，早在1701年《王位继承法》就明确规定了英国法官只要品行端正就可以继续任职。即使法官的判决可能被上诉到上级法院而被驳回或改判，但只要法官依法且根据良知判案法官就不应受到任何处罚。根据1876年《上诉法院法》第6条，1925年《最高法院审判法》第12条以及1981年《最高法院法令》之规定，除大法官外，高等法院及上诉法院的法官如果品行良好可以一直保有其职位，弹劾法官的理由主要包括法官实施了严重犯罪行为或不法行为，不法行为包括职务有不胜任情形，甚至官吏私生活的不当行为，导致官吏在执行职务时失去人民的信赖等行为。②

美国宪法规定，如果总统和所有合众国的公共官员被确定犯有叛国、行贿受贿或其他重大行为或不端行为，均可经弹劾而被免职，这里的官员当然也包括法官。在美国宪法第3条第1款专门就法官作出了要求，即最高法院和下级法院的法官如行为端正，得继续任职，并应在规定的时间得到服务报酬，此项报酬在他们继续任职期间不得减少。可见法官得以继续任职的条件是如果"行为端正"。何为不当行为或不端行为呢？根据美国1972年制定的《司法行为准则》第2条的规定，"法官从事一切活动时，必须避免任何不当行为和看上去令人觉得不当的行为；在非职务活动中，必须保持品行端正，不得因其行为而导致人们对法官公正

---

① 全亮："域外法官惩戒制度基本架构比较"，载《社会科学家》2013年第11期。
② 汪贻飞："论法官惩戒之事由"，载《安徽大学法律评论》2009年第2辑。

能力的怀疑、对审判机关形象的贬低或者妨碍审判职责的履行。"因此司法不当行为或不端行为涵盖了司法职务行为和非职务行为两个方面。司法职务不当行为包括法官为党派或社会舆论所左右，言行偏激，与律师和当事人单方接触，处理司法实务不及时有效等；非职务行为或司法外行为包括法官与立法机关和行政机关关系过密，法官参与政治活动，法官职务外兼职获取不当报酬，甚至包括法官私生活的放纵等方面。①

但美国法律同样也为法官独立审判案件留下了自由的空间，即法官的裁判行为不得成为惩戒法官的根据。如在《司法行为与资格丧失法案》第3A条规定，如果投诉是直接关于判决或程序裁决的实质性问题，则应予以驳回。这就是说，法官完全可以根据自己对法律和案件事实的理解独立进行裁判，且不得因此裁判行为受到追究。但这也并不意味着法官在进行裁判的过程中不受任何限制。如果法官在法庭审理过程中出现下列情形，就可能遭到司法惩戒委员会的惩戒，如粗暴、肆意、尖刻地对待律师、当事人或证人；试图强迫被告作有罪答辩或和解；以一方当事人的态度诘问证人；对未决案件的是非曲直进行评论；当法官与案件有利害关系时不自行回避；滥用蔑视法庭制裁权力；与当事人进行单方接触；单方判决或命令；故意或明知地忽视法律；审判案件中的拖延；不公正、不胜任；篡改或命令篡改法庭记录；审理过程中酗酒等。②

（二）法、德对法官的惩戒事由

法、德等大陆法系国家对法官的要求与英、美国家相比也有过之而无不及。关于法国对法官的惩戒事由早在1958年便颁布的《法国法官职业管理条例》就有了明确的规定，特别是对法官必须遵守的行为准则规定得更为具体详尽。法官一旦违反这些准则就会受到相应的惩戒与处罚。该条例第43条对法官应受惩处的行为作出了概括规定，法官在行使其职责的过程中因违反荣誉、严谨或尊严所犯下的一切违规行为都是违反法官行为准则的。该条例还明确规定了法官应当受到惩处的几种情形：（1）限制行使政治职能的权力或传播政治意见的权力；（2）禁止

---

① 美国法官职业内行为遭惩戒的典型事例有：（1）加利福尼亚州最高法院曾因一名法官与当事人进行交易、接受礼物，作出对该当事人有利的判决，及接受律师礼物，在审理该律师所代理案件时未能回避或说明其与该律师之间的关系，而将其免职；（2）密西西比州最高法院曾因一名法官在没有立案、听审的情况下对被告作出判决，且不正当地处理四名未出庭被告的交通违规案等，而免除该法官职务；（3）佛罗里达州最高法院因一名法官要求其书记员违规更改判决日期，而给予其停职处分；（4）伊利诺伊州法院委员会因一名法官两次在办公室与一名法庭记者发生性关系，而将该法官免职。法官职业外行为遭惩戒的典型事例有：（1）得克萨斯州最高法院因一名法官将停车场工作人员称为"黑鬼"，且伪造教育水平报告，而将该法官免职；（2）亚利桑那州最高法院因一名法官召妓，而将该法官免职；（3）纽约州上诉法院因一名法官两次用其过世母亲的名义申办信用卡，而将该法官免职。参见：怀效锋：《司法惩戒与保障》，法律出版社2006年版，第197~210页。

② 于秀艳、李存捧、林志农、陈静梅编译：《美国法官制度与法院组织标准》，人民法院出版社2008年版，第94~95页。

法官在履行司法公务的同时从事另一种职业活动或带薪水的活动;(3) 法官应该节制与其职责和尊严不相符的行为,特别是私生活方面。法国《法官章程》第3条规定:法官的任何职业责任的失职、损害法官荣誉、正直和尊严的行为都触犯了法官纪律,法官也将因此会受到惩戒。从实践来看,法官主要因以下事由受到责任追究:职业错误、不相符的、不检点的个人生活行为以及政治态度不良等。其中大部分涉及职业错误,还有一些涉及不服从上级,以及执法错误,还有少数涉及滥用职权和道德标准。[1] 根据法国法官最高司法委员会2000年司法惩戒报告所记载,法官受到惩戒的事由包括以下几类:(1) 缺乏严肃感和责任感;(2) 违背中立和谨慎原则;(3) 缺乏敏锐的判断力;(4) 严重损害荣誉、公平和廉洁的行为。[2] 另外,法国对法官的实质性裁判行为原则上不予追究,如果不是由于故意或重大过失,不得单纯以判决结果不正确为由来追究法官的责任。

在德国法官也属于公务员之列,因此德国法官除了遵守法官法之外,还要受德国《联邦公务员法》的规制,《联邦公务员法》第54条规定:"公务员应全身心地投入自己的工作,大公无私、问心无愧地管理自己管辖的部门或机构,他在工作和工余时的言行举止必须得体、与自己的身份相符,获得民众的爱戴和信任。"

根据德国《基本法》第98条的规定,法官被弹劾的理由是:无论法官是否以官方身份违反了基本法的原则和州宪法的秩序,都应当受到弹劾。另外德国的《刑事法典》对法官的行为有一些禁令,禁止法官实施一系列的严重削弱公众对法院作为伸张正义机构之信心的司法行为。这些不端的行为包括接受金钱或者其他贿赂、伪造文件、勒索证词以及通过起诉对清白者进行迫害或者判刑。法官对于上述行为原则上只有故意才承担责任,但如若因重大过失导致清白者被判刑也需要承担责任。另外,法官如果极其疏忽大意的话,其行为也会受到惩罚。[3] 此外,法官要和政治保持一定的距离,避免参加不当的政治活动,从而保证司法的独立性。在司法实践中,法官还可能会因口无节制,在司法意见书中对政党的无能或腐败作出泛泛之言论,或者是以轻蔑的态度批评另一个法庭的判决或检察官而受到惩戒。

由于德国对法官惩戒事规定的过于分散致使理论界对究竟采用何种惩戒事由多有争论,从而形成多种有关惩戒事由与职务保障之间如何平衡的相关理论,其中以"核心领域论"为通说。该理论将法官审判行为区分为核心领域与外部秩序领域两个组成部分。所谓核心领域包括固有之判决行为本身及所有直接、间接为判决准备之行为,对此类核心领域的监督会危害法官的独立判断,对任何个案判

---

[1] 参见倪镜:《论法官惩戒制度的改革与完善》,内蒙古大学2011年硕士学位论文。
[2] 李晏榕:"法国司法官纪律与惩戒制度简介",载《司法改革杂志》第80期。
[3] 韩苏琳:《美英德法四国司法制度概况》,人民法院出版社2003年版,第471~472页。

决结果的评价均属对核心领域的侵害,但明显错误之裁判行为不属于核心领域之范围。所谓外部秩序,是指所有与核心领域裁判行为不相关,不至于影响司法判断的外部行为。

通过考察法、德两国惩戒事由可以发现,与英、美两国单纯以不当行为作为惩戒事由的一元论不同,法、德两国采取不当行为和错误判决二元论作为法官惩戒事由。但对于法官不当行为之惩戒,无需考虑行为主观因素,只要该行为导致了对司法公信力产生了损害的"客观后果"就足以成为对法官惩戒的事由。相反,对于法官错误裁判,因事关司法核心领域,只有在法官的裁判非依内心确信而是出于徇私枉法或玩忽职守等主观故意或重大过失所致的情况下才可以对"错案"的法官予以相应惩戒。①

第二节　我国法官惩戒事由之不足与完善

由于各国的法律传统以及法律理念不尽相同,各国在对法官的制约主体、惩戒事由、程序、惩戒措施等方面的规定也具有很大的差别。与西方发达国家相比,我国法官惩戒制度存在着如下几方面的问题:

一、从立法上来看,我国法官惩戒事由立法位阶较低

由于司法权是国家权力中的弱者,因此为了树立司法权威,许多国家把司法惩戒事由之立法上升到了宪法层面。如美国、日本、英国等在宪法中规定了法官惩戒的基本原则和制度,德国、澳大利亚等国还对法官惩戒制度进行了专门的立法。我国《宪法》中并没有任何关于法官惩戒制度的规定。在 2001 年修订的《法官法》第 11 章中对法官的惩戒事由进行了规定,第 13 章中对法官的辞职和辞退事由也作出了明确的规定,但对法官惩戒以及辞退的程序则未作规定,只规定对法官处分的权限和程序按照有关规定办理,辞退法官应当依照法律规定的程序进行。同时惩戒事由规定得比较原则,需要进一步细化,因此有关惩戒法官的规定大部分是最高人民法院或者最高人民检察院作出的司法文件,如 1994 年《人民检察院监察部门调查处理案件暂行办法》(试行),1998 年《人民法院审判人员违法审判责任追究办法》(试行),1999 年《最高人民检察院关于人民检察院直接受理立案侦查案件立案标准的规定》,2001 年《地方各级人民法院及专门人民法院院长、副院长引咎辞职规定》(试行),2003 年《最高人民法院关于严格执行〈中

---

① 蒋银华:"法官惩戒制度的司法评价——兼论我国法官惩戒制度的完善",载《政治与法律》2015 年第 3 期。

华人民共和国法官法〉有关惩戒制度的若干规定》，2008年《人民法院监察工作条例》，2010年《中华人民共和国法官职业道德基本准则》，2010年《法官行为规范》，2015年《最高人民法院关于完善人民法院司法责任制的若干意见》，2016年《最高人民法院、最高人民检察院关于办理贪污贿赂刑事案件适用法律若干问题的解释》等，但是从法理来看，最高人民法院和最高人民检察院的有关规定仅相当于国务院的行政法规，法律层次和效力较低，对于法官这一需要严格规范和特殊保护的群体来说，这样的法律位阶还是远远不够的。如果不把法官的惩戒上升为宪法层面，最次也要在《法官法》里对法官惩戒作出全面、具体的规定。对法官的惩戒严格遵循法律保留原则，禁止法律以下的规范对法官作出惩戒性的规定。

二、惩戒事由规定的不够全面和准确

从对法官的严格要求程度上来说，法官受到惩戒的行为既包括职务内行为，也包括职务外行为，而我国《法官法》第32条规定的对法官惩戒行为主要是职务内行为，职务外行为只规定了"从事营利性的经营活动"，对职务外的行为如出入色情场所、包养情人、婚外恋等未作任何规定。《法官行为规范》虽然对法官的业外活动进行了规定，但仍然不够具体，如"遵守社会公德，遵纪守法"，"约束业外言行，杜绝与法官形象不相称的、可能影响公正履行职责的不良嗜好和行为，自觉维护法官形象"。另外《法官法》规定的"泄露审判工作秘密"、"玩忽职守，造成错案"等也是需要进一步细化和界定的。因为什么是"审判工作秘密"，什么是"错案"都是一种概括的规定。《法官法》第32条还规定了兜底性的条款来囊括法官的惩戒事由，即"其他违法乱纪的行为"。兜底性的条款的优点在于弥补列举式的不足，其缺点在于过于宽泛，给法官的惩戒带来了很大不确定性。如果再没有严格的程序保障，法官随时就会面临着被惩戒的危险。《法官法》对法官的惩戒措施规定了六种，即"警告、记过、记大过、降级、撤职、开除"，但《法官法》并未规定何种惩戒事由适用何种惩戒措施。比如，开除法官的事由是什么？这给法官的惩戒又增加了更大的不确定性。

三、惩戒措施行政化，司法特色不够明显

由于我国司法行政化相当严重，国家管理中对司法管理与行政管理使用同样的制度。再加上法官也被纳入了《公务员法》的调整范围，从而导致了对法官和公务员使用同样的惩戒措施。《法官法》第34条规定对法官的处分分为："警告、记过、记大过、降级、撤职、开除"六种。这与《公务员法》第56条规定的对公务员的惩戒措施完全一致。但是"警告、记过、记大过、降级"没有体现出司法权的内在特质，因为有着违法"前科"的法官继续办案很难取得当事人的信

任，这种情况下当事人就很难服判息诉，往往会选择继续上诉或申诉，不仅增加了当事人的负担，也浪费了司法资源。但如果尊重司法规律，采取"告诫、罚金、暂停职务"等就不会产生这样的问题。

惩戒措施行政化的另一个重要表现是司法连带责任制。1998年《人民法院审判人员违法审判责任追究办法》（试行）第26条规定："院长、庭长故意违反法律规定或者严重不负责任，对独任审判员或者合议庭的错误不按照法定程序纠正，导致违法裁判的，院长、庭长、独任审判员或者合议庭有关人员均应当承担相应责任。"2001年《地方各级人民法院及专门人民法院院长、副院长引咎辞职规定》（试行）第4条规定院长、副院长在其直接管辖范围内，具有下列情形之一的，应当主动提出辞职。[①] 2003年《最高人民法院关于严格执行〈中华人民共和国法官法〉有关惩戒制度的若干规定》第17条规定，"法官违反上述规定[②]，所在单位、部门的领导负有严重失职、渎职责任的，或者对本单位本部门发生的违纪违法问题隐瞒不报、压案不查、包庇袒护的，依照有关规定，追究其领导责任"。2015年《最高人民法院关于完善人民法院司法责任制的若干意见》第31条规定："审判委员会讨论案件时，合议庭对其汇报的事实负责，审判委员会委员对其本人发表的意见及最终表决负责。案件经审判委员会讨论的，构成违法审判责任追究情形时，根据审判委员会委员是否故意曲解法律发表意见的情况，合理确定委员责任。审判委员会改变合议庭意见导致裁判错误的，由持多数意见的委员共同承担责任，合议庭不承担责任。审判委员会维持合议庭意见导致裁判错误的，由合议庭和持多数意见的委员共同承担责任。"

法官的违法行为让法院领导以及审判委员会承担连带责任的规定是与司法责任制相违背的，是典型的行政化追究责任方式。司法责任和行政责任是有重大区别的。行政机关实行首长负责制，首长与其下属的关系是命令与服从关系，下属只是执行者，必须按首长的意志行事，下属当然一般也不对自己的行为承担责任。司法机关在审理案件时，实行法官负责制，在独任制案件中实行个人负责制，在合议制案件中虽然实行少数服从多数的原则，但每个法官也要对自己的行为负责。按照司法责任制原则以及司法独立的本质要求，法官是法律帝国的王侯，法官应当为自己的行为独立承担责任，无需其他主体来为其承担责任或连带责任。法院的领导无权命令法官如何断案。法官只服从法律，法院领导也没有义务对法官的

[①] （一）本院发生严重枉法裁判案件，致使国家利益、公共利益和人民群众生命财产遭受重大损失或造成恶劣影响的；（二）本院发生其他重大违纪违法案件隐瞒不报或拒不查处，造成严重后果或恶劣影响的；（三）本院在装备、行政管理工作中疏于监管，发生重大事故或造成重大经济损失的；（四）不宜继续担任院长、副院长职务的其他情形。

[②] 指《最高人民法院关于严格执行〈中华人民共和国法官法〉有关惩戒制度的若干规定》第2条至第16条对法官的各种行为规范的要求。

错判承担责任。既然司法责任制不实行首长负责制，就当弱化法院领导对法官的控制，但根据《法官法》第 11 条的规定，最高人民法院的副院长、审判委员会委员、庭长、副庭长和审判员的任免由最高人民法院院长提请全国人民代表大会常务委员会来进行；地方各级人民法院的副院长、审判委员会委员、庭长、副庭长和审判员的任免由本院院长提请本级人民代表大会常务委员会来进行。这样的任免提请方式是典型行政化方式，其在很大程度上强化了法院的行政化管理模式，使得法院院长对下属的监督关系演变为了潜在的领导关系。

审判委员会也是如此。如前所述，审判委员会应当是一个为法官在审理重大疑难案件时提供咨询性的机构，其意见仅仅对合议庭审理重大疑难案件提供参考，合议庭对审判委员会的意见可以接受也可以不接受，审判委员会也无需为合议庭的审判结果承担责任。如果合议庭不能审理的重大疑难案件可以移交给上级人民法院来审理，而无需由审判委员会来作出最终的判决。人民法院必须树立法官的独立权威，司法责任制也必须由独立的法官来承担，只有这样才能理顺法院内部各种责任关系，这也是司法改革的趋势。

四、惩戒措施有违司法的规律性

其突出表现为错案追究制和法官对案件终身负责制。20 世纪 90 年代，我国确立的旨在防止和减少冤假错案的错案追究制度是违背司法规律的一项惩戒措施。错案追究制于 1990 年率先在秦皇岛市法院实行，此后各地法院纷纷效仿。1998 年最高人民法院先后发布了《人民法院审判人员违法审判责任追究办法》（试行）和《人民法院审判纪律处分办法》（试行），正式确立了错案追究制度。由于"错案"的概念具有不确定性，大多数法院更多的是从案件的实体结果来判断错案，一时间被人大提起"个案监督"的案件，被提起审判监督的案件，被上级法院改判的案件，甚至发回重审的案件也都被认定为错案。由于审判过程是一个对事实的判断，对法律的适用，以及对法律和事实之间的关系进行逻辑推理的复杂过程，因此每个案件的判决结果绝对不是唯一的，以实体结果来判定一个案件的对错对法官来说是不公平的。法官责任追究应当符合司法活动的运行规律。法官只为自己的违法犯罪或明显不当行为负责，这是世界各国较为通行的做法。如果不能证明法官作出的裁决出于故意或者明显的过失，那么法官一般就不对实体裁决结果承担法律责任。如果滥用错案追究制必然会导致法官想方设法规避实体判决的风险。调解结案、案件请示汇报、寻求审判委员会作挡箭牌等现象就会频发，法官独立审判能力和司法的权威也就会大大削减。因此，法官在审判过程中只要严格依照法律程序，不存在故意和重大过失而作出的判决就是正确的，不能把判决结果来作为断定一个判决是否正确的唯一标准。当然，最高人民法院在 2015 年发布的《关于完善人民法院司法责任制的若干意见》第 28 条对非错案的情形进行了排除①，但由于缺乏对"错案"的直接界定，在现实的司法实践中，错案追究制度对法官的负面影响是难以消除的。

在错案追究制度收效不太明显的状况下，又出现了另一个有违司法原理的制度，即法官办案质量终身责任制。2013 年 8 月中央政法委发布了《关于切实防止冤假错案的规定》，其中第 12 条规定："建立健全合议庭、独任法官、检察官、人民警察权责一致的办案责任制，法官、检察官、人民警察在职责范围内对办案质量终身负责。对法官、检察官、人民警察的违法办案行为，依照有关法律和规定追究责任。"2015 年最高人民法院发布的《关于完善人民法院司法责任制的若干意见》第 25 条规定："法官应当对其履行审判职责的行为承担责任，在职责范围内对办案质量终身负责。"

法官办案质量终身责任制存在着违背法理之处，其原因在于司法权行使的终局性。我国法院采用两审终审制，一个案件最多经过两级法院的审判就是终审判决。此时，司法作为解决社会争议的最后一道防线就完成了其定纷止争的使命。终审判决具有公定力，也就是说法院的终审判决被推定为是正确的，非经法定程序不得被推翻。正如美国一位大法官所言："我们能够作出最终判决并非因为我们判决正确，相反，我们之所以判决正确，是因为我们享有终审权。"② 对一个终审判决是没有必要规定法官对其终身负责的。退一步说，如果案件确实判决出现了错误，如被"罪犯"杀死的人又活着出现了，此时案件可以被认为是百分百的错案，但该案完全还可以通过审判监督程序来解决。只要法官当初在审判过程中不存在违法犯罪或重大过失的情形，就不应当被追究责任。特别是在公安机关或检察机关违法取证，干扰了法官断案的情况下，让法官对案件终身负责就更加不公平了。

即使法官在审判过程中存在着犯罪行为，还要受到刑罚的追诉时效的限制，根据刑法规定，犯罪已过法定追诉时效期限的，不再追究犯罪分子的刑事责任；已经追究的，应当撤销案件，或者不予起诉，或者宣告无罪。当然，为了确保社会正义之源不被污染，可以对法官的司法腐败行为实施终身追究，但这不是法官对案件终身负责。因此，法官对案件终身负责制是没有法理依据的。司法责任制与行政责任制和民事责任制是有很大区别的。开发商要对其建筑质量终身负责，

---

① 因下列情形之一，导致案件按照审判监督程序提起再审后被改判的，不得作为错案进行责任追究：(1) 对法律、法规、规章、司法解释具体条文的理解和认识不一致，在专业认知范围内能够予以合理说明的；(2) 对案件基本事实的判断存在争议或者疑问，根据证据规则能够予以合理说明的；(3) 当事人放弃或者部分放弃权利主张的；(4) 因当事人过错或者客观原因致使案件事实认定发生变化的；(5) 因出现新证据而改变裁判的；(6) 法律修订或者政策调整的；(7) 裁判所依据的其他法律文书被撤销或者变更的；(8) 其他依法履行审判职责不应当承担责任的情形。

② 贺卫方：《司法的理念与制度》，中国政法大学出版社 1998 年版，第 262 页。

行政首脑对其错误的决策要终身负责，但不能要求法官对其判决的案件质量进行终身负责。开发商对其产品负责也应当在保质期限内负责，行政首脑如果承担刑事责任也应当受到追溯时效的制约。由于行政行为不具有终局性，行政人员受到责任追究的几率要大大提高。

在刑事案件中，即使公安机关和检察机关的终身负责制也是有违法理的。在公安机关侦查、检察机关提起公诉、人民法院进行审判的一系列先后衔接的过程中，最终作出判决的是人民法院，如果出现了错案显然不是公安机关和检察机关的责任，公安机关和检察机关只是把自认为的犯罪的证据呈现给了审判机关，除非公安机关和检察机关存在违法取证、刑讯逼供等情形误导了人民法院的判决，否则错案的责任让公安机关和检察机关来承担也是违背法理的。另外，即使公安人员和检察人员违法也同样受到刑罚追诉时效的制约。

五、对广义惩戒事由与狭义惩戒事由未作出明确的划分

从广义上来说，法官的惩戒也包括弹劾在内，狭义的法官惩戒只是对法官的纪律惩戒和道德惩戒，一般不直接危及法官的职位。在任何国家，法官的违法甚至犯罪都是难以避免的。为了保障法官的廉洁，必须建立对法官的惩戒制度。但由于司法是社会的正义之源，是解决社会争议的最后一道防线，为了保障法官的地位，世界大多数国家都确立了法官的高薪制与终身制。特别是法官的终身制是法官地位的保障，同时也是法官敢于忠实于法律的重要保障之一。对法官的惩戒又是非常慎重的。要去除一个法官的职位国外一般设置了不同的弹劾程序，在许多国家法官除非遭到弹劾而不能被罢免。

与广义的惩戒和狭义的惩戒相对应，对法官的惩戒事由可以被划分为弹劾（免职、撤职、辞退、开除）事由与一般惩戒事由两种。弹劾事由是法官不可触碰的红线，一旦发生了可遭弹劾或免职的事由，法官的职位就岌岌可危了。弹劾与免职、撤职、辞退、开除对法官来说结果都是一样的，那就是失去了法官的职位。因此哪些主体享有对法官免职、撤职、辞退、开除、弹劾的权力，及其程序、事由都必须有明确的规定。这里只讨论惩戒事由问题。对于已经犯罪的法官，其理应被免职、撤职、辞退、开除或弹劾。但对于不构成犯罪的违法、违纪以及违背法官职业道德的行为是否属于法官被弹劾、免职、撤职、辞退、开除的理由呢？答案是肯定的。

如前所述，英国王位继承法明确规定了英国法官只要"品行端正"就可以继续任职。美国宪法也规定了最高法院和下级法院的法官如"行为端正"，得继续任职。法国1958年颁布的《法国法官职业管理条例》第43条对法官应受惩处的行为的概括规定是：法官在行使其职责的过程中因违反荣誉、严谨或尊严所犯下的一切违规行为都是违反法官行为准则的。因此，各国对于法官这一高尚的职业

要求是非常高的，任何法官只要其行为亵渎或玷污法官这一高尚的职业，就会被弹劾。而现实生活中可能亵渎或玷污法官职业的事由又是难以预料和千差万别的，因此采取概括式的规定无疑是最明智的立法选择，而较高的惩戒主体和严格的惩戒程序则是法官职位的重要保障。如果非要列举法官被免职的事由的话，还必须加上兜底性的概括性条款。

我国《法官法》第 23 条正是采取了列举加概括的立法模式，只是在惩戒措施方面规定的缺乏可操作性，没有明确规定何种事由适用何种处分。之后 2003 年的《最高人民法院关于严格执行〈中华人民共和国法官法〉有关惩戒制度的若干规定》对法官的何种行为给予何种处分进行了较为详细的规定，但这些规定的灵活性较大，仍然缺乏可操作性，特别是没有对法官的惩戒设置硬性的规定，即没有明确规定何种行为是法官不能触碰的底线。如若干规定第 7 条规定："法官应当忠实于事实真相，不得隐瞒证据或者伪造证据。严禁有下列行为：（一）涂改、隐匿、伪造、偷换或者故意毁灭证据；（二）以暴力、威胁、贿买等方法阻止证人作证或者指使他人作伪证；（三）使用暴力等非法手段逼取证人证言。违反上述规定，给予记大过或者降级处分；情节严重的，提请任免机关免除法官职务，并予以辞退或者给予撤职以上处分。"笔者认为，作为一个法官，若干规定第 7 条所列举的任何一种行为都是非常严重的，应该属于法官不可触碰的底线。不管情节是否严重，但其性质是非常严重的，已经超越了简单的"行为不端"或"品行不端"了，这样的法官在任何一个国家都是不能被容忍的，理应被清除出法官队伍，给予记大过或者降级处分实在是太轻了，真所谓是"是可忍，孰不可忍？"。又如，法官刚刚离开了庭审现场，就被一方当事人邀请到了酒店，接受当事人的宴请，并被另一当事人抓拍到了证据。该法官的行为可以纳入"行为不端"或"品行不端"，其行为也属于零容忍行为。在中国对法官进行员额制改革的今天，我们不缺少法官，而是缺少优秀的法官。列举零容忍行为是非常必要的，一旦法官触碰了底线或红线，后备法官就可以补充进来，从而迅速提高法官队伍的整体素质。零容忍行为属于弹劾（免职、撤职、辞退、开除）类事由，在执行主体、程序方面应当不同于对法官惩戒的一般事由。因此，笔者建议应当在我国的《法官法》中进一步明确列举哪些事由属于对法官进行免职、撤职、辞退、开除的事由，再加上概括性的兜底条款。列举式的规定可以使法官能够明确什么是其不能触碰的底线，并且也使得有权罢免法官资格的主体在执行中具有了可操作性，限制其自由裁量权，从而也使得法官更具有安全感。兜底性的条款则会弥补列举式的不足，但在执行的过程中需要设计更加严格程序，从而以判例的形式来进一步丰富法官的罢免事由。这里笔者试列举一些法官被罢免的事由：

有下列情形之一的，法官应当被罢免：
（1）触犯刑法被判有罪的；（2）收受案件当事人贿赂的；（3）案件审理期

间，私自会见案件一方当事人及其代理人的；（4）隐瞒证据或者伪造证据的；（5）指使、授意他人做伪证的；（6）篡改、伪造庭审笔录、判决书的；（7）无正当理由超越案件审理期限的；（8）工作之余从事营利性活动的；（9）包养情人或嫖娼的；（10）其他品行不端，足以使公众对司法公正产生合理怀疑的。

上述法官被罢免的事由，除了第（10）条作为兜底性的条款之外，不仅具有明确性，而且还具有可操作性，应当成为法官不可触碰的底线。

第三节　我国法官惩戒主体之重构

一、目前我国法官惩戒的主体

目前我国有权对法官进行惩戒的主体主要有：

第一，各级人民代表大会及其常务委员会。根据《宪法》和《人民法院组织法》的规定，全国人民代表大会及其常务委员会以及地方各级人民代表大会及其常务委员会有权罢免法官。具体来说，最高人民法院院长由全国人民代表大会罢免；最高人民法院副院长、审判委员会委员、庭长、副庭长和审判员由全国人民代表大会常务委员会罢免。地方各级人民法院院长由地方同级人民代表大会罢免；地方各级人民法院的副院长、审判委员会委员、庭长、副庭长和审判员由同级人民代表大会常务委员会罢免。在省、自治区内按地区设立的和在直辖市内设立的中级人民法院院长，由省、自治区、直辖市人民代表大会常务委员会罢免，副院长、审判委员会委员、庭长、副庭长和审判员由省、自治区、直辖市的人民代表大会常务委员会罢免。国家权力机关虽然在宪法和法律规定上有对法官的罢免权，但由于缺乏明确、严格的惩戒程序，各级人民代表大会在法官罢免方面一直扮演着"橡皮图章"的角色。各级人大既不受理对法官犯罪或违法的举报，也不启动调查程序，仅对法院报送的罢免法官的材料进行简单审查，然后在全体会议上按表决器进行表决。这样的简陋的表决方式过于草率，不足以体现司法的权威性，法律帝国的王侯在这样的惩戒程序下颜何以堪。

第二，各级人民法院院长。在权力机关惩戒流于形式的状况下，从表面上看，真正掌握着对法官生杀予夺大权的是各级法院的院长。按照相关法律的规定，本院的副院长、审判委员会委员、庭长、副庭长和审判员由本院院长提请同级人大常委会来罢免。在省、自治区内按地区设立的和在直辖市内设立的中级人民法院的副院长、审判委员会委员、庭长、副庭长和审判员，由高级人民法院院长提请省、自治区、直辖市的人民代表大会常务委员会来罢免。法院院长的提请罢免权决定了各级法院院长对本院法官的具有实质性控制权，使得法院院长与法官之间的关系演化为行政领导关系。如前所述，法院院长对本院法官的重大违法犯罪行为还具有一定的连带责任，再加上中国人的熟人社会观念之根深蒂固，一般情况下法院院长是不会把本院的违法违纪法官提交权力机关罢免的，除非法官的严重触犯了法律，以至于法院院长不得不将其提请权力机关来罢免。大多数提交权力机关任免的法官是属于《法官法》第 13 条规定的"丧失中华人民共和国国籍的；调出本法院的；职务变动不需要保留原职务的；因健康原因长期不能履行职务的；退休的"等情形。

第三，人民法院内部的监察部门。根据《最高人民法院关于完善人民法院司法责任制的若干意见》，人民法院监察部门有权对法官是否存在违法审判行为进行调查，并采取必要、合理的保护措施。人民法院监察部门经调查后，如果认为应当追究法官违法审判责任的，应当报请院长决定，并报送省（区、市）法官惩戒委员会审议。因此，人民法院的监察部门也是掌握着法官命运的主体之一，只不过由于监察部门是法院内部的职能部门之一，其成员是法院内部的法官或其他工作人员，其受法院院长和副院长的领导，没有独立的决定权，因而对法官的制约具有一定的有限性。

第四，人民法院内部的纪检部门。根据 2002 年《人民法院纪检监察机构信访举报工作暂行规定》人民法院纪检机构有权受理对人民法院及其工作人员违法违纪行为的检举和控告。2014 年 9 月最高人民法院公布了《关于人民法院纪检监察部门落实党风廉政建设监督责任的实施意见》（以下简称《意见》），《意见》明确要求法院纪检部门要把查处法院领导干部贪污受贿、权钱交易、失职渎职案件和审判执行人员徇私舞弊、枉法裁判、以案谋私案件作为查案工作重点，尤其要严肃查处利用司法潜规则获取不义之财以及在办案法官与案件当事人之间充当诉讼掮客的法院干警，有效遏制"关系案、人情案、金钱案"的发生。为此，《意见》要求改革查案机制。健全查办腐败案件要以上级纪委为主的工作机制，线索处置和案件查办在向同级法院党组报告的同时必须向同级纪委和上级法院监察部门报告。纪检机构对法官惩戒对象仅限于党员法官，但在我国法院绝大多数法官都是党员的情况下，纪检机构对法官的制约作用无疑也是很重要的。另外，根据党管干部的原则，法院的院长及副院长去留一般由同级党委来决定，法院内部的纪检监察部门受法院院长和副院长的领导，其对院长和副院长的制约几乎是不存在的。

第五，法官惩戒委员会。2015 年 2 月，最高人民法院发布了《关于全面深化人民法院改革的意见》，即人民法院第四个五年改革纲要（2014—2018），《意见》决定在国家和省一级分别设立由法官代表和社会有关人员参与的法官惩戒委员会，并制定公开、公正的法官惩戒程序，确保法官的违纪违法行为得到及时的惩戒，同时又要保障法官辩解、举证、申请复议和申诉的权利。2015 年 10 月，第一届山东省法官检察官惩戒委员会成立。其他省份也都相继成立了法官、检察官惩戒委员会。目前关于法官惩戒委员会的权力还在完善之中，但在 2015 年 9 月最高人民法院《关于完善人民法院司法责任制的若干意见》中指出，人民法院监察部门经调查后，认为应当追究法官违法审判责任的，应当报请院长决定，并报送省（区、市）法官惩戒委员会审议。法官惩戒委员会根据查明的事实和法律规定作出无责、免责或者给予惩戒处分的建议。可见法官惩戒委员会似乎是为惩戒法官提供建议的一个部门。《意见》第 37 条也佐证了这一点，因为"对应当追究违法审判责任的相关责任人，根据其应负责任依照《中华人民共和国法官法》等有关规定处理：（1）应当给予停职、延期晋升、退出法官员额或者免职、责令辞职、辞退等处理的，由组织人事部门按照干部管理权限和程序依法办理；（2）应当给予纪律处分的，由纪检监察部门依照有关规定和程序依法办理；（3）涉嫌犯罪的，由纪检监察部门将违法线索移送有关司法机关依法处理。免除法官职务，必须按法定程序由人民代表大会罢免或者提请人大常委会作出决定。"可见法官惩戒委员会仍然是一个没有"实权"的机构，其在一定程度上对法官的惩戒也起着一定的作用。

综上可以看出，我国法官惩戒主体众多，但没有哪一个主体真正地对法官惩戒一锤定音，而是各种主体互相掺杂，互不独立，忽明忽暗，党政不分。可以说对法官惩戒结果是众多法官惩戒主体的"合力"所产生的。

二、法官惩戒主体之重构

依法设立明确独立的法官惩戒机构不仅是正当法律程序的要求，而且也是适应法官惩戒的国际司法准则的需求。作为法律帝国的王侯，法官需要明知哪一主体对其握有生杀予夺之大权。按照司法独立第一次世界大会《司法独立世界宣言》、联合国《关于司法独立的基本原则》以及国际法官协会《司法独立最低标准》的要求，法官惩戒应当是永久性的法庭或委员会，并且该机构的组成人员应当以法官为多数。就我国法官惩戒机构而言，至今没有一个独立性、专门性的法官惩戒机构。

关于法官惩戒机构国内学者已有不少的见解，笔者认为谭世贵教授所提倡的双重法官惩戒思路是最为科学合理，切实可行的。[①] 只不过是在细节方面还有待于商榷。由于法官惩戒有广义和侠义之区别，因此法官的惩戒主体可以划分为两类，一类是决定对法官职位去留的机构，类似于国外的弹劾机构，即法官罢免委员会；另一类是对法官进行一般的纪律惩戒，但不会直接危及法官的职位，类似于国外的某些法官惩戒委员会，即法官纪律惩戒委员会。

法官的终身制与高薪制不仅是法官身份的保障，而且也是法官敢于独立依法

---

① 参见谭世贵：《中国法官制度研究》，法律出版社 2009 年版，第 560~562 页。

行使审判权的保障，同时也是司法权威的保障。法官终身制与高薪制也是我国司法改革的必然趋势，没有法官的终身制与高薪制就没有法治国家。为了确保法官职位的神圣性，对法官职位的颠覆必须要由一个明确的机构来实施。在国外对法官弹劾或免职一般由议会或宪法法院等来实施。我国实行人民代表大会制度，人大在国家机关中的地位是最高的，罢免（免职、撤职、辞退、开除）法官这一职责理应由人大来实施。[①] 因此，笔者建议我国建立两级法官罢免机构，一级设置在全国人大之下，另一级设置省级人大之下。两级人大分别设置独立的法官罢免委员会。法官罢免委员会的成员由有法律背景的人大代表、法官和律师组成。人大代表、法官和律师各占1/3。如果法官罢免委员会组成人员需要单数时，如需要7人时，可在组成人员中增加一名人大代表，即人大代表3人，律师2人，法官2人。并且赋予人大法律惩戒委员会完整的罢免权，包括对法官罢免的受理、审理与完全的决定权。对省级法律惩戒委员会的罢免决定不服的，可以上诉到全国人大法官惩戒委员会。舍此，其他任何主体都无权对法官进行罢免。如前所述，罢免事由是明确的，也是非常苛刻的。当然这里的罢免事由可以由立法机关继续增加，而"其他品行不端，足以使公众对司法公正产生合理怀疑的"事由属于人大法律惩戒委员会的自由裁量权。法官只要不触碰罢免事由，就可以大胆地依法作出判决，而没有其他后顾之忧。总之，罢免法官的唯一主体是全国人大和省级人大设立的两级法官罢免委员会。

法官纪律惩戒委员会是指除法官罢免委员会之外的另一类对法官具有惩戒权的机构。法官纪律惩戒委员会设置在基层人民法院、中级人民法院、高级人民法院和最高人民法院。也就是说我国四级法院都设有自己的法官纪律惩戒委员会。法官纪律惩戒委员会由主席一人，副主席两人，工作人员若干人组成。主席、副主席可由本院院长、副院长来担任，但其对法官惩戒没有投票权与表决权，其只是法官纪律惩戒委员会的组织和领导者。对法官纪律惩戒权完全掌握在法官纪律惩戒委员会的委员之手中。这样就可以避免将法院院长和法官的关系演变为行政领导关系，使得法官成为法律帝国的真正王侯。法官纪律惩戒委员会委员一律由本院的法官组成，本院的任何一名法官都是法官惩戒委员会的委员。遇有需要惩戒法官的案件，由惩戒委员会负责人随机抽取5人以上单数组成法官纪律惩戒委员会。法官的纪律惩戒实行少数服从多数原则。如果法官对法官纪律惩戒委员会的惩戒结果不服，可以申请复议一次，复议需重新随机抽取的法官组成法官惩戒委员来进行，复议结果具有终局性。除此之外，法院内的任何组织和个人都不享有对法官的惩戒之权。法院内的纪检监察部门的职能仅限于给法官纪律惩戒委员

[①] 这里的"罢免"包括了免职、撤职、辞退、开除等取消法官职位的行为。这些行为也可以统称为罢免。或者在司法实践中不再提对法官的免职、撤职、辞退、开除。

会提供案件线索，监察部门可以划归为法官纪律惩戒委员会的内设机构，对法官的纪律惩戒享有一定的调查权。最后，由最高人民法院或者全国人大常委会制定《法官纪律惩戒委员会规则》，统一制定法官纪律惩戒事由、程序以及惩戒措施。从而废止之前林林总总、杂乱无章的法官惩戒之规定、办法、条例、职业道德基本总则等。这里需要特别指出的是法官职业道德基本总则。法律和道德的区别在于其是否具有强制性，对于法官而言，法官的罢免事由和惩戒事由是非常苛刻的，法官的不道德行为几乎被纳入了法官的罢免事由与纪律惩戒事由，没有再对法官道德进行规定的必要性。总而言之，对法官享有纪律处分权的是各级法院内部设立的法官纪律惩戒委员会。

这样一来，法官对哪些主体能够主宰其命运就非常明了了。一是法官罢免委员会，二是法官纪律惩戒委员会。舍此，其他任何主体都不享有对法官的惩戒之权。当然，还需要建立法官罢免委员会与法官纪律惩戒委员会的互动机制。具体来说，如果法官罢免机构在对法官进行调查后，认为不构成罢免事由，但构成纪律处分的，可以将案件移交给各级法官纪律处分委员会。同理，如果法官纪律处分委员会经过调查后，认为法官行为已经达到罢免条件的，也可以将案件移交给法官罢免委员会。构成犯罪的，移交同级人民检察院追究刑事责任。

第四节　检察机关在惩戒法官中的作用

检察机关是我国的法律监督机关。根据宪法及人民检察院组织法等相关规定，检察机关有权对法官的犯罪行为进行追究。从国家机关工作人员的角度来说，法官是国家机关工作人员，检察机关有权对法官腐败行为进行监督；从刑法规定来看，法官的贪污受贿、徇私枉法、刑讯逼供、枉法裁判等犯罪行为由检察机关来侦查起诉；从诉讼监督来说，人民检察院有权对人民法院的诉讼活动进行监督。因此人民检察院也是在惩戒法官的过程中起着重要作用的主体。特别是如果法官在检察机关的追溯下被判有罪，法官的职位自然也就会不复存在了。那么，在对法官惩戒主体重构之后，检察机关在惩戒法官的过程中究竟如何定位呢？笔者认为如下几个方面是我们应当关注的：

第一，取消检察机关对法院诉讼审判活动的监督权。民事诉讼是私权争议的活动，在民事诉讼活动中双方当事人的法律地位具有平等性，人民检察院的介入会导致双方当事人的法律地位失衡。如果出于公共利益的考虑，可以增加民事公益诉讼制度，在公益诉讼中检察机关的地位也仅仅相当于原告的地位，不享有其他特权；在刑事诉讼中，特别是在检察院提起的刑事公诉案件中，检察机关是法律关系的一方当事人，如果让检察机关以法律监督机关的身份来监督刑事案件的审判，就会出现检察机关既是原告，又是诉讼法律监督主体的双重身份的情形，导致原被告法律地位严重失衡，妨碍法官公正断案。有些刑事冤假错案正是由于检察机关的双重身份所导致的。当然，取消检察机关作为国家法律机关身份对刑事案件监督权并不是说检察机关对刑事诉讼活动就没有监督权，只是说这种监督是以法律关系一方当事人（原告一方）而作出的监督，属于当事人的监督，与被告（犯罪嫌疑人）的监督权在性质上是一样的，不具有任何优越性；在行政案件中，检察机关既不是行政案件的原告，也不是行政案件的被告。如果检察机关介入诉讼监督同样会破坏诉讼双方的平等地位。从行政法的平衡论的角度来看，在行政管理法律关系中，行政主体一方享有优益权，而在行政诉讼阶段，行政相对人享有优益权，特别是行政诉讼举证责任规则对行政相对人较为有利，从而使得行政法律关系中的权利（权力）与义务在总体上达到了一种平衡的态势。检察机关的介入会破坏这种平衡结构。当然这里不排除检察机关作为行政相对人而对行政主体提起行政诉讼的行为。如果属于此种情况，检察机关就是行政诉讼的原告，享有原告所享有的权利，承担原告应当承担的义务。当然，取消检察机关对诉讼活动的监督也是提高司法权威，将司法打造成社会正义之源的需要。

第二，保留检察机关对法官行为的监督权。对法官行为的监督和对法官审判活动的监督是两种不同性质的监督。（1）从性质上看，对诉讼活动或审判活动的监督是对案件的监督，对法官的监督是对人的监督，是对法官个体行为的监督；（2）从检察机关的监督地位来看，对诉讼活动的监督地位要高于其对法官行为的监督地位。在对诉讼活动的监督中，人民检察院地位高于人民法院，检察官是法官之上的"法官"，检察官可以通过抗诉来阻止或延迟裁判发生法律效力，司法已经不是社会的正义之源了。而在对法官行为的监督中，检察权的地位要低于司法权，检察机关在对法官行为的监督中只是起到证据收集，提起有关部门对法官惩戒之桥梁作用，其不能直接决定法官的命运，更不能阻止或延迟生效裁判发生法律效力；（3）从目的上来看，对诉讼活动的监督，其直接目的是为了保障案件的实体裁判结果是否公正，而对法官的监督其直接目的是为了约束法官的行为，防止司法腐败。只要法官在审理案件的过程中不存在腐败行为就达到了监督的目的，至于案件实体结果则不是检察机关关注的重点。对法官行为的监督有时也可能通过调阅裁判文书来进行，但调阅裁判文书只是调查法官是否存在司法腐败的手段，而不是目的。（4）从监督范围来看，对诉讼活动的监督范围要小于对法官行为的监督范围。对诉讼活动的监督发生在起诉、受理、庭审、判决等诉讼活动过程中，诉讼活动之外法官行为则不属于检察机关的监督范围，而对法官行为的监督不仅包括对诉讼行为的监督，而且还包括非诉讼行为的监督，如法官在诉讼活动之外的营利性活动以及不检点行为都属于监督范围；（5）监督方式不同。对诉讼活动的监督的方式是跟踪案件，是对审判过程的全程监督。而对法官的监督方式很多，对案件全程监督一般是没有必要的。即使有必要也只是其中的监督方式之一。（6）监督手段不同。对诉讼活动的监督主要手段是"观摩"司法活动的全过程，特别是案件审理的过程，而对法官行为的监督手段多样化，一般不必对审判过程观摩。如，检察机关完全可以通过查阅法官的资金账目往来状况来获取法官是否收受了当事人的贿赂，也完全可以通过其他侦查手段来获取法官嫖娼、包养情人的证据等。

　　第三，检察机关在惩戒法官腐败行为中主要起侦查与起诉的作用。如前所述，我国法官惩戒主体包括两类，一类是设立在省级人大和全国人大之下的法官罢免委员会，另一类是设在各级人民法院内部的法官纪律惩戒委员会。在我国目前的政治体制下，保留检察机关对法官司法腐败行为的监督权可以大大减少政治体制的改革难度，同时也发挥了人民检察院在对国家机关工作人员腐败案件监督中经验优势与资源优势。检察机关除了对法官作为一般公民的违法犯罪行为进行追溯之外，还要关注法官的司法腐败行为，特别要关注构成罢免法官事由或纪律惩戒的行为。如法官收受案件当事人贿赂的；私自会见案件一方当事人；工作之余从事营利性活动的；包养情人或嫖娼的以及其他品行不端，足以使公众对司法公正产生合理怀疑行为。对于一般行政官员来说，收受当事人的贿赂要求达到一定数额才构成违法犯罪，而对于法官来说，收受当事人贿赂的数额要求是很低的，或者可以说是没有一个具体的数额标准。只要法官收受了贿赂，即使数额很小，但足以使公众对司法公正产生合理怀疑行为就有可能被罢免。而法官的上述品行不端的行为是需要证据的，这就需要检察机关进行细致的侦查，收集证据。然后将证据提交给法官惩戒委员会或法官罢免委员会。从对诉讼活动的监督转变为对法官行为的监督是检察监督的重要变革，其不仅树立了人民法院的司法权威，从而也使得检察机关对法官的监督有的放矢，具有可操作性。这样检察机关在刑事公诉案件以及公益诉讼案件中的地位就相当于案件一方当事人，不具有超越司法权威之上的权力，而在诉讼活动之外，检察机关对法官的行为又具有很强的制约作用。但只要法官品行端正，他们就可以永远做法律帝国的王侯，检察机关对其监督就等于零。也只有这样，法官才可以完全凭借自己对案件事实和法律的理解"自由"地作出正确的判决。

第五节　审执分离与检察监督权

　　在人民检察院与人民法院的监督关系方面还涉及另一个重要问题，那就是审执分离问题。在我国，人民法院不仅仅是审判机关，而且在一定程度上还是法院裁判的执行机关。因此，人民检察院对人民法院的监督实际包括了对审判行为的监督和对执行行为监督两个方面。前面已经论证了应当取消人民检察院对人民法院审判行为的监督权（当然，这一论述将在第五、六、七章中进一步深入），那么下面就要解决人民检察院对人民法院执行行为的监督问题了。这一问题的复杂性甚至超过人民检察院对人民法院审判行为的监督。为了将法院打造成法律帝国的首都，笔者赞同审判权与执行权彻底外分的构想。如果案件裁判的执行由其他机关而不是由人民法院来实施的话，也就不存在人民检察院对人民法院执行行为的监督，再加上前述的取消人民检察院对人民法院审判行为的监督，那么人民检察院也就基本不存在对人民法院的监督了。这样就彻底理清了人民检察院与人民法院的监督关系。

一、审判权与执行权模式的历史考察

新中国成立初期，在废除了民国时期的法律制度后，新中国的民事执行制度也开始了重新构建。1950 年 12 月通过的《诉讼程序试行通则》第 72 条规定："民事案件，第一审法院依权利人申请，应就生效判决实施执行。"1951 年 9 月通过的《人民法院暂行组织条例》也规定了县级人民法院和省级人民法院等有权管辖"刑事、民事案件的执行事项"。1954 年 9 月通过的《中华人民共和国人民法院组织法》第 38 条规定："地方各级人民法院设执行员，办理民事案件判决和裁定的执行事项，办理刑事案件判决和裁定中关于财产部分的执行事项。"1979 年、1983 年、1986 年和 2006 年修改的《人民法院组织法》都保留了该条规定。1982 年《民事诉讼法（试行）》用专篇规定了民事案件的执行程序，1991 年《民事诉讼法》第三编专门规定了执行程序，并规定"基层人民法院、中级人民法院根据需要，可以设立执行机构"。由此可以看出，人民法院不仅负责审理案件，而且是负责民事案件的执行以及刑事案件中有关财产部分的执行。从民事案件的角度来看，我国实行的是审执合一的模式。

但改革开放以来，随着社会主义计划经济向市场经济的转型，以及市场经济的大力发展，民事法律关系变得越来越复杂多变，特别是在民事判决执行的过程中遇见了前所未有的困难，执行难、执行效率低下等问题日益凸显，原有的执行机构以及执行模式远远不能满足社会发展的需求。为了防止和制约执行中的腐败现象，各地法院开始探索审执分离的执行模式。根据 1991 年《民事诉讼法》的规定，一些地方法院开始设立执行机构，由于 1991 年《民事诉讼法》未对执行机构的名称进行规定，受到传统民事执行是法院审判有机构成的理论影响下，地方各级法院一般把新成立的执行机构称之为"执行庭"。截止到 1996 年 4 月，全国约 94% 的基层法院与中级人民法院以及 30 个省、自治区和直辖市的高级人民法院都设立了执行庭。最高人民法院于 1995 年 3 月设立了执行工作办公室，专门监督、指导各省高院的民事执行工作。在 1996 年 4 月全国第一次法院执行工作会议中，最高人民法院明确要求

法院依法独立行使执行权,由法院设置执行庭专门负责民事执行工作,实行审执分立,摒弃了新中国成立后长期实行的法院审执合一的执行模式。

20世纪90年代末期,为了更好地应对日益严重的执行难问题,人民法院开始了新一轮执行体系改革,进一步优化了法院执行制度。1998年12月,云南省高级人民法院率先成立执行工作局,统一领导全省法院的执行工作。2000年,最高人民法院在《关于改革人民法院执行机构有关问题的通知》中明确指出:"根据当前执行机构改革的现状和趋势,新执行机构可称为执行工作局。"此后全国各基层人民法院、中级人民法院纷纷改执行庭为执行局。2007年,《民事诉讼法》修正案中,改"基层人民法院、中级人民法院可以设置执行机构"为"人民法院可以设置执行机构",这为高级人民法院和最高人民法院设立执行机构提供了依据。2008年最高人民法院执行工作办公室亦更名为最高人民法院执行局,专门负责监督、指导、协调地方各级法院的执行工作。执行局的设立在很大程度上实现了法院内部民事审判权与执行权的分离,区分了民事审判权与民事执行权的性质,具有一定的进步意义。这样,在人民法院内部就存在着两种性质不同的权力,即审判权与执行权,并形成了两种不同的权力制约模式,一是在审判权的运行方面,上级人民法院和下级人民法院的关系是监督和被监督的关系,而在执行权的运行方面,上级人民法院和下级人民法院的关系则是领导和被领导的关系。

另外,为了很好地实现权力制约,人民法院还在执行局内部开始尝试执行实施权和执行裁判权的分离,如在该执行局内成立执行庭,专事执行措施实施;成立执行裁判庭,专事执行程序中出现的裁判工作;成立综合处,专事执行行政管理事务。

二、审执分离——路在何方?

党的十八届四中全会作出的《关于全面推进依法治国若干重大问题的决定》(以下简称《决定》)提出了"完善司法体制,推动实行审判权和执行权相分离的体制改革试点"。一时间,关于审执分离成为司法改革的一个热门话题。但是不同的学者以及司法实务部门对审执分离具有不同的理解。具体来说大致可分为三种方案,即彻底外分、深化内分和有限外分。彻底外分是指将法院裁判的全部执行工作交由审判机关以外的司法行政机关负责。深化内分是指在法院内部已经实现了审判权和执行权适度分离的基础上,继续进一步深化和强化这种分离,如把执行权中的执行裁决权、执行实施权进一步分离。有限外分是对前两种方案的折中,认为应将部分执行权转移到法院外部,如行政执行根据不同情况分别由行政机关和人民法院执行,刑事执行统一由司法行政机关负责执行。①

---

① 洪冬英:"论审执分离的路径选择",载《政治与法律》2015年第12期。

笔者认为，彻底外分法应该是《决定》本意。因为《决定》是从完善司法体制高度而言的，而且是推动实行审判权和执行权相分离的"体制"改革试点。如果是指深化内分或有限外分的话，基本不属于体制问题，我国民事案件的执行本身在法院内部已经实现了审执分离，也没有搞试点的必要性。而且我国现在的审判权与执行权的运作模式本身就已经在很大程度上体现了有限的外分。从三大诉讼法来看，刑事案件在涉及财产部分的执行或死刑立即执行的案件由人民法院负责执行，其余刑罚则由公安机关及司法行政机关来执行。民事案件从新中国成立到现在一直由人民法院执行。行政案件的判决，如果是行政主体一方不履行判决裁定确定的义务的话，由人民法院负责执行，如果是行政相对人"拒绝履行判决、裁定、调解书的"或"对行政行为在法定期间不提起诉讼又不履行的"则由行政机关或者第三人向第一审人民法院申请强制执行，或者由行政机关依法强制执行。可见，行政案件的判决、裁定也不是完全是由人民法院来强制执行的。但在另一方面，人民法院还担负着部分行政非诉案件的执行职责，也就是说，在行政管理过程中，在行政主体一方具有管理权但没有执行权的情况下，其可以申请人民法院对行政相对人强制执行。总体而言，人民法院并没有独揽判决裁定的执行权。

另外，《决定》指出要优化司法职权配置，"健全公安机关、检察机关、审判机关、司法行政机关各司其职，侦查权、检察权、审判权、执行权相互配合、相互制约的体制机制。"从这里的文字表述来看，公安机关对应的是侦查权，检察机关对应的是检察权，审判机关对应的是审判权，司法行政机关对应的是执行权。这也体现了执行权从法院脱离出去的意图，也符合将法院打造成以审判权为中心的司法机关的改革方向。

三、彻底外分模式的法理分析

笔者所赞同的彻底外分也不是纯粹的外分，而是建议人民法院只保留对行政判决裁定中，行政主体一方不履行裁判文书所确定的义务的执行权，而其他刑事案件、民事案件、行政案件的裁判的执行权全部由其他机关来负责，脱离人民法院的管辖模式。当然也可以考虑一些重要执行裁判权留给人民法院来实施。从本质而言可以大致属于彻底外分模式。

之所以仅仅保留人民法院对行政案件中的部分执行权，首先，是因为行政主体一方败诉不履行裁判文书所确定的义务时，其执行较为容易，不会牵涉法院的更多精力。行政主体一方履行义务一般不存在执行难的现象，行政主体本身就是能够对自己的行为承担法律后果的组织，有足够的能力来承担法律后果。行政主体一方承担义务的费用来自国库，不是行政主体内部工作人员用自己的财物来承担义务，阻力相对较小。行政机关工作人员也不必冒"拒不履行判决罪"的风险来为国家节约执行的负担。

其次，从行政诉讼的性质看来，行政诉讼本身就是要借助司法权来制约行政权的，是以权力制约权力的制度设计，在对行政权制约的主体中，人民法院是最有力的主体。如果交由其他行政机关，如司法局，来对行政案件的判决进行执行，则有"官官相护"之嫌疑，同时也违背了自然公正原则。

再次，行政诉讼本身是一套为制约行政权而建立的制度体系，具有很强的专业性。例如，如果人民法院判决行政机关重新作出具体行政行为的，行政机关不得以同一的事实和理由作出与原具体行为相同或者基本相同的具体行政行为。而什么是与原具体行为"相同"或者"基本相同"的具体行政行为，就需要法院的专业判断。

最后，如果是行政相对人"拒绝履行判决、裁定、调解书的"或"对行政行为在法定期间不提起诉讼又不履行的"则只能由行政机关自己执行或者第三人向行政机关来申请强制执行，而不能由人民法院来执行。人民法院来执行相对人败诉的案件给人以"官官相护"错觉，也不符合行政诉讼的立法目的。行政诉讼的目的是制约行政权，保护相对人的权利。

四、彻底外分模式的现实意义

将民事案件、刑事案件裁判的执行权，以及行政相对人败诉裁判的执行权彻底脱离人民法院具有重大的现实意义。

第一，有利于将司法打造成社会的正义之源。狭义的司法权仅指法院的审判权。这里必须再次重复培根的名言："一次不公的判断比多次不平的举动为祸犹烈。因为这些不平的举动不过弄脏了水流，而不公的判断则把水源败坏了。"[①] 司法的腐败是最大的腐败。行政的腐败可以通过司法来矫正，立法腐败也可以通过违宪审查来弥补，而司法作为解决社会矛盾的最后一道防线，一旦腐败其后果就非常严重。尽管司法是通过个案来解决社会矛盾的，但无数不公的个案汇集起来就会瓦解司法的权威，使司法的权威丧失，社会就会失去正义之源。司法没有了权威，人们必然去寻找其他权威，不以司法为权威来构建的社会必然是人治社会。我国的法院目前承担了大量的执行任务，在执行难的大背景下，执行牵涉了法院太多的人力与物力资源，执行机构的膨胀使法院的人员结构复杂，参差不齐，给法院员额制改革，实行法官的终身制与高薪制带来了阻力。在司法资源和国力有限的情况下，司法人员越少，也就越容易被打造成精品。执行冲击了审判，法院的重心发生了偏离，也只有将执行权从人民法院剥离出去，才有利于把法院打造成以审判为中心的法律帝国，司法才会成为社会的正义之源。

第二，有利于理顺司法权和行政权的关系，合理配置国家权力。我国《宪

[①]《培根论说文集》，水天同译，商务印书馆1983年版，第193页。

法》第 123 条规定："中华人民共和国人民法院是国家的审判机关。"因此，从法律层面来说，人民法院对生效裁判的执行权是没有直接宪法依据的。人民法院的执行权主要来源于三大诉讼法。从法理上来说，对生效裁判的执行的性质应该是行政权，而不是司法权。目前关于执行权的性质大致有三种观点，即司法权说、行政权说和折中说。司法权说认为，执行活动实际是诉讼裁判的实施，其处于诉讼活动的最后阶段，执行权是审判权的自然继续和延伸，是国家司法职能的有机组成部分，因此执行活动是一种司法行为，执行权在本质上是司法权。行政权说认为，执行行为与审判行为完全不同，执行活动实际是法律文书确定的权利义务关系的实施，执行活动具有确定性、主动性、命令性等特点，与行政行为的诸多特征完全一致。因此，执行活动是一种行政活动，执行权从本质上来说是行政权。折中说则认为，执行活动是司法行为和行政行为的有机结合，执行权既有司法权的特点，又有行政权的特点，是一种双重性质的复合型权力，或者说强制执行权既不属于司法权也不属于行政权，而是一种相对独立的国家权力。[①] 笔者赞同谭世贵教授的观点，他认为行政权是国家权力机关的执行机关，负责实现国家立法的执行。人民法院代表国家行使审判权，其作出的判决和裁定是国家法律适用的结果。只不过是在法律适用过程中出现了争议，而增加了人民法院重新裁判一道程序。国家法律由行政机关执行，人民法院根据国家法律作出的裁判也同样需要行政机关来执行。[②] 国家权力构架以及国家机关的职能必须根据权力的本质属性来进行配置，如果背离了权力的本质，国家权力的制约就会失衡，进而在体制设计和机制构建等方面就很难达到有机的结合。审判权设置在人民法院内部，给上下级人民法院的关系带来了一定的混乱。如从执行的角度而言，上下级人民法院是领导和被领导的关系，而从审判权的角度来说，上下级人民法院显然是监督和被监督的关系。上下级法院执行权的关系在一定程度上也影响着上下级法院的审判权的关系，增加了下级人民法院在独立行使审判权方面的困难。

第三，有利于减少司法腐败，实现司法公正。人民法院不仅是审判机关，又是民事案件、行政案件以及部分刑事案件的执行机关。审判机关行使的是司法权，执行权在本质上属于行政权，这样的制度设计实际就使得人民法院将司法权与部分行政权集于一身，正如孟德斯鸠所言："如果司法权同行政权合而为一，法官便将握有压迫者的力量。"[③] 同时也不符合权力制约的原则。由于执行权与审判权集于法院一身，在一定程度上导致执行权性质的混乱，也给人民法院打着司法独立名义来拒绝其他主体对执行权的监督带来了借口。这就更加导致了执行中的腐败现象。而执行中的腐败反过来又同时被认为是司法权的腐败。遥想 20 世纪 90 年

[①] 参见郑金玉："审执分离的模式选择及难题解决"，载《西部法学评论》2015 年第 5 期。
[②] 参见谭世贵主编：《中国司法改革研究》，法律出版社 2000 年版，第 294 页。
[③] [法] 孟德斯鸠：《论法的精神》（上册），商务印书馆 1997 年版，第 156 页。

代山西绛县法院副院长，被称为"文盲、法盲、流氓"的三盲（氓）法官姚晓红贪污、非法拘禁案不禁令人深思，如果人民法院没有对案件的执行权，姚晓红也不会有那么多犯罪的机会。如果人民法院没有案件执行权，也不需要有那么多的退伍军人到法院去工作。而姚晓红的腐败又被认为是司法的腐败。另外，人民法院在审判案件时处于中立的地位，但案件判决后法院摇身一变就成了对原告或被告的执行主体。特别是人民法院对行政相对人败诉案件执行时，更加给人以官官相护的感觉。即使行政案件判决是公正的，也给人以不公正的错觉或印象。

第四，有利于更好地解决执行难现象。新中国成立后由于长期实行计划经济，经济关系相对比较简单，法院受理的案件以刑事案件为主，有限的民事案件基本是主动履行的。限于当时的政治、经济和社会原因，可以说改革开放之前以及初期我国还不存在执行难问题。之后，随着社会转型的不断推进，市场经济的大力发展，执行难问题日益凸显。人民法院内部的审执分离改革在一定程度上是为了解决执行难问题而启动的。但党的十八届四中全会作出的"完善司法体制，推动实行审判权和执行权相分离的体制改革"之目的绝不仅仅是为了解决执行难而提出的。我国执行难的问题是多种因素造成的，如地方和部门保护主义的对抗干扰，被执行个体的公然对抗，执行立法严重滞后，资产管理的不透明和政策限制，执行依据错误等，除了执行立法滞后这一因素可能迅速消除以外，其他四个因素不可能速变，绝不会因为更换了执行主体而迅速消减，"执行难"就立即变成"执行易"了。[①] 但如果执行权从法院中剥离之后，则有可能使执行难问题得到进一步的消除。首先，民事案件执行权、刑事案件财产部分的执行权以及行政案件相对人败诉案件的执行权交由司法行政机关实施后，强制执行必然会得到行政机关的高度重视。司法行政机关可以发挥其在行政管理中的优势，整合行政资源，促使强制执行逐步专业化，使强制执行变得更加专业和有力。其次，审判权和执行权彻底分离后，执行权完全按照行政权力来对待，其他监督主体可以名正言顺地对执行权的行使进行监督和制约。政党监督、权力机关的监督，行政内部监督、审判权的监督、检察权的监督等都可以发挥其应有的作用。如果执行权与审判权混同，就在很大程度上排斥了有关机关的监督权。再次，可以利用现有的立法资源，减少重复立法。有学者认为我国缺少民事强制执行立法，建议尽快制定这方面的法律制度。但如果民事裁判的强制执行、刑事案件有关财产部分的强制性执行交由司法行政机关来实施后，强制执行就可以直接使用2011年6月30日第十一届全国人民代表大会常务委员会第二十一次会议通过的，自2012年1月1日起施行的《中华人民共和国行政强制法》，从而减少立法资源的浪费。当然行政机关

[①] 耿振善、张慧超："科学配置民事强制执行权——最高人民法院原执行办副主任葛行军访谈录"，载《人民法治》2015年第7期。

申请人民法院强制执行的那部分就失去了作用,可以在修改《行政强制法》时删去。

  第五,有利于理顺法检关系。法检关系是目前我国国家权力关系中分歧较大的一类。在笔者的论著中之所以要涉猎审执分离问题,是因为其关系到法检关系的构建。裁判的执行权如果留在人民法院,执行中的腐败被人为地与审判腐败纠结在一起,甚至被认为是司法腐败。腐败就必须被遏制,被监督。这样就给其他机关,特别是检察机关监督审判权创造了理由。执行权脱离人民法院就会使得检察权对审判权的监督进一步失去正当性。执行权脱离审判机关后,检察机关就可以对执行权名正言顺地进行监督,从而更好地发挥检察权的作用。法检关系最佳状态是将人民检察院定位于诉讼法律关系中的一方当事人,在法理上享有当事人所应该享有的权利,承担当事人应当承担的义务,舍此,没有任何诉讼特权,更没有超越审判之上的特权。但这里并不排斥人民检察院对法官行为的监督,如前所述,人民检察院除了享有当事人对法官行为监督的权力之外,还享有作为检察机关对国家机关工作人员的监督权力,法官作为国家工作人员的一部分,当然应当要接受检察机关的监督,但此时监督是对人(法官)的监督,而不是对案件的监督或审判行为的监督了。

第五章

民事诉讼中的检察权与审判权

作为国家法律监督机关的人民检察院，其对人民法院的监督权主要集中体现在三大诉讼法领域。鉴于民事诉讼法、刑事诉讼法与行政诉讼法的价值、功能、构成等具有不同的特点，检察权对审判权监督的理念、价值、范围、方式、措施等也必然存在着较大的区别。本章主要解决在民事诉讼中人民检察院的检察权与人民法院的审判权的关系问题。

第一节 我国民事诉讼检察监督的历史与现状

我国的民事检察监督制度是伴随着新中国的诞生而产生的。经过新中国成立初期的发展阶段之后，"文革"期间出现了长时间停滞阶段，改革开放之后又迎来了新的发展机遇，呈现出发展的态势。1982年通过的《中华人民共和国民事诉讼法（试行）》对检察机关的民事审判监督做了较为原则的规定。在总则第12条规定："人民检察院有权对人民法院的民事审判活动实行法律监督。"1991年通过的《中华人民共和国民事诉讼法》，不仅继续确认了民事检察监督制度，而且在分则第185~188条规定：最高人民检察院对各级人民法院已经发生法律效力的判决、裁定，上级人民检察院对下级人民法院已经发生法律效力的判决、裁定，发现有法定情形的，应当按照审判监督程序提出抗诉。地方各级人民检察院对同级人民法院已经发生法律效力的判决、裁定，发现有法定情形的，应当提请上级人民检察院按照审判监督程序提出抗诉；人民检察院提出抗诉的案件，人民法院应当再审；人民检察院决定对人民法院的判决、裁定提出抗诉的，应当制作抗诉书；人民检察院提出抗诉的案件，人民法院再审时，应当通知人民检察院派员出席法庭。

此后，在民事检察诉讼监督实践的基础上，全国人大常委会分别于2007年和

2012 年对 1991 年的《民事诉讼法》进行了两次修正。2007 年 10 月 28 日，十届全国人大常委会第三十次会议通过了《中华人民共和国民事诉讼法》，该法与 1991 年《民事诉讼法》相比，首先增加、细化了人民检察院抗诉的法定情形，将原来的法定情形增加到 13 项。① 其次，对抗诉的程序进行了进一步的细化。如该法第 188 条规定："人民检察院提出抗诉的案件，接受抗诉的人民法院应当自收到抗诉书之日起 30 日内作出再审的裁定；有本法第 179 条第 1 款第（1）项至第（5）项规定情形之一的，可以交下一级人民法院再审。"

2012 年 8 月 31 日，第十一届全国人大常委会第二十八次会议第二次修改的《民事诉讼法》对民事检察监督做了进一步的完善。此次修改，首先对抗诉的情形进行了微调，取消了"违反法律规定，管辖错误的"这一事由，并将"审判人员审理该案件时有贪污受贿，徇私舞弊，枉法裁判行为的"调整为第 13 项抗诉的事由。另外，根据修改后的《民事诉讼法》第 208 条规定，人民检察院发现调解书损害国家利益、社会公共利益的，也应当提出抗诉。其次，增加了抗诉案件可以不中止执行的情形。《民事诉讼法》第 206 条规定，按照审判监督程序决定再审的案件，追索赡养费、扶养费、抚育费、抚恤金、医疗费用、劳动报酬等案件，可以不中止执行。再次，检察监督的范围有所扩大，除了在总则中将原来的"人民检察院有权对民事审判活动实行法律监督"修改为"人民检察院有权对民事诉讼实行法律监督"之外，还在第 235 条增加了人民检察院有权对民事执行活动实行法律监督。最后，增加了检察监督的方式。原民事诉讼法只规定了检察机关可以对生效判决、裁定提起"抗诉"这种监督方式，修改后的民事诉讼法第 208 条还规定了各级人民检察院对审判监督程序以外的其他审判程序中审判人员的违法行为，有权向同级人民法院提出"检察建议"。此外，还赋予了检察机关履行民事检察监督职责的"调查权"，第 210 条规定："人民检察院因履行法律监督职责提出检察建议或者抗诉的需要，可以向当事人或者案外人调查核实有关情况。"另外，《民事诉讼法》第 55 条规定："对污染环境、侵害众多消费者合法权益等损害社会公共利益的行为，法律规定的机关和有关组织可以向人民法院提起诉讼。"

---

① 《民事诉讼法》第 179 条规定抗诉的 13 项法定情形为：（1）有新的证据，足以推翻原判决、裁定的；（2）原判决、裁定认定的基本事实缺乏证据证明的；（3）原判决、裁定认定事实的主要证据是伪造的；（4）原判决、裁定认定事实的主要证据未经质证的；（5）对审理案件需要的证据，当事人因客观原因不能自行收集，书面申请人民法院调查收集，人民法院未调查收集的；（6）原判决、裁定适用法律确有错误的；（7）违反法律规定，管辖错误的；（8）审判组织的组成不合法或者依法应当回避的审判人员没有回避的；（9）无诉讼行为能力人未经法定代理人代为诉讼或者应当参加诉讼的当事人，因不能归责于本人或者其诉讼代理人的事由，未参加诉讼的；（10）违反法律规定，剥夺当事人辩论权利的；（11）未经传票传唤，缺席判决的；（12）原判决、裁定遗漏或者超出诉讼请求的；（13）据以作出原判决、裁定的法律文书被撤销或者变更的。对违反法定程序可能影响案件正确判决、裁定的情形，或者审判人员在审理该案件时有贪污受贿，徇私舞弊，枉法裁判行为的，人民法院应当再审。

这在一定程度上也为检察机关提起民事公益诉讼提供了潜在的法律依据。此后，2015年7月1日，十二届全国人大常委会第十五次会议通过了《关于授权最高人民检察院在部分地区开展公益诉讼试点工作的决定》，授权最高人民检察院在生态环境和资源保护、国有资产保护、国有土地使用权出让、食品药品安全等领域开展提起公益诉讼试点，并将北京、吉林、内蒙古、江苏、安徽、山东、福建、湖北、云南、广东、贵州、陕西、甘肃十三个省、自治区、直辖市确定为试点地区。

由此可以看出，改革开放以来，从1991年的《民事诉讼法》，到2007年修正的《民事诉讼法》，再到2012年修订的《民事诉讼法》的发展趋势来看，表现出监督范围、程序、方式、手段等进一步扩大和完善的态势。

此外，从20世纪80年代末至今，最高人民法院和最高人民检察院为了进一步保障和规范民事审判监督工作顺利开展相继发布了一系列司法解释。但各自的司法解释也存在着很大的冲突，在一定程度上体现了人民法院试图通过司法解释缩小民事检察监督权与人民检察院试图扩大民事检察监督权之间的矛盾。这种矛盾集中表现在如下七个方面：（1）关于抗诉监督的范围，是仅限于法院作出的所有生效裁判，还是仅限于某些程序中作出的部分裁判；对于未生效的判决裁定能否抗诉；（2）关于抗诉案件的审级问题，是同级检察院抗诉，同级法院审判，还是上抗下审；（3）对经过再审程序维持原裁判的，能否再次提起抗诉；（4）在再审裁判过程中，检察官可否参与庭审质证和法庭辩论并发表意见；（5）检察机关在抗诉审查阶段能否调卷及调查取证；（6）在抗诉与执行的关系上，抗诉能否引起再审生效裁判的暂缓执行；（对此，2012年修订的《民事诉讼法》第206条已经作出了规定）（7）关于驳回抗诉的问题，即法院对检察院提起抗诉案件再审后并作出维持原判时，通常以再审判决"驳回"检察机关的抗诉，而检察机关认为应当是"支持或不支持、采纳或不采纳"抗诉意见的问题。① 有学者认为，造成法检冲突的主要原因在于《民事诉讼法》总则规定检察机关监督权力的广泛性和分则中规定的具体监督方式的单一性之间的矛盾。但笔者认为更深层次的原因是人民法院和人民检察院对于民事审判监督的理念存在着较大的分歧。理论是实践的先导，如何在法理上解决民事检察监督的正当性或非正当性，才是解决这一矛盾的关键。

第二节　民事诉讼检察监督的正当性

我国1991年《民事诉讼法》以及2007年和2012年修正后的《民事诉讼法》虽然都在总则中规定了"人民检察院有权对民事审判活动实行法律监督"或者

---

① 参见王学成等："略论民事行政检察工作中的检法冲突"，载《检察研究》2000年第3期。

"人民检察院有权对民事诉讼实行法律监督",但在分则中到目前为止有关民事检察监督的规定仍然十分简陋,不具有可操作性,从而无法适应民事检察监督工作的需要。因此,来自学界的部分学者以及来自检察部门的大多数同志呼吁进一步完善民事诉讼检察监督立法,从法律的高度扩大监督范围,强化监督手段,完善监督程序,已达到保障对民事诉讼检察监督的全覆盖。而另一部分学者,特别是来自法院的绝大多数同志呼吁减少甚至废除检察机关对民事诉讼的法律监督。于是在中国出现了对民事检察监督的"废除说、限制说(限缩说)、保留说、强化说"等不同的观点和派别。[①] 其中以废除说和强化说的观点最为对立。民事诉讼检察监督立法之所以会出现首鼠两端、徘徊不前的局面,在一定程度也反映了立法者的犹豫不决。而立法的这种暧昧态度正是源于对民事诉讼检察监督是否具有正当性这一问题还没有确定的答案。因此,如果不能从理论的高度来解决民事诉讼检察监督是否具有正当性的问题,民事诉讼检察监督的立法和实践也不可能具有更大的突破。为此我们先来梳理一下支持民事诉讼检察监督的观点。民事诉讼检察监督的正当性理由大致可以概括为如下几个方面:

一、列宁的法律监督思想是我国民事检察监督的历史基础

学界一般认为列宁的法律监督理论是我国人民检察院设立的理论渊源之一。苏联社会主义国家建立之后,为了消除或限制各联邦成员国在政治制度、法制建设等方面所享有的广泛自由裁量权,维护国家法制的统一,在列宁的建议下建立了苏联的检察机关。1924 年在苏联宪法中第一次规定了检察制度,在最高法院内设检察长和副检察长。1933 年的《苏联检察院条例》规定了苏联检察院是具有独立法律地位的国家机构,检察院有权监督各审判机关适用法律是否正确一致,检察长有权调阅审判中或已经终结的案件,有权对法院的民事、刑事判决向上级法院提出抗议,并可依照监督程序要求复判业已确定的民事、刑事判决。1936 年苏联宪法进一步提高了检察机关在国家机关中的地位,检察机关的活动不受地方当局的干涉,只服从检察长。并赋予检察长对于各部及其所属机关、公职人员以及普通公民实行最高的监督权。1979 年的《苏联检察院组织法》对检察院的民事监督权作出了更加具体的规定。列宁的法律监督思想创造性地解决了社会主义制度下的权力制约问题,批判地继承和扬弃了资产阶级的权力制衡学说,为社会主义国家构建检察权提供很好的借鉴。新中国成立之初,我国检察机关的建立在很大程度上借鉴了苏联的经验,但在检察机关的领导体制和监督范围等方面进行了修正,形成了具有中国特色的检察制度。因此,中国的检察制度是与社会主义制度联系在一起的,具有历史的正当性。

[①] 张峰:《民事检察监督权存废论》,中国政法大学 2011 年硕士学位论文,第 26~27 页。

二、人民代表大会制度是国家设置民事检察监督权的政治基础

人民代表大会制度是我国的根本政治制度。人民代表大会是国家的权力机关，代表人民集中行使国家权力，人民代表大会在其他一切国家权力之上。在人民代表大会之下设置人民政府、人民检察院、人民法院，即所谓的"一府两院"。人民代表大会专门行使国家权力和立法权，人民政府专门行使行政权，人民法院专门行使审判权，人民检察院则专门行使检察权。在人民代表大会制度下，国家权力机关、行政机关、审判机关和检察机关的地位是不平等的，人民代表大会居于权力的核心地位，其他国家机关都是由人民代表大会产生，对人民代表大会负责。行政权、审判权和检察权的地位则是平等的，只是分工不同而已。人民代表大会制度下的国家权力结构不同于西方"三权分立"的国家权力结构形式。检察权作为与审判权平等的国家法律监督机关，有权对审判权以及行政权的行使进行法律监督，审判权不具有优越于检察权的特性。那种认为在国家权力结构中，审判权居于不依赖也不受行政权、立法权干预的独立地位的观点是显然违背人民代表大会制度的。因为在人民代表大会制度下，无论是法院，还是政府或检察院，都必须在人民代表大会的监督下行使其职权，向人民代表大会报告工作，这正是与英国、美国国家制度的不同之处。简单地用英美的国家制度与中国的国家制度进行类比，用以说明人民检察院不能对人民法院的民事审判活动进行监督显然是错误的。[1]

三、民事检察监督是实现国家权力制约的需要

权力制约原则是宪法的基本原则之一，其是指在国家权力构建时，各权力的行使必须有一定的界限，并且遵循法无授权便不得为之的原则，而且必须考虑国家各权力之间形成合理搭配，以防止国家权力的滥用。三权分立的集大成者孟德斯鸠提出了一切有权力的人都容易滥用权力的观点，并认为这是一条万古不易的经验，要想防止权力的滥用就必须以权力制约权力。我国虽然不实行三权分立，但人民代表大会制度下同样存在着权力的制约。我国以人民代表大会为基础建立的国家行政机关、审判机关和检察机关是平等制约的关系，而它们又受到人大的监督与制约。检察机关作为独立的国家法律监督机关对人民法院的审判活动进行监督正是权力制约的体现。"美国的'三权分立'中三权是互相制约的产物。中国的'四权分立'也存在着权力之间的互相制约，并无例外"[2]。因此，检察机关的民事诉讼监督权具有正当性。离开了检察机关的监督与制约，审判权会成为不受拘束的权力，而绝对的权力会绝对地腐败。不仅如此，在我国的司法传统中，

---

[1] 参见王学成：《民事检察制度研究》，法律出版社2012年版，第55~56页。
[2] 关今华："民行监察抗诉权存废之争和司法公正的若干问题"，载《福建政法管理干部学院学报》2002年第2期。

对官员的纠察监督的权力从来不主要依靠民众的力量，而是依靠诸如御史台之类的机关来行使，皇权设立诸国家机关来相互制约与掣肘，最终使得国家权力集于一人之手。在当下的中国，希望通过普通民众的权利来监督司法权还需要假以时日的培育，以一种公权力即检察权来制约审判权无疑是理性的选择。

四、民事检察监督是实现司法公正的需要

司法公正是指司法机关依照法定程序对案件作出的判决结果符合或接近案件的真实状况。司法公正不仅包括实体公正，而且也包括程序公正。司法公正是人类诉讼活动所追求的永恒价值目标。不仅如此，司法公正也是司法权威的基础和保障。然而对审判的案件要做到公正却并非易事，因为摆在法官面前的所谓的案件争议都是发生在法庭之外的，而且发生在过去。法官判案也只能依据当事人现有的证据来还原过去的真实情况。然而由于各种客观或主管方面的原因所致，当事人用来证明案件的部分或主要证据有可能灭失，也有可能难以收集。这样一来，法官断案与其说是"以事实为根据，以法律为准绳"，不如说是"以证据为根据，以法律为准绳"。依靠现有的证据来还原案发时的真相就需要法官具有一定的逻辑判断能力。此外，对证据的提供与取舍也必须符合法定的程序性要求。法官正是在法定的程序中依据其所掌握的现有证据，依据法律来对案件作出公正判决的。在追求司法公正的过程中，法官需要对证据进行判断与取舍，而且要按照法定的程序，并且适用正确的法律，三者缺一不可。任何一个环节出现了纰漏，其判决结果就会失去公正。如果司法程序不公正一般就会导致实体的不公正，而即使程序公正也可能由于证据的灭失或不被法官采纳导致实体不公。即使程序和证据环节都是公正的，法官如果适用了错误的法律也会导致司法不公。因此，为了保证法官在断案的复杂过程中最大限度地实现公正，就必须对其进行监督。离开了有效的检察监督就很难保障民事案件的公正。

五、民事检察监督是维护国家法制统一的需要

我国是单一制的社会主义国家，法制的统一显得尤为重要。从苏联检察制度的起源来看，维护国家法制的统一是设立检察机关的重要目的之一。正如列宁所指出的那样："检察长的唯一职权和必须做的事只有一件：监视整个共和国，对法制有真正一致的了解，不管任何地方的差别，不受任何地方的影响。检察长的责任是使任何地方的政权的任何决定都与法律不发生抵触，检察长必须仅仅从这一观点出发，对一切非法的决定提出抗议，但无权停止决定的执行。"[①] 民事案件与

[①] 参见石少侠、郭立新："列宁的法律监督思想与中国检察制度"，载《法制与社会发展》2003年第6期。

刑事案件相比,法官在判案的过程中确实享有较大的自由裁量权,当事人也享有较大的处分权,再加上检察机关和审判机关对法律的理解也不尽相同,因此一个案件绝不仅仅具有一种判决,但这并不表明民事案件就不存在错误的判决与正确的判决之分。如果一个案件的判决存在着1991年《民事诉讼法》第185条规定的情形之一的,即原判决、裁定认定事实的主要证据不足的;原判决、裁定适用法律确有错误的;人民法院违反法定程序,可能影响案件正确判决、裁定的;审判人员在审理该案件时有贪污受贿,徇私舞弊,枉法裁判行为的。那么这个案件的判决结果肯定是令人怀疑的。以上四种情形都是对民事法律统一正确实施破坏的典型表现,检察机关对存在这些情形的案件提出抗诉,要求启动再审程序,是维护民事法律统一正确实施的有力保障。[1]

六、民事检察监督是树立司法权威的需要

司法权威是在司法实践过程中,司法机关通过正确地适用法律,公平公正地解决当事人之间的纠纷,从而获得当事人及社会对司法机关的尊重,对法律自愿服从和信任的一种威力。树立司法权威是社会主义法治目标的应有之义。检察机关依法行使民事检察监督权,不仅无损于司法权威,而且有利于维护、巩固和增强司法的权威。首先,司法权威来源于法治权威。在我国所谓的"裁判公正"是审判机关和检察机关共同努力之下产生的结果。人民法院行使审判权和人民检察院行使检察权其目标是共同的,都是为了确保法律所确定的民事权利义务关系得以实现,从而树立法治的权威。将司法权威简单地等同于审判权威,或将审判权威与检察权威对立起来的观点是有失偏颇的。其次,司法权威来源于裁判的公正,而不是简单地来源于司法的终局性。司法权威的树立来源于多种因素,不可否认,司法的终局性是司法权威的来源之一,但司法权威更重要的是来源于司法的公正。没有司法的公正就谈不上司法的权威,脱离公正的司法权威是没有生命力的,不会持久的。如果强行将不公正的裁判作为终局性的判决来执行,不仅无助于司法权威的生成,反而有损于司法的权威。检察机关纠正错误的裁判,提高审判质量,从根本上有助于提高司法的权威。最后,民事检察不会动摇法院的司法权威。目前我国检察机关的民事监督基本属于事后监督,而不是事前或事中监督。主要监督当事人对已经生效的判决裁定不服的案件。不仅如此,检察监督还是一种程序性的监督。当民事检察案件进入再审程序后,检察官依法出席再审法庭,发表抗诉意见,但人民法院审理案件是以事实为根据,以法律为准绳的,检察机关的抗诉意见只具有参考价值,因此,检察机关的抗诉不会损害人民法院的审判权威。[2]

---

[1] 参见王学成:《民事检察制度研究》,法律出版社2012年版,第9~10页。
[2] 参见王莉:《民事诉讼与检察监督》,中国检察出版社2012年版,第189~191页。

七、民事检察监督具有一定的现实基础

民事检察监督不仅具有坚实的理论基础,而且也具有现实的必要性。首先,民事错误判决现象时有发生。受部门保护主义和地方保护主义的不当影响,民事诉讼裁判不公的现象时有发生。以湖北省检察机关为例,从 2006 年至 2012 年 6 月,全省检察机关共立案调查 1622 件,调查终结 1552 件,其中不构成违法的 305 件,构成违法(含裁判错误)和涉嫌犯罪的 1247 件。通过检察监督,法院纠正违法案件 533 件,发现职务犯罪和其他犯罪线索的 128 件,涉嫌犯罪的法官被作出有罪判决的 40 人。[①]

其次,当事人通过审判监督程序要求再审困难重重。判决一旦生效后,由于当事人势单力薄,提起再审要求会遇到许多意想不到的困难,即使发现错误也不一定得到法院的足够重视。而检察机关提起再审,法院则必须受理并启动再审程序。检察机关专门负责对错误裁判的监督也避免了当事人申诉无门、四处上访的现象的发生,有利于维护社会秩序的稳定。

再次,不可否认的是,尽管法院的司法改革已经取得了一定的成效,但法官的政治和业务素质还有待于提高。仅仅依靠法院内部自身的监督机制还不足以防止错案的发生,这就需要来自外部的检察监督与制约。

最后,市场经济发展需要检察机关作为国家利益和社会公共利益的代表来参与民事诉讼活动。我国的市场经济发展经历了从起步到繁荣的发展阶段,在这一社会转型过程中存在着法律不完善的现象,再加上市场经济的利益驱动,侵犯国家利益和公共利益的现象时有发生。在所有的国家机关中,检察机关是最适格的代表国家利益以及社会公共利益的主体。[②]

八、民事检察监督具有充分的宪法和法律依据

民事检察监督不仅具有充分的理论依据,更重要的还具有重要的宪法和法律依据。宪法依据包括1982年的宪法对检察机关的定位,《宪法》第 129 条规定:"中华人民共和国人民检察院是国家的法律监督机关。"《宪法》第 131 条规定:"人民检察院依照法律规定独立行使检察权,不受行政机关、社会团体和个人的干涉。"这两条原则性的规定是检察机关民事诉讼法律监督的宪法依据。1991 年《民事诉讼法》,2007 年修正后的《民事诉讼法》以及 2012 年修正后的《民事诉讼法》是我国民事诉讼检察监督的法律依据。另外,最高人民法院和最高人民检察院的司法解释也是民事诉讼法律监督的依据。最后,部分地方人大及其常委会

[①] 参见郑青主编:《诉讼监督的范围与方式》,中国检察出版社 2012 年版,第 199 页。
[②] 参见王学成:《民事检察制度研究》,法律出版社 2012 年版,第 64~66 页。

也制定了有关民事诉讼检察监督的地方性法规。如 2009 年湖北省人大通过了《关于加强检察机关法律监督工作的决定》。省、自治区、直辖市高级人民法院和高级人民检察院所制定的规范性文件也是指导该地方法院、检察院进行民事诉讼检察监督的重要依据，如《广东省高级人民法院关于民事、行政再审案件审理程序的若干意见》等。

第三节 民事诉讼检察监督的应然模式

我国目前最新的《民事诉讼法》是在 1991 年《中华人民共和国民事诉讼法》的基础上，经过 2007 年和 2012 年两次修改后而形成的民事诉讼法。最新民事诉讼法关于民事诉讼检察监督明确的立法条文可以说是屈指可数。在总则第 14 条中赋予了人民检察院有权对民事诉讼实行法律监督权。分则第 208 条赋予了检机关的检察建议权、抗诉权，规定了抗诉情形。第 209 条规定了人民检察院对当事人申请抗诉或检察建议的审查期限。第 210 条至第 213 条赋予了检察机关民事检察监督的调查权；规定了人民法院对抗诉案件再审的裁定期限及审级；要求人民检察院提出抗诉应当制作抗诉书。第 235 条赋予了检察机关对民事执行活动的监督权。总则规定的原则性和分则规定的简约性形成了激烈的矛盾。这一矛盾带来了以下后果：首先，为人民法院和人民检察院如何开展民事检察活动埋下了隐患，检察机关根据民事诉讼法总则规定要扩大民事检察监督，人民法院根据分则规定要排挤民事检察监督。其次，给学界争论留下了广阔的空间，学界甚至形成了扩张与取消民事检察监督的截然相反的观点。最后，给民事检察监督立法也留下了广阔空间，立法面临着扩张还是紧缩民事检察监督的两难选择。

笔者通过对民事检察监督现状的分析发现，主张扩大民事检察监督范围的学者占了多数。如有的学者主张应当规定检察机关有权对民事诉讼的过程进行监督；明确界定检察机关的抗诉范围；完善监督手段和监督方式。① 还有学者主张民事诉讼检察监督的对象不应当仅仅局限于涉及公共利益的案件，而是应该不受案件类型的限制；应当赋予人民检察院参与诉讼活动的权利，以便于全面了解案情，及时审查判决和裁定是否可以提起抗诉；在民事抗诉过程中还应当赋予检察机关调阅法院判决卷宗、有限的调查取证、在再审庭审中的发言权等。② 也有学者虽然建议检察监督的案件应当限于公益诉讼案件，建立民事检察公益诉讼制度，减少国家对一般民事案件的过多干预；但同时加大检察监督的力度，抗诉案件不仅包括对已经生效的民事裁判的抗诉，而且还包括对未生效的一审案件的抗诉，并

---

① 王莉：《民事诉讼与检察监督》，中国检察出版社 2012 年版，第 194~195 页。
② 张显伟、杜承秀、王丽芳：《民事行政诉讼检察监督制度研究》，中国法制出版社 2011 年版，第 233~236 页。

要赋予检察机关纠正违法通知权。① 也有少数观点认为应该取消民事诉讼检察监督权，同时大胆设想了废除民事诉讼检察监制度后的检察权归属。②

笔者对于民事诉讼检察监督的制度的改革思路是，肢解或分割现行的民事检察监督制度，其核心是取消民事诉讼检察监督制度。具体要点如下：

第一，根据民事案件是否涉及公共利益为标准，将民事案件划分为普通民事案件（不涉及公共利益的案件）与公益民事案件。坚决取消检察机关对普通民事案件的诉讼监督权。保留检察机关提起民事公益诉讼或参与民事公益诉讼的权力。

第二，在检察机关提起民事公益诉讼或参与民事公益诉讼的案件中，改变检察机关的身份地位，将其地位定位于普通民事案件当事人的地位。对民事公益案件的"监督权"也不是通常检察机关所享有的法律监督权，而是检察机关作为公益诉讼案件的当事人或代理人所享有的监督权。其与普通民事案件当事人的监督权没有本质的区别。

第三，取消人民法院对民事案件执行权，将民事案件的执行权交由司法局来负责，检察机关对司法局的民事执行权的监督已经不属于对人民法院审判监督的范畴了。

第四，保留检察机关对审判人员在审理案件时的贪污受贿，徇私舞弊，枉法裁判行为的监督权。但在性质上，检察机关的此项监督权已经不是对民事案件的监督，而是对国家机关工作人员职务犯罪的监督或追究了。在对法官行为监督时也可能涉及民事案件裁判，但民事裁判仅仅是发现审判人员贪污受贿、徇私舞弊、枉法裁判行为的线索。

总之，这种监督模式的核心是：取消人民检察院对人民法院民事诉讼行为的检察监督权。我们不妨将这种监督模式称为"民事诉讼检察监督的应然模式"，其集中体现了在民事诉讼中人民法院和人民检察院的应然关系，也就是在民事诉讼中审判权和检察权的关系。

下面就对民事诉讼检察监督的应然模式进行解读。

第四节　取消检察机关对普通民事案件诉讼监督之理由

民事诉讼检察监督制度的存废，关乎审判权与检察权的权力配置问题，乃至关乎中国如何实现司法公正，如何建设法治国家的重大命题。因此，民事诉讼检

---

① 王学成：《民事检察制度研究》，法律出版社2012年版，第256~268页。
② 张峰：《民事检察监督权存废论》，（指导教师：毕玉谦教授）中国政法大学2011年硕士学位论文，第1页。

察监督制度的存废绝不仅仅是个诉讼法领域的一个小问题,也是宪法领域的一个大问题。在法学界或司法实务部门,民事诉讼检察监督制度看似并不举足轻重,但最终解决这一命题却需要尊重司法的基本原理,追溯到宪法对国家权力的顶层设计。令人惋惜的是,没有任何迹象表明中国要废除民事诉讼检察监督制度,而强化民事诉讼检察监督虽然貌似未来的发展趋势,但目前立法者也踌躇不前,由此足见立法者对这一问题的纠结。

下面就笔者主张取消民事诉讼检察监督制度的理由进行一些简要阐释。为了具有针对性,仅就赞同民事诉讼检察监督制度的正当性理由进行一一对应的回应。

第一,关于列宁的法律监督思想与民事诉讼检察监督。学界普遍认为列宁的法律监督理论是我国人民检察院设立的理论渊源之一。笔者也并不否定列宁法律监督思想对中国检察制度的影响,而是怀疑苏联的法律监督思想是否符合当前中国的国情以及是否具有真理性。苏联社会主义国家建立之后,为了达到各联邦成员国在政治制度、法制建设等方面的统一建立了苏联的检察机关。1933年的《苏联检察院条例》赋予了检察院有权对法院的民事、刑事判决提出抗议的权力,并可依照监督程序要求复判业已确定的民事、刑事判决。新中国成立之初,我国的检察机关在很大程度上借鉴了苏联的经验,但绝不是照搬了苏联的经验,从监督范围来说苏联检察机关行使一般监督权,我国检察机关不对公民遵守法律状况实行一般监督;苏联检察机关实行垂直领导体制,而我国检察机关实行双重领导体制;苏联检察机关实行检察长负责制,而我国实行了具有中国特色的检察委员会制度。[①] 因此,中国的检察制度虽然与苏联的检察制度有一定的渊源,但不能直接推导出检察机关就必然要对民事诉讼进行法律监督,具体的制度设计必须适合中国国情,符合权力制约原则。况且苏联检察机关在国家权力制约中到底发挥了多大的作用,监督是否具有合法性与有效性还是需要详细考究的。因为毕竟苏联已经解体了,苏联的解体和国家权力结构的设计是否有直接关系,检察权设置和运行状况在苏联解体中扮演了什么角色,我们应该学习其检察制度的经验还是应该吸取其检察制度的教训等,都是需要慎重考虑的问题。

第二,人民代表大会制度与民事诉讼检察监督。民事诉讼的核心是解决民事争议,而设置民事诉讼检察监督的目的是保障人民法院依法行使审判权,实现司法公正,从而保护当事人的合法权益,使当事人之间的民事争议得到迅速的解决。人民代表大会制度与人民法院进行民事审判就必须接受检察院的监督还不能等同。在我国理论界,一般都将政体和政权组织形式作为同一概念的两种不同表达方式,大多学者认为政权组织形式也叫政体。然而,尽管政体与政权组织形式之间存在着密切的联系,但它们之间也存在着非常明显的区别,正如何华辉教授所认为的,

---

① 盛美军等:《法律监督运行机制研究》,中国检察出版社2009年版,第148页。

它们各自的侧重点不同：政体侧重于体制，政权组织形式侧重于机关；政体粗略地说明了国家权力的组织过程和基本形态，政权组织形式侧重于说明实现国家权力的机关以及各机关之间的关系。① 按照这种观点，人民代表大会制度是和西方三权分立制度相对应的政权组织形式，它表明了我国国家机构的组成形式。更确切地说，人民代表大会制度是我国的政权组织形式，而不是我国的政体。我国的政体和世界大多数国家的政体相同，都是共和政体。政体服务于国体，政权组织形式服务于政体，政权组织形式不具有根本性。我国的根本政治制度应当是社会主义制度，根本政治制度是不可改变的，而政权组织形式则是可以调整和变化的。那种把社会主义制度定位为我国的根本制度，在根本制度之下再划分出次一级的根本政治制度、根本文化制度、根本经济制度等的做法只是逻辑上的游戏而已，不具有现实意义。政权组织形式要解决的核心问题是国家权力的配置问题，我们不能为了人民代表大会制度而故步自封，国家权力的配置一定要符合权力运行的基本规律，符合权力制约原则和权力制约的有效性原则。如何完善我国的人民代表大会制度问题是一个需要认真对待的问题。从理论上来说人民监督人大看似合理，但现实中却不具有可操作性，因为人民监督人大必须通过法律的途径来进行，而人民法院对人大却不能行使反向的监督权力。在人民代表大会制度下的权力结构中没有彰显司法权的权威，从而使监督的链条无法形成闭合状态，永远无法解决谁来监督监督者的命题。在人民代表大会制度下，如果要提升司法权的地位，就必须抛弃检察权对审判权的监督与制约，将司法打造成社会的正义之源。如前所述，检察权在本质上是行政权，人民检察院不是国家法律监督机关而是国家的检察机关，检察机关的职权应当以公诉权为核心，其监督的对象应当以行政权为重心，而不是以审判权为核心。我国虽然不实行三权分立的政权组织形式，但国家权力结构的设置必须遵循权力制约的基本规律。

第三，民事检察监督与权力制约。权力制约原则是指在国家权力构建时，各权力的行使必须有一定的权限和界限，国家各权力之间要形成合理搭配，并且遵循法无授权便不得为之的原则，从而防止国家权力的滥用。但凡赞同检察机关民事诉讼监督者都高举权力制约之旗帜，借用孟德斯鸠的一切有权力的人都容易滥用权力之观点来"以权力制约权力"，以检察权来制约审判权。但笔者以为这是对权力制约的机械套用。首先，权力制约是以分权为前提的，而人民代表大会制度并不是分权的产物，而是集权的产物。人代表大会集国家各种权力于一身，因此谓之"权力机关"。而人大的权力既不受检察权的制约，也不受审判权的制约，更不受行政机关的制约。我们的立宪者们并没有设置一个权力对人大权力进行制约，此时他们似乎完全忘记了孟德斯鸠的名言。检察机关是人大用来制约行政权

---

① 何华辉：《比较宪法学》，武汉大学出版社1988年版，第144页。

与审判权的,是集权的手段。但很少有学者用权力制约原则来衡量我国的政权组织形式之得失。其次,由于国家各种权力的特殊性,对国家各个权力的制约是有不同特色的,即使在实行三权分立原则的资本主义国家,权力之间的制衡也是有区别的。权力越大的国家机关受到的制约也就越大,权力较小的部门受到的制约相对较弱。立法权与行政权受到的制约要远远大于力量弱小的司法权。为了使司法权能够制约立法权与行政权,赋予了司法权以独立的地位,以摆脱立法权与行政权对司法权的控制。美国联邦系统的法官除了受议会的弹劾以外,几乎不受其他国家权力机关的制约。中国的审判权也是国家权力的最弱者,但审判权却处于被各个国家机关制约的地位。审判权受到的制约是太多了,而不是太少了,其中检察权对审判权的制约就是一种不当的制约。最后,审判权不受检察权的制约并不等于审判权就没有受到其他制约。在我国审判权还受到立法权与行政权的制约,审判权内部也同样存在着种种制约。这些制约在一定程度上来说也是不当的制约。从审判权的特殊性出发,如前所述,制约审判权的主体主要来自案件的当事人以及借助审判公开而引发的社会大众的制约。国家权力的制约方面主要来自二审对一审的制约,人大的弹劾制约。检察权至多可以作为对法官弹劾的案件的调查者与启动者,而不是对审判活动的监督者。

第四,民事检察监督与司法公正。司法公正是诉讼活动所追求的永恒价值目标,是司法权威的基础和保障。其是指司法机关依照法定程序对案件作出的判决结果符合或接近案件的真实状况。司法公正不仅包括实体公正,而且也包括程序公正。法官在判案的过程中需要对证据进行判断与取舍,按照法定的程序,适用正确的法律对案件作出公正的判决。任何一个环节出现了纰漏,其判决结果就会失去公正。笔者认为,民事诉讼检察监督不仅不能实现民事裁判的公正,而且还可能导致更大的不公正。

首先,我们必须追问导致民事诉讼司法不公的最主要原因是什么。笔者认为导致民事诉讼司法不公的原因主要来源于两个方面,其一是司法权在国家权力中的地位卑微,判决要么偏离了正义的轨道无法实现实体公正,要么判决无数次被推翻,程序正义也就化为乌有。因此,中国的司法不公不是缺乏对司法权监督造成的,在某种程度上是监督过多造成的。其二是司法机关本身的素质问题。新中国成立后直到1995年《法官法》颁布之前,司法这一神圣职业的进入门槛与普通职业基本没有区别,法官与其他国家机关工作人员在待遇、身份保障方面没有多大的差异,至今我国还没有建立起法官的终身制与高薪制。法官一方面由于素质较低或出于贪意可能故意或过失对案件作出错误的判决,另一方面由于法官没有身份保障无法以自己的力量来对抗来自各方面的掣肘和压力,从而作出错误的判决。

其次,民事诉讼的性质决定了检察权涉入也会导致司法不公。民事诉讼解决的争议是发生在平等主体之间的财产关系或人身关系。这就决定了在民事诉讼中更容易形成真正理想的诉讼模型，即法官居中裁判，原被告平等对抗。法官与原被告之间形成一个等腰三角形结构，法官与原被告的距离相等，不偏不倚。这种结构最容易使法官作出公正的判决。而一旦检察机关涉入了民事案件，就会使得本来公正合理的诉讼模式发生变形，使得到检察机关支持的一方当事人在收集证据、控制法官、获取法律知识等方面的力量超过了另一方当事人，从而使平等主体之间的争议演变为了不平等主体之间的对抗。这从根本上破坏了程序正义。

再次，人民检察院和人民法院认定错案的标准有时是难以统一的。其一，民事案件解决的是民事争议，而民事争议主体对民事权利享有自由处分权。因而法院在判决民事案件的过程中享有较大自由裁量权，这就给认定错案的标准带来了很大的不确定性。其二，法官亲自审理民事案件，法官对证据的证明力、证明标准、事实判断、法律推理、法律适用等的判断都是按照法定程序作出的。而检察官没有参与案件的审理过程，对案件缺乏程序的亲历性，检察官对案件结果的判断必然和法官存在着一定的差异，这也可能导致二者对错案的认定标准的差异性。

总之，监督与司法公正不是成正比的，如果那样的话，刑事公诉案件就应该没有错案了。因为除了自诉案件外，检察机关参与了刑事诉讼的全过程，但刑事案件错案也并不少见。

第五，民事诉讼检察监督与国家法制统一。从苏联检察制度的起源来看，维护国家法制的统一是设立检察机关的重要功能之一。我国是单一制的社会主义国家，法制的统一当然也显得尤为重要。但检察机关维护法制的统一不是依靠对民事诉讼检察监督来实现的，在民事诉讼过程中要维护民事法律的统一主要是靠人民法院的公正判决来实现的。

首先，如前所述，我国的审判权在国家权力中处于弱势地位，在行使审判权的过程中受到诸多因素的干涉，司法权的地方化在一定程度上导致了民事法制的不统一。地方各级人民检察院的地位虽然在某种程度上高于或者等同于地方各级人民法院，但其地位也远远低于地方权力机关和行政机关。当地方人民法院受制于地方政府时，地方检察院即使有监督权也无能为力去改变人民法院的判决。

其次，如上所述，人民检察院和人民法院认定错案的标准具有一定的差异性，这种差异性导致了人民检察院认为是错误的裁判，而人民法院却坚持认为是正确的裁判。人民检察院提起了抗诉，而人民法院却维持了原裁判。人民检察院再次提起抗诉，而人民法院却再次维持了原裁判。检察监督是程序性的监督而不是实体的监督，如果人民法院坚持自己的裁判是正确的，检察机关反复提起监督只能是造成程序的混乱，给当事人以法制不统一的错觉。另外，由于人民法院受制的主体过多，而每个主体对法院的裁判认识不一，其结果只能是一个民事案件会被多个监督主体被反复推翻，造成了法律适用的无法统一。

再次，人民检察院和人民法院在实现国家法制统一过程中的功能不同，人民法院是通过行使审判权来实现民事法律的统一的，人民法院的司法解释也是实现民事法律统一的手段之一。人民检察院在发现了民事违法行为之后，如果案件当事人没有提起诉讼，则视为放弃权利。如果违法行为涉及公共利益，人民检察院则提起民事公益诉讼来纠正违法行为。因此人民检察院维护法制的统一的方式与人民法院是不同的。人民检察院起诉或帮助起诉后，最终对案件作出裁判的是人民法院。人民法院的判决的统一性决定了法制的统一性。因此，人民检察院要实现国家法制统一最终还要借助人民法院的判决，而不是通过对民事审判监督来实现的。可以说，维护法制的统一是人民检察院和人民法院共同职责，只是人民检察院和人民法院维护国家的法制统一的方式不同而已。人民检察院是通过将民事公益诉讼提交到人民法院进行审判，进而达到对违法行为的制止与维护国家法制统一之目的。

最后，民事案件性质决定了当事人具有自由处分自己权利的权利，这就给了法院通过调解来解决民事争议提供了便利。民事调解给人民法院更大的自由裁量权，从而使同类案件的判决结果未必相同。这也是人民检察院通过诉讼监督所难以解决的。

第六，民事检察监督与司法权威。司法权威是司法机关正确地适用法律，公平公正地解决当事人之间的纠纷，从而获得当事人及社会公众对司法机关的尊重，对司法裁决由衷地信任并自愿服从的一种威力。司法权威是建设法治国家的必要条件之一，没有司法的权威也就没有法律的权威，一个没有法律权威的国家也不可能是民主国家。决定司法权威的因素是多方面的。司法权在国家权力中的地位、法官的地位、司法公正、司法的终局性等多种因素都决定着司法是否具有权威性。检察权只是影响司法权威的因素之一。

首先，司法的权威来源于司法权在国家权力中的地位。随着目前新一轮司法改革的开展，省以下法院的人财物统一由省级来管理，司法权在国家权力中的地位会有所提高，但由于司法权在国家权力中的地位长期受到压抑，再加上司法权在国家权力中的地位还未达到应有的高度，司法权在短期内仍然是国家权力中的弱者。就检察权与审判权的地位而言，人民检察院不仅享有对法官职务犯罪案件的侦查起诉权，而且还享有对诉讼行为的监督权，特别是对生效裁判的抗诉权，人民检察院地位显然要高于人民法院。

其次，法官的地位也制约着司法的权威。司法权威是通过法院的正确裁判来体现的，而没有法官的独立也就没有判决的公正，我国对审判独立的宪法定位是人民法院独立行使审判权，而不是法官独立行使审判权，这对于提高法官的地位十分不利。法官除了法律就没有别的上司。法院系统内部的行政化、主诉法官办案责任制、审判委员会、错案追究机制等在很大程度上也制约着法官独立审判，特别是法官没有高薪制与终身制的保障，在行政化管理的模式中无力抵抗来至各方面的压力就会不得已作出不公正的判决。

再次，检察机关的监督，特别是抗诉权时刻威胁着审判的终局性，使司法难以成为社会的正义之源。有观点认为，检察权只是提起了抗诉，案件最终的裁判还是由人民法院作出，因此人民检察院的抗诉权没有破坏司法的终局性。笔者认为，司法的终局性的最主要的含义就是生效判决具有不被其他任何组织或个人质疑与推翻的效力。从程序上来说，司法终局性意味着案件一经有了定论，不容再次被重新审查。这也是程序所特有的价值要求，也是司法是社会正义之源的体现。当一个生效的司法判决不是最终的判决时，司法的权威性自然就会受到质疑。

最后，还有观点认为，在我国司法机关包含了人民法院和人民检察院，因此司法权也包括了检察权，司法权威是人民法院和人民检察院共同树立的，检察机关对民事诉讼实行监督是在维护司法权威，而不是在削减司法权威。如前所述，司法权仅仅指法院的审判权，包括执行权都不是法院的应有职责。人民检察权在性质上是行政权，或者说至多是一种特殊的行政权，在法律上的定位应该是检察权，而不是国家的法律监督机关，其职权不是包罗万象的。对法院诉讼行为的监督不属于检察机关的职权。在检察院为一方当事人的公益诉讼中，其与对方当事人的权利的平等的，不享有任何特殊的监督权。

第七，民事诉讼检察监督的现实基础。有学者认为，民事诉讼检察监督的现实基础是民事错误判决时有发生、法官的政治和业务素质还有待于提高、当事人通过审判监督程序要求再审困难重重、公益诉讼缺失等。如前所述，笔者认为民事错案的发生的主要根源还在于法官独立性不够，我们的法官从来没有享受过法律帝国的王侯的待遇，至今为止法官的终身制和高薪制还没有完全建立起来。法院在国家机关中还处于弱者地位，这也就决定了法官的地位。唯有在全社会中形成对法官职业的敬仰与尊重，唯有法官成为法律帝国的王侯，法院的错误裁判才会从根源上得到根治。对于因为法官的政治和业务素质较低而需要对法官进行监督的观点，笔者认为，明智的办法无疑是直接提高法官的政治和业务素质，而不是通过层层监督来实现司法的廉洁。当事人通过审判监督程序要求再审困难也同样可以通过提高法官的政治和业务素质来实现。目前由于对法院和法官的各种违背司法理念的制度，如人大进行个案监督，对法官错案追究等抑制了法院或法官自我纠错能力的发挥。显然不是法院受到的监督过少，而是法院的或法官的"婆婆"太多而导致了司法权的运行不畅。司法改革必须尊重司法规律，提升司法自身的素质，将其打造成社会的正义之源，于此相反的监督之路是与司法规律背道而驰的，只能是饮鸩止渴、南辕北辙之举。当然法官也需要监督，而且法官也已经受到了广泛的监督。但司法独立必然是最大限度排斥来自其他国家机关的监督，保留必要的监督手段，如议会弹劾权，则是无可非议的。至于检察机关提起的公益诉讼并不是对人民法院的审判行为进行的监督,而是对侵害公益行为的监督,正如检察机关对刑事违法提起公诉的性质是相同的。

第八,民事检察监督具的宪法和法律依据。如前所述,民事诉讼检察监督不仅有宪法依据,而且还有明确的法律依据。最高人民法院以及最高人民检察院司法解释、地方权力机关的法规等也是民事诉讼检察监督的依据。但问题是有了宪法、法律依据并不表明民事诉讼检察监督就有了正当性与合法性。这里有两点值得质疑之处。

首先,宪法和法律依据的正当性问题。法律的正当性问题解决的是"良法"还是"恶法"的问题。正如亚里士多德所言,法治包含两重含义,一是制定的法律必得到到严格的遵守,二是大家所遵守的法律又必须是良法。从我国目前的宪法规定来看,我们还很难说宪法对人民法院和人民检察院的有关规定就是一定是科学的。如对检察机关的宪法定位是"人民检察院是国家的法律监督机关",正如笔者前面分析指出,这一定位不是非常确切的,准确的定位应当是"人民检察院是国家的检察机关"。法律监督机关的定位模糊不清,容易使人民检察院的职权泛化,使人民检察院承受不能承受之重。而关于"人民检察院独立行使职权,不受行政机关我、社会团体和个人的干涉"的表述则与检察机关的性质相违背,检察权在性质上是行政权,不具有独立行使的特征。而宪法关于人民法院独立行使职权的规定又非常模糊,只规定了人民法院独立行使职权,而没有赋予法官独立行使职权之保障,如终身制与高薪制等。从应然的高度对宪法进行反思,对检察权重新定位是需要立宪者必须认真思考的问题。

其次,法律细化过程的变异问题。从目前的宪法依据来看,并不能推导出人民检察院对民事诉讼的法律监督权。《宪法》第129条规定,人民检察院是国家的法律监督机关,但作为国家的法律监督机关到底可以对哪些主体进行法律监督,宪法并没有明确的规定,这就需要法律对其进行进一步的细化,而细化的依据主要是法理和司法实践。我国的检察机关行使的不是一般的法律监督权,因此其有没有权力对人民法院的审判活动进行监督仍然是需要认真思考的问题。这里实际需要考察的就是法律规定的合宪性问题。人民法院和人民检察院的司法解释以及地方权力机关的地方性法规面临的是合法性问题。况且我国现行的法律对民事诉讼检察监督规定的非常简陋,实际层面的民事检察监督运作面临的合法性问题尤为突出。

第五节 民事公益诉讼中人民检察院的定位

所谓民事公益诉讼是指特定的国家机关、组织或公民就侵犯公共利益的民事侵权行为向人民法院提起民事诉讼，通过人民法院依法审理追究违法者的民事法律责任，从而达到维护公共利益目的诉讼制度。改革开放以来，随着侵权行为种类的多样化，公益诉讼逐步成为人们越来越关注的问题，近年来司法实践中也出现了民事公益诉讼的案例。但就法律规定来看，有关民事公益诉讼制度可以追溯到新中国成立之初。1954年9月制定的《中华人民共和国人民检察院组织法》第4条规定了人民检察院有权对有关国家和人民利益的重要民事案件提起诉讼或者参加诉讼。此后的《人民检察院组织法》以及《民事诉讼法》均删除了有关民事公益诉讼的规定，直到2012年8月修改后的《民事诉讼法》第55条规定了对污染环境、侵害众多消费者合法权益等损害社会公共利益的行为，法律规定的机关和有关组织可以向人民法院提起诉讼，并在第208条赋予了最高人民检察院与各级人民检察院对法院损害公共利益裁判的抗诉权，这才为检察机关参与民事公益诉讼提供了一定的法律依据。目前的民事诉讼法虽然没有明确规定检察机关可以提起民事公益诉讼，但从世界各国的司法实践来看，检察机关提起民事诉讼具有普遍性，几乎成为各国的通例，我国检察机关提起民事公益诉讼具有正当性与合法性。

一、检察机关提起民事公益诉讼的必要性与可行性

改革开放以来，在市场主体追求自身利益最大化的过程中，公共利益受到侵害的可能性也越来越大，国有资产流失案件、环境污染案件、破坏自然资源案件、反垄断案件、侵害消费者权益的案件、公共设施受损案件、破坏古文物遗址案件、证券市场虚假陈述案件等不时发生，给公共利益造成了巨大的损害。当损害公益的案件发生后，往往出现没有原告而使得公共利益得不到保护的状况。导致这种状况发生的原因是多方面的。首先，国家行政机关管理的缺位问题。国家行政机关奉行依法行政之原则，但由于法律规定在一定程度上不可避免地存在着模糊性，行政机关之间的职权衔接也必然存在着漏洞，有时还存在着行政机关有管理权但无强制执行权的状况，当然还存在着行政机关腐败不作为的状况，这就导致有些侵犯公共利益行为发生后往往得不到有效的制止。其次，由于受害人自身的诉讼能力的限制。公共利益的侵权人往往具有较强的经济实力，相比之下受害人一般为弱势群体。受害人在证据的收集、法律适用等方面存在着一定的诉讼障碍。甚至还出现了受害人不知道起诉、不敢起诉等现象，这在一定程度上助长了侵害公共利益案件的发生。再次，公共利益案件侵犯对象具有特殊性。公共利益一般侵犯的是不特定多数人的利益，但每个受到侵犯的个体由于考虑到诉讼成本与效益的问题，都存在着"搭便车"的侥幸心理，不愿意作为公共利益的代表人来提起诉讼。最后，法制不健全的因素也是导致公益诉讼受阻原因之一。公益诉讼在我国还是新生事物，我国现行的民事诉讼法虽然规定了对污染环境、侵害众多消费者合法权益等损害社会公共利益的行为可以向人民法院提起诉讼，但诉讼主体资格以及诉讼程序等问题仍然需要进一步的具体规定，比如并未规定检察机关是否有权提起公益诉讼，这在一定程度上也导致了公益诉讼缺乏可操作性。由于上述种种原因导致了公共利益时刻有被侵犯的可能性，从法律上明确赋予检察机关提起民事公益诉讼主体资格无疑是非常必要的。

　　检察机关提起民事公益诉讼不仅是现实的需要，而且从理论上看也具有可行性。检察制度诞生之初，西方检察官就是国王利益的代理人。但随着民主制度的发展，检察机关的角色也发生了变迁，由国王的代理人转变为社会公共利益的维护者。在我国虽然检察机关性质与西方国家具有一定的差异，但人民检察院是我国检察机关的定位同样也可以作为检察机关提起民事公益诉讼的宪法依据。我国现行《民事诉讼法》第15条规定："机关、社会团体、企业事业单位对损害国家、集体或者个人民事权益的行为，可以支持受损害的单位或者个人向人民法院起诉"，这里的机关显然应当指国家机关。但国家机关中谁是最适格的提起公益诉讼的主体呢，显然应当是检察机关。首先，行政机关不是公益诉讼的适格主体，因为行政机关本身具有管理权，具有对违法行为制止与处罚乃至采取强制措施的权力，因此其无需采用诉讼的手段来阻止侵害公共利益的违法行为。况且许多侵犯公共利益的行为是行政机关管理不善造成的，这种情况下其本身也没有诉讼的内在动力。其次，人民代表大会是我国的权力机关，同时也是行使立法权的机关。人大作为国家权力机关主要行使立法权与监督"一府两院"之权，人大如果提起诉讼与其地位与身份不相符合。人大除了行使立法权之外，其更重要的功能就是发现与协调"一府两院"的权力运作，属于"一府两院"来行使的权力绝不能自己来代俎越庖。再次，人民法院作为国家的司法机关必须遵循"不告不理"的原则，而且在具体的案件中还必须保持中立，如果其主动提起公益诉讼显然与基本的法理相违背。只有人民检察院作为国家的检察机关才是提起民事公益诉讼的最为适格的国家机关。检察机关提起民事公益诉讼正如检察机关提起刑事诉讼一样，同样都是对社会公共利益的保护，只不过民事公益侵权行为侵犯的是众多主体的民事权益，而刑事犯罪侵犯的是刑法所保护的社会关系而已。

　　另外，检察机关提起民事公益诉讼还具有一些天然的优势，如检察机关的宪法地位及身份决定了检察机关提起民事公益诉讼具有较高的权威性；检察机关具有证据收集与调查方面的优势，同时检察机关还具备丰富的法律知识等。当然，检察机关提起民事公益诉讼也必须遵循一定的原则，特别是要处理好与行政机关之间的关系。检察机关在提起民事公益诉讼之前应当督促并监督行政机关对民事违法行为进行处理或制止，在经过这一程序仍然无效的情况下才可提起民事公益诉讼。通过诉讼代表人制度能够解决的诉讼也可由其他主体来提起。

二、检察机关提起民事公益诉讼的性质

传统的民事检察监督理论认为,检察机关提起或参与民事公益诉讼既是对公共利益的维护,同时又要监督人民法院依法行使审判权,检察机关提起或参与民事公益诉讼是民事检察监督的重要组成部分。民事检察监督显然可以划分为检察机关对民事公益案件的监督和普通民事案件的监督。因此,无论是检察机关提起民事公益诉讼的案件,还是检察机关参与民事公益诉讼的案件,检察机关在诉讼的过程中都起着双重作用,扮演者双重的角色。检察机关的在民事诉讼监督中的双重定位导致了诉讼法律关系的错乱。因此有学者认为,检察机关提起民事公益诉讼破坏了民事诉讼的平衡结构,使得在民事诉讼中的原告、被告与人民法院之间形成的等腰三角形结构遭到破坏。由于检察院机关的诉讼监督权力对法院形成了无形的压力,法院很难保持中立,这就破坏了原本平等的诉讼格局,形成了一个不规则的四边形结构。"只要检察权的实质不变,民事公诉中检察权与审判权、民事诉权的内在矛盾就不可能得到调和,而这种矛盾对于实现公正审判的损害是极为巨大的,这正是民事公诉难以突破的一个理论困境。"[1] 据此得出了取消检察机关提起民事公益诉讼的建议。

与此不同,我们的观点是取消人民检察院以法律监督者的身份对民事公益诉讼进行监督,保留检察机关提起民事公益诉讼的权力。这样,按照我们所提出的法检民事检察监督应然模式,上述冲突和矛盾就不存在了。在应然监督模式中,虽然保留了检察机关对民事公益案件提起或参与诉讼的权力,但这种权力的性质已经发生了质的变化,即检察机关的地位和功能已经发生了变化,其原来的作为国家法律机关来监督人民法院审判行为的功能已经完全丧失,检察机关对民事公益诉讼活动的监督类似于一方当事人的监督,不享有任何监督特权。

这种模式实质是要将检察权打造成以公诉权为核心的权力。检察权的监督重心发生了转移,其监督的重点是行政权、对司法判决的执行权、行政人员与司法人员之违法犯罪行为以及侵害公共利益的行为,而不是司法机关的审判行为。公益诉讼则是检察机关行使监督权的重要手段之一。在民事公益诉讼案件中,检察权的性质回归到传统民事诉讼中的当事人地位,检察机关变成了案件的一方当事人,而且仅仅享有当事人所应当享有的权利,承担当事人所应当承担的义务。检察权在民事公益诉讼中地位的转变,使得民事诉讼结构又重新回到了等腰三角形的平衡状态。检察机关在民事公益诉讼中的性质变化必然导致其在诉讼结构中的地位也发生相应的转变。因此,从性质来说,检察机关提起或参与的民事公益诉讼案件仍然是民事案件,与其他民事案件的不同之处在于原告一方是为了维护公

---

[1] 杨庐松、蒋雪琴:"质疑民事公诉制度",载《中国律师》2003 年第 5 期。

共利益的检察机关。

三、民事公益诉讼中人民检察院的地位

检察机关提起或参与民事公益诉讼案件的性质决定了其在诉讼中的法律地位。如上所述,检察机关提起或参与的民事公益诉讼案件仍然是民事案件,因此,无论对检察机关如何称谓,其诉讼地位仍然是案件的一方当事人。至于称其为"当事人"、"公益代表人"、"国家公诉人"还是"民事公诉人"等都不影响其地位。在大多数西方国家,检察机关在民事公益诉讼中的地位是比较明确的。在宪政理论上,无论是英美法系还是大陆法系国家检察权一般被认为是行政权的一种,不具有监督或超越审判权的特权,为维护公益而提起或参与民事诉讼很自然地被当作案件的一方当事人来对待。法国民事诉讼法就规定检察机关在提起民事公益诉讼时是主要当事人,在参加民事公益诉讼时是联合当事人。在美国和德国,检察机关不仅可以作为民事公益诉讼案件的原告,而且还可以作为被告。而在我国,由于检察机关被定位为国家的法律监督机关,赋予了检察机关广泛的监督权,人民法院的审判行为也被视为检察监督的客体,因此检察机关在民事公益诉讼中兼诉讼当事人与审判监督主体于一身,其法律地位也就显得非常复杂,呈现出不同的学说和观点。

第一,法律监督说。该说认为,人民检察院在民事公益诉讼中不是民事实体权利的主体,其提起或参与民事诉讼不是基于当事人的诉权,而是基于宪法和法律赋予检察机关的法律监督权。在公益诉讼中人民检察院不仅要对民事事实进行监督,对民事主体放弃诉权的不当行为进行监督,而且还要对人民法院的审判活动进行监督。履行法律监督始终是检察机关参与民事诉讼的主要职责。法律监督说是建立在我国人民代表大会制度下对检察机关的定位而言的,不仅有宪法依据,而且还有充分的诉讼法律依据。

第二,当事人说。[①] 该说认为,民事诉讼的核心是解决民事争议,而民事争议是发生在平等主体之间的争议。民事争议的性质决定了在诉讼法律关系中当事人的平等地位。提起民事公益诉讼的检察机关应当以原告的身份与被告进行平等地攻击与防御。但当事人说并不排斥检察机关作为法律监督者的身份,只是这种法律监督者的身份仅仅间接地体现在民事诉讼活动中,直接体现的是当事人的身份。

第三,公益代表人说。该说认为,检察机关是国家的法律监督机关,进行法律监督是其最基本的职能。检察机关在民事公益诉讼中不是真正的权利实体,其之所以提起或参与民事诉讼是出于维护公共利益的需要。检察机关在诉讼过程中

---

① 孙谦主编:《检察理论研究综述》,中国检察出版社2000年版,第327页。

对民事实体法和程序法进行监督也是代表国家来进行的，并没有自己的私益。

第四，双重身份说。该说认为，检察机关提起或参与民事公益诉讼具有双重的身份，其既是原告，又是国家的法律监督者。既应当享有原告的权利，但又不是普通的原告，检察机关还享有民事检察监督的权利。检察机关的在民事公益诉讼中的双重角色是由检察机关的性质所决定的。

第五，民事公诉人说。该说认为，在检察机关提起或参与的民事公益诉讼案件中，其法律地位应当是民事公诉人。公诉可以划分为刑事公诉与民事公诉，检察机关在这两种公诉中的地位没有本质的区别，只不过针对的案件对社会的危害性质不同而已，检察机关在两种诉讼中都没有自己独立的利益。

以上不同的学说折射出检察机关的在民事公益诉讼中不同的功能与法律地位。笔者认为民事公诉人说能够较为科学准确地概括检察机关在民事公益诉讼中的地位与功能。但笔者认为民事公诉人包含以下内涵：

首先，民事公诉人说肯定了检察机关参与民事诉讼的目的。检察机关提起或参与民事诉讼是为了维护公共利益。确切地说是因为公共利益遭到了侵犯，而又没有其他主体来维护公共利益时，检察机关作为国家的法律监督机关才承担起了维护公共利益的职责。检察机关提起或参与民事诉讼不是为了自己的私利益，具有"公"性质，如果是检察机关自身与其他主体发生了民事争议则属于一般的民事诉讼，如检察机关在购买办公用品时与卖方发生的争议就不属于民事公益诉讼，其提起的诉讼与普通民事诉讼没有任何区别。

其次，检察机关在民事公益诉讼中又是民事案件的一方当事人。民事诉讼是在"两告齐备"的状况下进行的，没有原告的起诉，也就没有被告的应诉。原被告互相对峙，法院居中裁判，从而构成了一个平等对抗的稳定结构。当然这里的当事人不是传统民法意义上的"利害关系当事人"，而是纯粹意义上的"程序当事人"。程序当事人的理论基础是诉讼担当理论。诉讼担当是指与某一案件有直接利害关系的当事人因故不能提起诉讼，由与该案无直接利害关系的第三人以当事人的资格行使诉权，判决的法律效力及于原民事法律关系主体。诉讼担当理论突破了传统当事人适格理论的界限。传统的当事人适格理论认为诉权主体的实体权益和诉权权益是统一的，二者不能分离。而诉讼担当理论则认为，在法律规定的特殊情形下，即使非实体权利主体也可以基于诉的利益对他人的实体权利代为行使诉权。既然是诉讼当事人，检察机关在民事公益诉讼中就应当享有当事人的诉讼权利，承担当事人的诉讼义务。

最后，检察机关虽然是案件的一方当事人，但其与普通民事案件当事人相比又享有一定的特殊性或优益权。具体来说包括以下要点：（1）检察机关提起的民事公益诉讼中，原告与被告具有恒定性，检察机关只能作为民事公益诉讼原告，而不能作为被告。被告只能是被认为侵害了公共利益的一方当事人。如果检察机关对民事公益诉讼不作为，其他主体则可以直接向人民法院提起公益诉讼，或者寻求其他途径来救济。（2）由于原被告具有恒定性，因此在检察机关提起的民事公益诉讼中，被告不能提起反诉，但被告可以享有上诉权。（3）由于检察机关代表了公益，此类案件涉及不特定人的公共利益，案情一般也比较复杂，因此，民事公益案件一般不能使用简易程序来审理。当然也不能用调解的方式来结案，因为检察机关无权私自对公共利益进行处分。（4）虽然检察机关代表了公益，但在举证责任方面仍然采取"谁主张，谁举证"的规则。（5）检察机关提起民事公益诉讼的目的是为了维护公共利益，阻止违法行为，而不是为了对人民法院的审判行为进行监督。这一点与上述的"法律监督说"、"当事人说"、"双重身份说"等有着根本的区别。

第六章

刑事诉讼中的检察权与审判权

现行的《中华人民共和国刑事诉讼法》第 8 条规定:"人民检察院依法对刑事诉讼实行法律监督。"而刑事诉讼是指审判机关、检察机关和侦查机关在当事人以及其他诉讼参与人的参加下,依照法定程序解决犯罪嫌疑人刑事责任问题的诉讼活动。人民检察院对刑事诉讼的法律监督,也被称为"刑事诉讼检察监督"。所谓刑事诉讼检察监督是指检察机关作为国家的法律监督机关,为维护刑事法律的统一正确实施,准确打击犯罪,有效保障人权,依法对参与刑事诉讼的各侦查机关(含检察院自侦部门)、审判机关、执行机关的执法行为是否合法、适用法律是否正确,进行判定,从而支持、反对并提出纠正意见(建议)或者抗诉等检察业务活动的总称。[①] 因此,在刑事诉讼中,检察机关的法律监督贯穿于刑事诉讼的侦查、起诉、审判、执行等全过程,监督对象包括了侦查机关(公安机关、国家安全机关以及检察院自侦部门)、审判机关(人民法院)、执行机关(监狱、看守所)等。甚至有学者认为,监督对象还包括刑事诉讼中的诉讼参与人。

由此可以看出,刑事诉讼中检察权与审判权的关系只是刑事诉讼检察监督的重要组成部分之一。如果剥离了人民法院刑事裁判的执行权的话,那么从时间上来看,检察权与审判权的碰撞主要发生在审判阶段,即提起公诉之后,执行刑罚之前。从现行的法律规定来看,检察监督也包括了对人民法院审理自诉案件的监督。如果抛开自诉案件不论,在公诉案件中,检察机关既是刑事案件的公诉人,又是对人民法院审判行为的监督者,而且参与了刑事公诉案件审理的全过程。这与民事审判检察监督和行政审判检察监督具有很大不同。在民事审判和行政审判检察监督中,检察机关仅仅作为审判监督者而存在的,而且一般是以事后监督为

[①] 伦朝平等著:《刑事诉讼监督论》,法律出版社 2007 年版,第 3 页。

主,不参与案件审理的全过程。也正是刑事检察监督这个特点成为刑事诉讼检察监督的致命弱点,也为废除刑事诉讼检察监督提供了突破口。

第一节 刑事审判检察监督的现状

1996年修改后的《刑事诉讼法》与1979年的《刑事诉讼法》相比,在第8条增加了"人民检察院依法对刑事诉讼实行法律监督"的条款。其一是为了进一步落实我国《宪法》第129条"中华人民共和国人民检察院是国家的法律监督机关"以及《人民检察院组织法》第5条第4款"对于人民法院的审判活动是否合法,实行监督"之规定,其二也是为了与《民事诉讼法法》和《行政诉讼法》之规定相匹配,因为早在1996年《刑事诉讼法》修改之前,《民事诉讼法》和《行政诉讼法》就规定了人民检察院有权对人民法院的民事审判活动和行政审判活动实行法律监督。但1996年《刑事诉讼法》由于没有对人民检察院如何监督人民法院的审判活动进行详细的规定,使得检察机关对审判活动的监督存在着监督范围狭窄、监督措施不足、监督方式不具体等问题。2012年修改后的《刑事诉讼法》对这些问题进一步做了具体的规定,形成了目前人民检察院对人民法院刑事审判活动实施法律监督的现状。

从监督范围来看,主要包括如下几个方面:

一、对人民法院审判活动中的违法行为进行监督

根据现行的《刑事诉讼法》以及2012年11月最高人民检察院发布的《人民检察院刑事诉讼规则(试行)》的规定,人民检察院可以对审判活动中的以下行为进行发现和纠正:(1)人民法院对刑事案件的受理违反管辖规定的;(2)人民法院审理案件违反法定审理和送达期限的;(3)法庭组成人员不符合法律规定,或者违反规定应当回避而不回避的;(4)法庭审理案件违反法定程序的;(5)侵犯当事人和其他诉讼参与人的诉讼权利和其他合法权利的;(6)法庭审理时对有关程序问题所做的决定违反法律规定的;(7)二审法院违反法律规定裁定发回重审的;(8)故意毁弃、篡改、隐匿、伪造、偷换证据或者其他诉讼材料,或者依据未经法定程序调查、质证的证据定案的;(9)依法应当调查收集相关证据而不收集的;(10)徇私枉法,故意违背事实和法律作枉法裁判的;(11)收受、索取当事人及其近亲属或者其委托的律师等人财物或者其他利益的;(12)违反法律规定采取强制措施或者采取强制措施法定期限届满,不予释放、解除或者变更的;(13)应当退还取保候审保证金不退还的;(14)对与案件无关的财物采取查封、扣押、冻结措施,或者应当解除查封、扣押、冻结不解除的;(15)贪污、挪用、

私分、调换、违反规定使用查封、扣押、冻结的财物及其孳息的；（16）其他违反法律规定的审理程序的行为。

二、对简易程序审判活动的监督

2012年修改后的《刑事诉讼法》扩大了人民法院适用简易程序审理刑事案件的范围，该法第208条规定："基层人民法院管辖的案件，符合下列条件的，可以适用简易程序审判：1. 案件事实清楚、证据充分的；2. 被告人承认自己所犯罪行，对指控的犯罪事实没有异议的；3. 被告人对适用简易程序没有异议的。"并对1996年《刑事诉讼法》规定的"适用简易程序审理公诉案件，人民检察院可以不派员出席法庭。"修改为："适用简易程序审理公诉案件，人民检察院应当派员出席法庭。"这样人民检察院就必须对人民法院适用简易程序审理的公诉案件进行监督。

三、对二审上诉以及抗诉案件审理的监督

根据《刑事诉讼法》第216条规定："被告人、自诉人和他们的法定代理人，不服地方各级人民法院第一审的判决、裁定，有权用书状或者口头向上一级人民法院上诉。被告人的辩护人和近亲属，经被告人同意，可以提出上诉。"第217条规定："地方各级人民检察院认为本级人民法院第一审的判决、裁定确有错误的时候，应当向上一级人民法院提出抗诉。"另外，被害人及其法定代理人如果不服地方各级人民法院第一审判决的，自收到判决书后五日以内，有权请求人民检察院提出抗诉。但是否提出抗诉则由人民检察院来决定。根据现行《刑事诉讼法》第224条规定，人民检察院提出抗诉的案件或者第二审人民法院开庭审理的公诉案件，同级人民检察院都应当派员出席法庭，以便于行使诉讼监督权。由于在司法实践中对于二审的上诉案件大多数是通过书面方式审理结案的，这就等于变相剥夺了人民检察院对二审程序的监督权，因此，修改后的《刑事诉讼法》对于开庭审理的案件类型还作出了明确的规定。该法第223条规定第二审人民法院对于下列案件，应当组成合议庭，开庭审理：（1）被告人、自诉人及其法定代理人对第一审认定的事实、证据提出异议，可能影响定罪量刑的上诉案件；（2）被告人被判处死刑的上诉案件；（3）人民检察院抗诉的案件；（4）其他应当开庭审理的案件。

四、对死刑复核的法律监督

2006年10月修改后的《人民法院组织法》取消了最高人民法院可以授权高级人民法院进行死刑复核的权力，从2007年1月1日起，死刑核准权由最高人民法院统一行使。但由于1996年《刑事诉讼法》对于死刑复核程序规定的较为简

单,以至于司法实践中人民检察院很难对死刑复核进行有效的监督,2012年修改后的《刑事诉讼法》进一步完善了人民检察院对死刑复核的监督程序,规定在复核死刑案件过程中,最高人民检察院可以向最高人民法院提出意见,最高人民法院应当将死刑复核结果通报最高人民检察院。最高人民检察院发布的《人民检察院刑事诉讼规则(试行)》对死刑复核程序进行了详细的规定,其第612条规定:"最高人民检察院对于死刑复核监督案件,经审查认为确有必要向最高人民法院提出意见的,应当以死刑复核案件意见书的形式提出。死刑复核案件意见书应当提出明确的意见或者建议,并说明理由和法律依据。"第613条规定:"对于最高人民检察院提出应当核准死刑意见的案件,最高人民法院经审查仍拟不核准死刑,决定将案件提交审判委员会会议讨论并通知最高人民检察院派员列席的,最高人民检察院检察长或者受检察长委托的副检察长应当列席审判委员会会议。"

五、对审判监督程序的监督

对审判监督程序的监督是人民检察院对人民法院已经发生法律效力的判决、裁定进行诉讼监督的一种形式。最高人民检察院对各级人民法院已经发生法律效力的判决和裁定,上级人民检察院对下级人民法院已经发生法律效力的判决和裁定,如果发现确有错误,有权按照审判监督程序向同级人民法院通过抗诉来监督。根据2012年1月最高人民检察院印发的《关于办理不服人民法院生效刑事裁判申诉案件若干问题的规定》,作出生效判决、裁定的人民法院的同级人民检察院刑事申诉检察部门受理有关审判监督程序的案件,经审查如果认为符合条件,需要提出抗诉的,报请检察长提交审判委员会来决定。人民法院对抗诉案件开庭审理时,刑事申诉检察部门应当出庭支持抗诉。提出抗诉的条件可以比照《刑事诉讼法》第242条之规定:"1.有新的证据证明原判决、裁定认定的事实确有错误,可能影响定罪量刑的;2.据以定罪量刑的证据不确实、不充分、依法应当予以排除,或者证明案件事实的主要证据之间存在矛盾的;3.原判决、裁定适用法律确有错误的;4.违反法律规定的诉讼程序,可能影响公正审判的;5.审判人员在审理该案件的时候,有贪污受贿,徇私舞弊,枉法裁判行为的。"也可根据《人民检察院刑事诉讼规则(试行)》第591条之规定向人民法院提出抗诉。

六、对量刑活动的监督

量刑是人民法院审判活动的重要组成部分,新修改的《刑事诉讼法》在完善一审程序时增加了有关量刑活动的内容。该法第193条规定:"法庭审理过程中,对与定罪、量刑有关的事实、证据都应当进行调查、辩论。经审判长许可,公诉人、当事人和辩护人、诉讼代理人可以对证据和案件情况发表意见并且可以互相辩论。"《人民检察院刑事诉讼规则(试行)》第399条规定,人民检察院对提起公诉的案件，可以向人民法院提出量刑建议。除有减轻处罚或者免除处罚情节外，量刑建议应当在法定量刑幅度内提出。建议判处有期徒刑、管制、拘役的，可以具有一定的幅度，也可以提出具体确定的建议。第400条规定，对提起公诉的案件提出量刑建议的，可以制作量刑建议书，与起诉书一并移送人民法院。量刑建议书的主要内容应当包括被告人所犯罪行的法定刑、量刑情节、人民检察院建议人民法院对被告人处以刑罚的种类、刑罚幅度、可以适用的刑罚执行方式以及提出量刑建议的依据和理由等。

七、对自诉案件的监督

《刑事诉讼法》第204条之规定，自诉案件包括下列案件："1. 告诉才处理的案件；2. 被害人有证据证明的轻微刑事案件；3. 被害人有证据证明对被告人侵犯自己人身、财产权利的行为应当依法追究刑事责任，而公安机关或者人民检察院不予追究被告人刑事责任的案件。"自诉案件的审理也是属于人民法院的审判活动，根据《刑事诉讼法》第8条"人民检察院依法对刑事诉讼实行法律监督"的规定，可以推导出人民检察院也有权对自诉案件实行法律监督。《人民检察院刑事诉讼规则（试行）》第601条对此作出了明确的规定，人民检察院对自诉案件的判决、裁定的监督，适用与公诉案件相同的规定。对于自诉案件的监督，重点在于审查诉讼当事人的诉讼权利是否得到了有效的保障，和解协议是否违背了自愿、真实和合法之原则，裁判结果是否符合客观公正之标准。另外，人民检察院还有权对刑事附带民事诉讼活动进行法律监督。

从监督方式来看，主要包括以下几个方面：

（一）抗诉

抗诉包括对一审法院未发生法律效力的判决和裁定的抗诉与对已经发生法律效力的判决和裁定的抗诉。根据《人民检察院刑事诉讼规则（试行）》第584条的规定，人民检察院认为同级人民法院第一审判决、裁定有下列情形之一的，应当提出抗诉：（1）认定事实不清、证据不足的；（2）有确实、充分证据证明有罪而判无罪，或者无罪判有罪的；（3）重罪轻判，轻罪重判，适用刑罚明显不当的；（4）认定罪名不正确，一罪判数罪、数罪判一罪，影响量刑或者造成严重社会影响的；（5）免除刑事处罚或者适用缓刑、禁止令、限制减刑错误的；（6）人民法院在审理过程中严重违反法律规定的诉讼程序的。根据《人民检察院刑事诉讼规则（试行）》第591条之规定，人民检察院认为人民法院已经发生法律效力的判决、裁定确有错误，具有下列情形之一的，应当按照审判监督程序向人民法院提出抗诉：（1）有新的证据证明原判决、裁定认定的事实确有错误，可能影响定罪量刑的；（2）据以定罪量刑的证据不确实、不充分的；（3）据以定罪量刑的证据依法应当予以排除的；（4）据以定罪量刑的主要证据之间存在矛盾的；（5）原判决、裁定的主要事实依据被依法变更或者撤销的；（6）认定罪名错误且明显影响量刑的；（7）违反法律关于追诉时效期限的规定的；（8）量刑明显不当的；（9）违反法律规定的诉讼程序，可能影响公正审判的；（10）审判人员在审理案件的时候有贪污受贿，徇私舞弊，枉法裁判行为的。由于抗诉必然引起审判程序的重新启动，因此，抗诉是人民检察院对人民法院审判监督的最重要形式。

（二）检察长列席人民法院审判委员会会议

根据2006年修正后的《人民法院组织法》第10条第3款的规定，本级人民检察院检察长可以列席同级人民法院审判委员会会议。检察长列席审判委员会会议是人民检察院对人民法院审判活动实行监督的重要形式之一。为了进一步规范人民检察院检察长列席人民法院审判委员会会议制度，最高人民法院和最高人民检察院于2010年1月共同发布了《关于人民检察院检察长列席人民法院审判委员会会议的实施意见》。根据该意见第3条之规定，人民法院审判委员会讨论下列案件或者议题，同级人民检察院检察长可以列席：1. 可能判处被告人无罪的公诉案件；2. 可能判处被告人死刑的案件；3. 人民检察院提出抗诉的案件；4. 与检察工作有关的其他议题。并对列席的任务、列席的人员、列席程序进行了详细的规定。

（三）其他监督方式

在司法实践中，除了抗诉和检察长列席审判委员会会议之外，还存在着检察建议、纠正违法通知书和检察意见函、检法联席会议、提出纠正违法意见或更换办案人员、追究违法者责任、向党委或人大报告或向上级人民法院通报以及口头监督等监督形式。① 其中，检察建议主要针对人民法院在司法过程中存在的需要改进的不规范问题；纠正违法建议通知书或检察意见函主要针对人民法院有错误的判决裁定，但尚未达到抗诉的条件情形；检法联席会议主要针对人民法院审判活动中存在的共性问题、法检在适用法律上的分歧问题以及在抗诉过程中需要协调一致的问题等情形；提出纠正违法意见或更换办案人员主要针对司法工作人员的渎职行为尚未构成犯罪的或被调查人员继续办案可能影响案件公正性的情形；追究违法者责任主要针对审判人员贪污受贿、徇私舞弊、枉法裁判等行为，移交有关部门追究党纪政纪责任直至刑事责任的情形；向党委或人大报告或向上级人民法院通报主要针对人民法院在审判活动中的严重违法行为或严重而又较为普遍的行为，人民检察院可以向党委、人大报告或向上级人民法院通报；口头监督主

---

① 参见陈国庆主编：《新刑事诉讼法与诉讼监督》，中国检察出版社2012年版，第109~110页。

要针对审判过程中的轻微违反程序行为或在审判过程中应当应及时指出的行为。

综上可以看出，人民检察院对人民法院刑事审判活动的监督是全方位的，从实体监督到程序监督，从一审、二审监督到再审监督，从轻微违反诉讼程序监督到事实认定、适用法律监督，几乎人民法院实施的与审判有关的一切行为均在人民检察院的监督之下。因此，我国刑事审判检察监督具有全面性的特点。2012年3月，第十一届全国人大五次会议通过关于修改刑事诉讼法的决定与1996年的《刑事诉讼法》相比，进一步扩展了诉讼监督的范围、增加了诉讼监督的内容、丰富了诉讼监督的手段、明确了诉讼监督的效力、强化了诉讼监督责任、健全了诉讼监督程序。从《刑事诉讼法》以及《人民检察院刑事诉讼规则（试行）》的规定来看，人民检察院对人民法院刑事诉讼监督具有进一步增强的趋势。

第二节　保留或强化刑事审判检察监督的理由

1996年《刑事诉讼法》对我国刑事诉讼审判方式进行了重大改革，其大胆吸收了当事人主义诉讼模式的合理内涵，把原来的职权主义庭审模式变为了对抗制的诉讼模式，大大增强了控辩双方在庭审中的对抗性，同时人民检察院在庭审中的双重身份，即公诉人和诉讼监督者受到人们的质疑。有学者甚至认为人民检察院的监督地位使得辩、诉、审三方本来应当构成的合理的诉讼结构无法正常运作，并认为："我国检察机关的这种职权特色存在着相当大的弊端，它分割了审判权，从而损害了审判独立原则；它造成了刑事审判程序中控辩双方地位的严重失衡；它还在一定程度上危及'既判力'原则，导致司法判决稳定性的削弱。"[①] 与此相反，大多数学者从我国宪法对人民检察院的法律监督者的定位的角度来主张保留甚至加强人民检察院对人民法院诉讼活动的监督权。由此展开了刑事审判检察监督的存废之争，但这一争论并不像对民事诉讼检察监督存废争论的那样激烈，也未形成激烈的对抗。与民事诉讼检察存废相同的是，两种争论在理论上至今都没有达成一致的结果，无所谓哪个派别的成功或失败。但在立法与司法实践中，显然保留甚至加强刑事诉讼检察监督的理论占了上风，因为立法与司法实践都一直在强化着刑事诉讼检察监督。现将支持刑事诉讼检察监督的观点进行梳理，以便为笔者提出自己的观点和主张进行理论铺垫。

保留或强化刑事审判检察监督的理由如下：

一、刑事审判检察监督符合我国的宪政理念

检察机关法律监督职能的生成有其深刻的宪政基础，这种宪政基础可以概括

[①] 贺卫方："异哉所谓检察官起立问题者——与龙宗智先生商榷"，载《法学》1997年第5期。

为"权力结构模式原理"。权力结构模式是指，在现代国家普遍采取分权体制下，每一种权力都是国家权力整体结构中的一个组成部分，从而与组成国家的其他权力部分彼此发生关系，并形成一定的、有自身结构特点的权力构架形式。我国的权力结构模式可以称之为"一元分立的权力结构"，而不同于西方"三权分立的权力结构"。我国《宪法》第2条规定："中华人民共和国的一切权力属于人民。人民行使国家权力的机关是全国人民代表大会和地方各级人民代表大会。"第3条对国家权力如何构建与运作则作出了进一步的规定："中华人民共和国的国家机构实行民主集中制的原则。……国家行政机关、审判机关、检察机关都由人民代表大会产生，对它负责，受它监督。"因此，人民代表大会制度是我国的根本政治制度，人民代表大会拥有一切国家权力，国家的行政机关、审判机关、检察机关都是由人民代表大会产生并对其负责，受其监督的国家机关。虽然作为国家权力机关的全国人民代表大会和地方各级人民代表大会享有广泛的职能，对各级行政机关、审判机关、检察机关具有广泛的监督权，但这种监督职能只能是宏观的，只能针对具有影响的重大事项，而不可能对法律的遵守和执行进行经常性的监督，因此，按照国家权力制衡的原则，防止违法犯罪发生、权力的腐败，有必要在一元化的人民代表大会之下设立一个专门的、经常性的法律监督机关，使之与人民代表大会的定期监督共同构成一个对行政权与审判权监督与制约网络。再加上审判权的被动性和行政权的地方性很难保证法律得以统一执行，这也需要设立一个独立的法律监督机关来保证法律的统一性。可以说，在审判权和行政权之外设立一个专门的监督机构是一元分立权力构架下的必然选择。[①] 因此，还有学者指出，学界关于检察权性质的争论，既源于宪政体制的不同，也源于检察权在法律体系中的职责担当不同，"无视宪政框架不同，参照系不同而讨论检察权的性质，非但不易澄清检察权的本质，反有模糊其性质的危险"[②]。

二、刑事审判检察监督符合权力制约原则

国家权力作为管理国家和调控社会关系的力量具有"善"和"恶"的两面性，作为国家权力之一的司法权也是如此，一方面，国家的司法权能够维护诉讼参与人的合法权益，保证诉讼活动的顺利进行，在查明案件事实的基础上对案件作出客观、公正的判决。另一方面，国家司法权如果被不正当地行使就可能侵犯诉讼参与人的合法权益，对案件作出错误判决。为了发挥国家权力的"善"作用，遏制国家权力"恶"的一面，人类经过漫长的探索发现了权力制约最重要规律，那就是以权力来制约权力。而以权力制约权力的前提是对国家权力进行划分，

---

① 参见樊崇义："法律监督职能哲理论纲"，载卢希、卞建林主编：《检察机关诉讼职权与监督职权优化配置问题研究》，法律出版社2011年版，第67~71页。

② 伦朝平等著：《刑事诉讼监督论》，法律出版社2007年版，第96页。

在分权的基础上通过权力与权力之间的制约和抗衡来制约权力，或者通过社会和个人的力量借助国家权力来达到制约国家权力之目的。对于权力的制约，不同的分权理论下所采取的方式也不尽相同。在三权分立的理论下，除了重视社会权利对国家权力的制约外，特别强调权力之间的相互制约。具体到刑事诉讼领域，两大法系都采取了各种方式对侦查权、检察权和审判权进行制约。制约的方式主要包括两种，一是使侦查权、检察权和审判权之间进行相互制约，如警察或检察官要对犯罪嫌疑人或被告人采取强制措施须要经法官的同意，检察官对法院的裁判不服可以提起上诉等；二是发挥个人和社会力量的制约作用，赋予犯罪嫌疑人和被告人一系列诉权，如沉默权、辩护权、上诉权等，并允许新闻媒体和社会团体对诉讼活动实施监督。可见检察权无论是作为行政权，还是作为准司法权而存在于刑事诉讼活动中，都可以按照三权分立模式下权力制约的要求，对审判权进行制约。三权分立理论下的权力制约模式是资本主义国家权力制约的有效尝试，是对权力制约规律的一种反映形式，但不是唯一形式。社会主义国家在国家权力统一行使的模式下也进行了权力分工，在国家权力制约上探索出了新模式。在国家权力整体上不能分割的情况下，将国家权力委托给不同的机关来行使，同时设立了法律监督机关这一常设机构，专门监督国家权力的运行状况。这种权力制约模式在刑事诉讼中表现为，除了发挥社会团体和诉讼参与人对司法权进行监督制约外，宪法还将专门的法律监督职权赋予了各级人民检察院，从而使检察机关担负起监督侦查权、审判权的职能。因此，在社会主义国家以检察权来对审判权进行法律监督是权力制约原则在刑事诉讼中的具体体现，也是适应社会主义国家国体和政体的不可或缺的国家监督形式。[①]

三、刑事审判检察监督符合司法公正原则

司法公正就是在司法的过程和结果中应当体现公平正义。过程公正谓之程序公正，结果公正谓之实体公正。由此，司法公正包括实体公正与程序公正两个方面。所谓实体公正是指审判机关就诉讼当事人的实体权利与义务所作出的裁判是客观公正的。所谓程序公正是指诉讼参与人在诉讼过程中得到了平等的无偏私的对待。实体公正与程序公正缺一不可，否则就无法到达司法公正的要求。因为实体公正是司法活动追求的最终目标，程序公正则是实现实体公正的有效保障，同时程序公正还具有自身特有的价值属性。在刑事诉讼中，单纯或一味地追求实体公正会导致漠视甚至践踏被告人的人权，同时片面追求程序公正就可能导致程序烦琐与机械，进而导致实体公正部分或完全的丧失。

要做到实体公正，就要求法院在审理刑事案件过程中要准确认定案件事实，

---

① 参见邓思清："论审判监督的理论基础"，载《法律科学》2003年第3期。

并在此基础上正确地适用法律,从而对案件作出公正合理的判决。首先,就案件事实认定而言,刑事案件事实都是发生在过去的,因此案件事实就需要证据来加以证明,而由于受到时间、空间和技术条件等限制,对各种证据的收集、固定、审查、判断等活动又是错综复杂的,再加上司法人员在认定事实的过程中还会受主观因素的影响,这一切都会对司法人员准确地认定案件事实造成困难。除此之外,还必须防止司法人员在认定案件事实上的故意或重大过失,防止其在认定案件事实上的随意性。其次,就正确地适用法律而言,一方面要求法官应当正确地理解实体法所确定的内容,对于规定的较为原则的内容必须准确地理解立法本义。另一方面要求审判人员必须在严格依法正确地适用实体法,正确处理法律的原则性规定、法律空白条款、法律条文之间存在冲突与竞合等情况,而这些对任何一个法官来说都并非易事,再加上我国法官的保障机制不完善,法官抵抗外界干扰和诱惑的能力还不强,很难保证法官能够正确地适用实体法。最后,就对案件作出公正合理的裁判而言,一是要求法官在法律规定的范围内对案件作出合法裁判,让案件做到起码的公正,二是要求法官要正确运用自由裁量权,根据犯罪的动机、手段、社会危害程度等因素,在法律规定的刑种、刑期内作出合理的裁判。特别是法官的自由裁量权有极易被滥用的可能性。如何在法律条文规定的范围内最大限度地实现实体公正仍然是一个难题。

要做到程序公正在我国更非易事。一般认为,刑事程序公正应当包括各方的参与性、双方的平等性、裁判者的中立性、程序的合理性等四项内容。对任何一项的违反都有可能导致裁判结果的不公正。从我国审判实践来看,由于长期存在着重实体、轻程序的传统,审判人员违反诉讼程序的现象还较为普遍,主要表现违反管辖规定、违反办案期限、违反有关回避的规定、案件请示等。总之,要防止和减少审判中的违反实体法与程序法现象的发生,就有必要对审判活动实施检察监督。[1]

四、刑事审判检察监督符合人权保障原则

人权是一个人作为人所应当享有的最基本的权利。我国2004年宪法修正案将"国家尊重和保障人权"写入宪法,2012年新《刑事诉讼法》第2条首次在部门法中将"尊重和保障人权"作为了刑事诉讼法的任务之一,而且《刑事诉讼法》从第3条到第15条规定的诉讼原则和制度绝大部分就是保障人权的基本准则。因此,刑事诉讼中的人权是人权领域的重要组成部分,其不仅具有人权的普遍性,而且又有其特殊性。刑事诉讼中人权的特殊性表现为:其一,刑事诉讼中的人权一般直接关系到诉讼参与人的基本权利,如生命权、自由权和财产权等。其二,

---

[1] 参见邓思清:"论审判监督的理论基础",载《法律科学》2003年第3期。

刑事诉讼中的人权又是极易被侵犯的。因此，为了更好地在刑事诉讼中实现人权保障，防止权力的滥用，《刑事诉讼法》第 8 条规定："人民检察院依法对刑事诉讼实行法律监督。"

刑事诉讼监督中，尊重和保障人权的对象（人权主体）主要是刑事诉讼的犯罪嫌疑人、被告人，其次是刑事诉讼的被害人、自诉案件的原告人、附带民事诉讼的原告人以及其他诉讼参与人，如诉讼代理人、辩护人、证人、鉴定人和翻译人等。在刑事诉讼中，人权主体的权利主要包括：生命权、健康权、人身自由权、财产权、知情权、控告权、申诉权、请求权、辩护权、沉默权、参与权等。这些权利既有实体性的权利，也有程序性的权利。而由于刑事犯罪侵犯的是社会中的重要权利，对刑事犯罪的惩罚也是最为严厉的，特别是生命权和人身自由权一旦被侵犯，就会对人权主体造成难以弥补的侵害，当这种侵犯达到一定的程度之后就会进一步危害社会正义。为了维护社会的正义与稳定就必须确保基本人权得到应有的保障。

在刑事诉讼中，人权主体的权利不仅重要，而且也极易被侵犯。特别是犯罪嫌疑人一般在侦查起诉阶段其人身自由早已受到了严格的控制，其与公权力对抗的能力本来就不强，此时就更加弱小，难以抵御公权力的侵犯。就刑事案件的被害人来说，由于国家对刑事诉讼的垄断，国家对刑事案件的追溯的目的在某种程度上必然与被害人的权利存在着一定的冲突，而即使对案件裁判结果不服，被害人以及法定代理人也无权直接提起上诉或再审。另外，证人、辩护人等其他诉讼参与人虽然也与案件的裁判结果没有直接的利害关系，但由于制度保障的缺位，其权利也存在着被侵害的可能性。

刑事诉讼与其说是实体法，不如说是程序法。刑事诉讼是由一系列的程序构成的，审判过程是一个类似于机械的程序过程，而我国由于长期存在的重实体、轻程序的传统，刑事诉讼中任何对程序的违背也极有可能导致实体结果的错误。而对程序的侵犯及其结果又不像实体那么明显，这样导致了程序权利极易被轻视。这一切都需要对刑事诉讼监督。而在我国刑事审判监督还存在着一定的缺憾，如监督方式不具体、监督范围不全面、监督方式有不合理、监督意识不强、监督效果不理想等，刑事诉讼检察监督不仅不能被削弱，而且还应当被强化。

五、刑事审判检察监督是司法现状的必然要求

在现代社会，司法独立虽然是世界绝大多数国家公认的司法准则，但司法独立从某种意义上讲只能是相对的，是附条件的现代法治原则，并非绝对的金科玉律。司法独立要以理性的法院为前提，司法独立的程度应当与法院的理性程度相当。不仅如此，独立司法还必须以制约和监督为要件，因为即使是理性的法院和理性的法官也存在着人格和认识的局限性。事实上，近年来的司法实践表明审判

人员并非圣人，也不是柏拉图所言的哲人司法，司法权如同其他权力一样如果不受监督也必然导致腐败。因此，为了维护司法公正就必须加强对司法权的监督。①而我国的权力结构模式和宪政制度又决定了检察机关担当起刑事诉讼法律监督之责任。

司法权是国家权力的重要组成部分，审判权是实现社会公平正义的最后一道防线，司法权的性质和地位的重要性更加显现出其接受监督的必要性。司法领域中的腐败易发、多发的态势已经是一个不容回避的现实，司法腐败的大案要案不胜枚举，这一客观存在已经引起了人民群众的强烈不满，这既影响了法律在人民群众中的形象和审判权威，也妨碍了司法活动的目标即公平和正义在全社会的实现。这种客观事实，要求在诉讼程序中必须有一种有效的救济，使不公的裁判得以纠正。而检察机关通过提起抗诉的程序比其他任何程序都更有效。因此，加强对审判活动的监督，是保证裁判公正，维护司法权威的需要，也是防止审判权滥用的现实需要。②

另外，司法人员自由裁量权过大，司法权的地方化、行政化，司法监督机制不完善等司法状况，也决定了需要加强对刑事审判权的检察监督。

六、刑事审判检察监督受制于我国的文化传统

有学者认为，由于一个国家法律模式必然要受到该国法律文化传统的影响，因此，一个国家的法律监督体制的选择也与其法文化密不可分。刑事诉讼检察监督制度作为国家法律制度的重要组成部分，也必然受到一国法律文化传统的影响。

在英美法系国家，法律的兴起源自罗马法的复兴，而罗马法强调经验主义，主张在一般案件中总结规律，再用规律去指导新的案件的判决。这样，沿用习惯法和判例法就成为英美法系的法文化传统，进而形成了现今法院作为独立第三方的当事人主义原则和判例法的司法模式。由于法官具备造法的职能且没有成文法，这样也就不存在法官作出的判决与法律相违背的情形。在这种模式下检察机关也难以对法官是否依法断案作出判断，检察机关的角色也只能是作为法庭审理时的一方当事人。与英美法系国家不同，大陆法系国家则认为制度应该是出于人的理性设计，崇尚法律至上。在法院审理案件的过程中，法官运用演绎推理的方法将法律条文中的一般规律适用于具体的案件审判，任何案件的裁判都要以相关的法律规定为根据。大陆法系国家的法官没有像英美法系国家法官的造法职能，为国家适用法律才是其实际的职能。因此，大陆法系国家的成文法的规定给了检察机关适用的空间，检察机关可以比照法律的规定对法官进行监督。

---

① 参见文澜：《论检察机关对审判的监督》，西南政法大学2000年硕士学位论文，第4~5页。
② 参见孙谦：《中国检察制度论纲》，人民出版社2004年版，第94页。

我国刑事诉讼检察监督制度也同样受制于我国传统法律文化。我国古代早在先秦时期已有了监察制度的萌芽,秦汉时期,秦始皇在中央设立御史大夫监察文武百官的行为举止及适用法律的情况。魏晋南北朝时期,御史大夫变为御史台直接听命于皇帝,监督各级官员。唐以后各个时期,中央监察制度得到了进一步的强化,明改御史台为都察院。清朝以后随着皇权的加强,都察院作为中央监察官员的专职机构作用日益重要,成为皇帝"正朝廷纲纪,举百司紊失"的重要工具。清末改法修律,我国借鉴隶属于大陆法系的日本及德国的法律,民国时期被沿用,因此具有了成文法的传统。新中国成立后,我国在借鉴了苏联的法律思想并参照其司法模式基础上,兼顾我国传统的法律文化建立了我国现今的检察制度。期间虽然经历了被迫撤销和恢复重建的反复,但是我国检察机关作为法律监督机关的职能从未改变。由此,我国刑事诉讼检察监督正是建立在我国古代监察制度的传统法律文化并学习和借鉴西方法律制度的基础之上的。①

第三节 废除刑事审判检察监督之理由

刑事审判检察监督不仅事关国家权力制约的有效性,而且也事关司法权行使的正当性,更关乎当事人的生命权以及其他人身权利和财产权利。因此,对刑事审判检察监督的存废应当十分慎重。如果我们对刑事审判检察监督的正当性之理由进行深入仔细的分析,就会发现刑事审判检察监督的理由并非全是正当的,那些为刑事审判检察监督的正当性进行辩护的理由或许也正是我们要废除刑事审判检察监督的理由。笔者赞同废除人民检察院作为国家法律监督机关对人民法院刑事审判活动之监督权,下面笔者将就赞同刑事审判检察监督的正当性理由进行逐一反驳:

一、刑事审判检察监督与我国的宪政理念

宪政的主题在于制约国家权力,保障公民权利。制约国家权力是手段,保障公民权利是目的或者说是宪政的最高价值追求。如果国家权力能够形成有效的制约,那么保障公民的权利就是水到渠成之事。因此,国家权力的构建与制约是宪法的核心。这一点可以从世界第一部成文宪法得到很好的验证。美国1787年宪法只有7条,其核心内容是关于国家立法权、行政权和司法权的构架与相互制约关系,而公民基本权利则是在后来的宪法修正案中增加的。美国1787年宪法是按照三权分立的原则确立起来的。我国由于特殊的政治背景和历史文化传统,采取了

---

① 参见马治国、刘峰:"论刑事诉讼检察监督的理论基础",载《湖南社会科学》2014年第4期。

以民主集中制为原则的人民代表大会制度。人民代表大会制度与三权分立制度一样，其解决的问题无非是国家权力的构架，国家权力在各国家权力机关之间分配，以及国家各权力机关之间的相互制约问题。从本质上来说，权力构架与制约方式本身并不具有"姓资"还是"姓社"的属性。人民代表大会制度与三权分立制度的重大区别在于司法权（仅指法院的审判权）在国家诸权力中的地位不同。在三权分立结构中，司法权具有与立法权和行政权平等的地位，其不仅可以判定行政行为是否合法，而且还可以审查议会的立法是否违宪。三权之间是相互制约的关系，无所谓谁高谁低。而在人民代表大会的国家权力结构中，人大的地位在国家诸权力中是最高的，人大产生一府两院，一府两院对人大没有反制约的权力。人民检察院作为国家机关，其权力在人大之下，并受人大之委托承担起对人民政府和人民法院的监督使命，人民检察院对人大负责，人大对人民负责。如前所述，由于人民是一个抽象的集体概念，人大对人民负责由于缺乏具体的可操作性，最终演变成人大对人民的代表负责，或对组织国家机构的党内领导人负责。由于不能很好地解决谁来监督监督者的问题，这种负责方式所形成的社会最终难逃人治社会的窠臼。而在司法权地位显赫的三权分立结构中，社会争议的解决是在公开的、原告和被告双方互相对峙的情况下进行的。所有可诉的纠纷都在司法权这里画上了最终的句号，司法因此被称为社会的正义之源。检察机关在刑事案件中的角色为案件的一方当事人，不享有特殊的监督权力。刑事案件的公正主要是靠公开的审判，原被告的对峙，法官弹劾制、终身制与高薪制等来保障的，而不是靠检察机关的监督来实现的。在人民代表大会制度下，由于司法权的本身的地位较低，再加上制度的缺失，人民法院无法成为社会的正义之源。应当说，人民代表大会制度下并不缺乏对司法权的监督与制约，但却无法跳出越监督越腐败，越腐败则越监督的怪圈。笔者认为，人民代表大会制度下可以设立检察机关，但检察机关监督的重点应当是行政机关，以及对公民个人的犯罪行为进行追溯，而不是对人民法院的审判行为进行监督。人民代表大会制度的核心是要解决国家权力结构的合理性与制约的有效性问题，取消人民检察院对刑事案件的审判监督权是提高司法权地位的表现，是司法公正的必然要求，其绝不意味着要废除人民代表大会制度，而只能是对人民代表大会制度的完善。取消人民检察院对人民法院的审判监督权也仅指取消人民检察院作为国家法律监督机关所享有的超越普通当事人的监督权，而不是取消人民检察院作为案件一方当事人对人民法院的监督权。因此，取消刑事审判检察监督权不仅不违背我国的宪政理念，而恰恰是更好地体现了我国的宪政理念。进一步说，控制国家权力，保障公民权利是世界各国宪法永恒的主题，我国与世界其他国家一样，并不存在什么特殊的宪政理念。

二、刑事审判检察监督与权力制约

说到权力制约，我们不禁又想起了孟德斯鸠的名言：一切有权力的人都容易

实然与应然
——中国检察权对审判权的监督关系研究

滥用权力,这是万古不易的经验。法官也是人,法官也要滥用手中的权力,这是人性的弱点使然也,"明智的立法者知道,再没有人比法官更需要立法者进行仔细的监督了,因为权势的自豪感是最容易触发人的弱点的东西。"[①] 因此,在对司法权进行监督这一问题上是存在着世界性的共识的,再对监督司法权的必要性这一近乎公理性的认识进行论证显然没有必要,公理是不需要证明的。但司法权需要监督并不意味着司法权就一定需要检察机关的监督。由于权力的性质不同,权力滥用的程度与危害也就必然不同,对各种权力制约的方式也大不相同。就常见的立法权、行政权与司法权而言,行政权是最容易被滥用的。由于司法权具有被动性、公开性与对话性,再加上司法权行使过程中有双方当事人的参与,司法权滥用的概率要比行政权要小得多。但由于司法权不仅是公正的象征,而且是公民权利保障与惩治权力滥用行为的最后一道屏障,司法权的滥用对于政府权力威信的损害也是最为严重的。[②] 从权力制约的方式来看,行政权几乎是权力制约的众矢之的,对行政权监督的主体也最为广泛。但对于司法权制约而言,无论从制约主体还是制约方式上来看都有其特殊性。就主体而言,来自议会的弹劾是对法官制约的重要权力之一,其次是案件的当事人对法官的制约以及来自司法系统内部的制约。特别是案件的当事人借助公开的司法程序对法官的恣意形成了最强有力的制约,另外还有终身制与高薪制的优厚待遇也从另一面促使法官依法行使审判权。而行政权是司法权制约的对象,对司法权一般不具有制约的权力,只有当行政机关成为被告,作为案件一方当事人时才会对法官享有一定的制约权力。检察权作为一种特殊的行政权从理论上来说是不享有对司法权制约之权的,除非其成为案件的一方当事人。而在刑事公诉案件中检察机关正是案件的一方当事人。其应当享有当事人的诉讼权利,承担诉讼义务,在法律赋予当事人诉讼权利的范围内享有对审判权的监督之权。但我国目前的刑事审判检察监督权并不是检察机关作为普通当事人的监督权,而是一种超越了一般当事人的监督权,是一种凌驾于司法权之上的监督权。这种监督权不仅大大优越于作为被告的犯罪嫌疑人的监督权利,而且削弱了司法的权威,特别是使得司法在解决社会争端时的终局性遭到了严重的损害,司法不仅不能成为社会的正义之源,而且也不是解决争议的最后一道防线,再度使"谁来监督监督者"的问题无法得到很好的解决。因此,对于司法权的监督有其特殊性,不是监督越多越好,也不是监督越少越好,检察权的监督不能妨碍审判权的独立行使,司法独立的本质就是在司法独立于谁和司法受制于谁之间寻找最佳的平衡点。检察权不能成为超越司法权之上的权力,也只有回归检察权作为当事人的监督权,刑事审判检察监督才具有正当性。另外,如前所述,

---

[①] [法]让·雅克·皮佑:《皮佑选集》,陈太先译,商务印书馆1985年版,第69页。
[②] 周永坤:《规范权力——权力的法理研究》,法律出版社2006年版,第286页。

由于我国政治体制的特殊性，为了在人民代表大会制度之下更好地发挥检察机关的优势，保持国家机关职权的稳定性，笔者还赞同检察机关保留对法官腐败行为的调查及提起弹劾之权，但这种权力与对刑事审判检察监督权是两种性质完全不同的权力。

三、刑事审判检察监督与司法公正

徐显明教授认为，司法公正包含程序公正、实体公正与制度公正三个方面。程序公正是司法公正的逻辑起点；实体公正是指诉讼结果的公平，其获得与实现以制度正义为假定条件；制度正义是判断程序与实体正义的更高层次的价值，如果制度不正义，即使程序公正也不足以保障实体的公正。[1] 何家弘教授则认为，司法公正可以分为实体公正与程序公正，整体公正与个体公正。程序公正是实体公正的保障，司法公正必须立足于个体公正进而求得整体公正。[2] 谭世贵教授则认为司法公正由以下要素构成：司法程序的公开性、裁判人员的中立性和独立性、当事人地位的平等性、司法过程的参与性、司法活动的合法性、案件处理的正确性。[3] 其实，三位学者对司法公正的概括具有高度的一致性，司法公正的构成要素也是司法公正内容的具体反映。我们不妨从司法公正的构成要素来探讨一下刑事审判检察监督是否符合司法公正的基本要求。（1）就司法程序的公开性而言，公开与不公开是十分容易判断的，但我国刑事审判公开即使在检察机关的监督下也不尽如人意，如2008年的上海杨佳袭警案的审判公开就遭到了网上质疑。虽然这仅仅是个案，但个体的不公正就会影响整体的公正性。是检察机关阻碍了案件的公开审判，还是检察监督的能力不足，还是什么其他原因，我们就不得而知了；（2）就审判机关的中立性和独立性而言，在刑事案件中检察监督的非正当性则是显而易见的，因为检察机关对刑事案件享有审判监督权，但同时其又是案件的公诉人，检察机关的双重身份早已使得法院的中立性和独立性大打折扣，这一点是毋庸置疑的；（3）就当事人的地位平等性而言，检察机关作为刑事诉讼的监督者，其享有依据诉讼原理当事人所不应当享有的，而刑事案件被告人又没有的特权。权力的不对等必然会导致地位的不平等；（4）从司法过程的参与性而言，由于刑事案件的特殊性，被告人一般早已被限制了人身自由，因此其参与性受到了很大制约，再加上检察机关具有诉讼监督者的身份，使得检察机关参与司法审判的机会要远远优越于刑事被告人，如自2013年1月1日起施行的《人民检察院刑事诉讼规则（试行）》第579条规定：人民检察院检察长可以列席人民法院审判委员会会议，还可以对审判委员会讨论的案件等议题发表意见；（5）就司法活动

---

[1] 参见徐显明："何谓司法公正"，载《文史哲》1999年第6期。
[2] 参见何家弘："司法公正论"，载《中国法学》1999年第2期。
[3] 谭世贵主编：《中国司法原理》，高等教育出版社2004年版，第6~13页。

的合法性而言，这种合法性不仅仅可以理解为法官依法断案，而且还可以从制度的合法性方面来加以诠释。检察监督所导致的司法机关的非中立性、非独立性，当事人地位的不平等性，参与过程的不对等性等可以上升到制度层面来考量；（6）案件处理的正确性主要表现为实体公正。一种制度如果设计不合理，那么其必然在一定程度上产生不公正的结果。佘祥林案、赵作海案、聂树斌案、呼格吉勒图案、浙江叔侄案等惊天大案，哪一个不是在检察机关的诉讼监督下作成的，我们的法官不敢按照疑罪从无的原则来断案，笔者认为并不是法官无知，而是法官迫于压力不敢实施疑罪从无原则。① 检机关既然提起了公诉，就一定认为犯罪嫌疑人是有罪的，法官如果按照疑罪从无原则来断案，恐怕首先遇到的压力就是来自检察机关，当然法官还面临着来自其他方面的压力，如公安机关。在没有终身制与高薪制保障的情况下，很少有哪个法官会毫无顾忌地对抗既是运动员又是裁判员的检察官。如果检察机关仅仅是公诉人，这样的冤假错案一定会少些。

四、刑事审判检察监督与人权保障原则

打击犯罪与保障人权是刑事诉讼的双重目的，如果在打击犯罪时背离了刑事诉讼的基本原理，违背了正当法律程序，不仅不能够准确、有效地打击犯罪，而且还很有可能会侵犯人权。由于国家对刑事犯罪惩罚的严厉性，特别是关乎生命权与自由权，刑事诉讼就必须做到程序公正与实体公正，否则对当事人或无辜的人造成的损害是不堪设想的。其实，刑事诉讼检察监督能不能达到保障人权之目的与其能不能实现司法公正在本质上是一个问题。如果刑事诉讼检察监督不能保障实现刑事司法公正，那么其同样不可能达到保障人权之目的。如前所述，刑事司法公正包括实体公正与程序公正，程序公正是人权保障的手段，实体公正是人权保障之目的。如果程序不公正那么人权保障这一实体公正也就无法很好地实现。佘祥林案、赵作海案、聂树斌案、呼格吉勒图案、浙江叔侄案等大案都是实体不公正的表现，同时也是侵犯人权的典型案例。这些实体不公正的背后则是刑事司法程序的制度不公正，其中就包含了刑事诉讼检察监督的非正当性。特别是刑事诉讼检察监督导致了刑事审判程序的不公正，进而造成了冤假错案。程序不公正最主要的表现就是刑事检察监督所导致的司法机关的非独立性与当事人地位的不平等性。司法的不中立性、不公开性可以纳入司法的不独立性，司法过程的参与性可以纳入当事人地位的不平等性。因此，这里仅就刑事诉讼检察监督所导致的司法的不独立性与当事人地位的不平等性再做进一步的探讨。

就司法的不独立性而言，有学者将我国司法未真正独立的原因归纳为司法权

---

① 即使有些案件的审判是发生在1996年刑事诉讼法规定疑罪从无原则之前，但对于有罪认定起码也应当做到案件事实清楚，证据确实充分。

力地方化、行政干涉便利化、司法运作行政化、法官队伍的非职业化、社会干扰普遍化等五个方面,[①] 在这些原因中并未直接提及刑事诉讼检察监督,但笔者认为,检察机关的对刑事诉讼的法律监督也是造成中国司法不独立的重要原因之一。除了检察机关自身对人民法院的审判活动有时实施不当的监督之外,检察机关还极有可能成为其他主体干涉司法独立的桥梁或媒介。正如有学者所言,某些检察官打着法律监督的名义对法官施加各种影响,以达到其干涉司法、实现其违法目的之现象,正是通过宪法和法律为检察院预留的监督通道而实现的。[②] 检察机关不仅对刑事审判具有监督权,而且还掌握着对法官生杀予夺之大权。按照我国法律规定,检察机关有权对国家机关工作人员的违法犯罪行为进行追究,而法官也是国家机关工作人员的一部分。这样,检察机关的法律监督就不仅仅是一种程序性的监督了,而是演变成了一种能够左右法官判断的、对实体判决有决定性的监督了。而"在法官作出判决的瞬间,被别的观点,或者被任何形式的外部势力或压力所控制或影响,法官就不复存在了。"[③]

就当事人的不平等性而言,刑事诉讼检察监督破坏了诉讼结构的平衡,背离了当事人主义诉讼结构的精神,造成了原被告的不平等性。在诉讼过程中,诉讼地位的平等并不是说当事人的诉讼权利是相同的,而主要是指诉讼权利的对等。检察机关有控告之权,被告方就有辩护之权。检方有指证之权,被告方就有质证之权。而检察机关在刑事诉讼中的法律监督者强势地位则大大削弱被告的诉讼权利。有些反证如果给予了平等的对待,悲剧也就不会发生。在浙江叔侄案中,被告人称,其提出的四个无罪证据只要有一个被推翻,就承认有罪并且死而无憾。而法院竟然在一个无罪证据也没有被推翻的情况下却没有疑罪从无,案件最后在检察院的全程监督下堂而皇之地画上了"圆满"的句号,叔侄二人也从此失去了多年的人身自由。

五、刑事审判检察监督与司法现状

如前所述,主张保留、完善或强化刑事审判检察监督论者所认为的司法现状主要为三条,一是司法独立是相对的,并非绝对的金科玉律;二是司法腐败的现实与冤假错案的频发;三是司法人员自由裁量权过大,司法权的地方化、行政化等。这三点看似合理的理由其实是经不起仔细推敲的。

首先,就司法独立的相对性而言,我们赞同司法独立不能排除对司法权的监督的观点,但并不是任何主体都可以对司法权进行监督。司法独立在国家权力结构层面是要排除立法权、行政权对司法权的干预,这是司法独立的最基本的含义。

---

① 谭世贵主编:《中国司法原理》,高等教育出版社 2004 年版,第 177~190 页。
② 贺日开:《司法权威与司法体制改革》,南京师范大学出版社 2007 年版,第 168~169 页。
③ [英]科特威尔:《法律社会学导论》,潘大松等译,华夏出版社 1989 年版,第 236 页。

司法权作为权利借助司法权来控制立法权与行政权的利器，如果反受立法权与行政权的控制，弱小的司法权就无法完成制约国家权力的使命。立法权与行政权都有可能侵犯公民的基本权利，从而成为案件的一方当事人。如果案件的当事人控制了法官，那么在司法程序上就违背了正当法律程序。检察权在本质上是行政权，因此其不应拥有超越司法权之上的权力。在刑事公诉案件中，检察机关处于案件一方当事人的法律地位，这就进一步增加了刑事审判检察监督的非正当性。法官独立但不腐败是通过其他制度设计来实现的，而不仅仅是靠监督。

其次，司法腐败与冤假错案频发也不能成为刑事审判检察监督的正当理由。对于司法腐败我们必须从原因与结果、本质与现象两方面进行辩证的分析。中国司法腐败的原因很多，归纳起来不外乎以下几个方面：一是司法权在国家的权力结构中地位太低，不能真正对抗立法权与行政权。新中国成立后，我们一直未能把司法机关打造成国家的权威机构；二是司法不独立，司法权的地方化现象严重，对司法的监督过多，能够左右司法权的主体过多，检察权便是其中之一；三是对司法独立存在着严重的误解，甚至不敢直面司法独立，司法独立一度还成为学界的禁区。对谁来监督司法权，怎样监督司法权还没有清醒的认识；四是司法机关内部行政化现象也比较严重，影响了法官独立行使审判权。审判委员会制、主审法官制都是其中的重要表现；五是党对司法权领导的方式不当，导致在司法权行使的程中违背司法规律的现象频频发生。如政法委统管公、检、法使得权力制约失灵，党委提出的"命案必破""限期破案"公检法机关必须遵从。在强势的公安机关认为已经破获命案的情况下，检察机关不得不提起公诉，法院也不得不作出有罪判决；六是司法理念过于陈旧，还停留在感性认识阶段。面对司法腐败就本能地要加强对司法权进行监督，殊不知越监督，越腐败。要知道中国司法腐败的原因很多，其中之一就是对司法权监督过多造成的，而不是相反。

最后，如果司法腐败是由于司法人员自由裁量权过大，司法权的地方化、行政化等原因造成的，我们一一解决这些问题就是了。司法裁量的不公正完全可以按照司法系统内部设置的程序，如上诉程序、审判监督程序等来解决。对于司法权的地方化与行政化，我可以通过司法改革，实现司法权去地方化与去行政化。这与加强检察监督没有必然的联系。

上述种种原因可以归结为一点，那就是对司法权的性质或本质缺乏正确的认识。正如有学者所言：我国目前的司法腐败和司法不公并不是由于司法权缺乏监督而造成的，其根本原因是在于对现代司法权性质存在着模糊的认识，司法体制的构建不符合司法权的本质要求，从而导致司法权不能独立运行所致，而与是否受到检察权的监督关系不大。取消检察院对法院的法律监督权不一定会加剧司法腐败和司法不公。①

六、刑事审判检察监督与我国的文化传统

诚然，一个国家的传统文化对一国的政治制度具有非常重要的影响作用，一国的政治改革以及司法也必然受到该国传统文化的掣肘。但如果认为中国的司法改革必须要受制于中国传统文化，甚至刻意迎合中国的传统文化，那就是大错特错了。中国传统文化实际上是中国在几千年的封建历史时期所形成的文化，其是封建社会上层建筑的重要组成部分，并为封建社会的经济基础服务。经济基础决定上层建筑，而不是相反。当然我们也不能否定上层建筑对经济基础的反作用。

其实，以儒家思想为核心的中国传统文化，充其量是为封建统治阶级服务的文化。由于皇权的不可动摇性与不可分割性，儒家文化中更多的是对统治者的道德说教，倡导统治者行善为民，很少有以人民主权为原则的权力制约思想或理念。"把孔老夫子称作道德思想家，他的懦弱的道德说教被尊崇为'政治'理论，这实在是命运对他开的奇特的玩笑……任何一个有点头脑，有点历史常识的学生都会看到依靠所谓道德的力量，用孔子的方式建立起来的政府总是世界历史上最腐败的政府之一"②。如今，我国已经发展到了社会主义初级阶段，以人民主权原则为逻辑起点构建起来的社会主义制度与以皇权为核心而建立起来的封建制度是两种截然不同的制度。对封建文化不加批判，采取拿来主义显然是不符合辩证唯物主义认识论的，我们所继承的传统文化只能是符合现代法治观念的文化。对待传统文化我们没有必要一味地去批判，也更加没有必要一味地要全面复兴它，而是让封建传统文化在我国法治建设的过程中大浪淘沙，发挥应有的作用。

那么，我国传统文化的中监察制度可不可以作为我们构建我国检察制度的参照呢？笔者的回答是否定的。封建社会的监察制度是以皇权为至高无上的顶点而构建起来的，为了维护君主的权威与统治，君主可以建立任何为其统治有利的监督制度。在这里"谁来监督监督者"的问题是显而易见的，皇权就是监察权的源头。而我国目前所建立的检察制度是以人民主权为原则的，由于人民在一定程度上是个抽象的概念，就形成了人民监督人大，人大授权检察院来监督人民政府和人民法院，检察院对人大负责，人大对人民负责的监督链条。这一看似具有逻辑性的监督链条实际上不具有可操作性，如果某一个监督环节出现了问题，法治社会就可能演变成人治社会，其远远不如以司法权作为解决社会争议的最后一道防线更加科学和有效。司法权借助公开的审判制度，原被告的对抗制度，议会的弹劾制度，法官优待制度等保障了其廉洁性，从而成为社会的正义之源。在解决社

---

① 贺日开：《司法权威与司法体制改革》，南京师范大学出版社2007年版，第182页。
② 林语堂：《中国人》（全译本），郝志东、沈益洪译，学林出版社2001年版，第214页。

会争议方面，其他国家机关在程序的公正性上是无法和司法机关相比的，特别是司法公开程序，其实是将司法权的运行通过公开的程序置于广大社会的监督之下，因此任何机构和个人在解决社会争议方面都不具有超越司法权之上的权力。在这样的权力制约模式下，"人们实现正义的企盼也从依赖封建帝王阶层个别精英人物的英明转移到了由社会大众所监督的司法机构之廉洁，从而使得一人之治变为了众人之治，国家的治理模式也从人治转变为法治。"[①] 以司法为解决社会争议的最后一道防线不仅具有廉洁性和公正性，而且还符合效率原则。我国权力构架中的一系列层级负责制，远不如遇到问题直接寻求司法救济更加有效。因此，相比如何完善选举制度、选民与代表的沟通机制以及其他国家机关向人大的负责制等而言，如何尽快树立中国的司法权威，将司法打造成社会的正义之源更加具有现实意义。

因此，我国历史上的监察制度是传统文化的重要组成部分，是适应封建王权的统治而建立起来的制度，是维护王权统治的工具。以王权为逻辑起点建立起来的监督制度必然以单项性的监督为主，而以人民主权为原则建立的监督制度必然是双向的或相互性的监督为主。因此，我国历史上的监察制度在本质与现代法治精神是相悖的。从某种意义上来说，阻碍我国社会主义法治建设进程的或许正是中国的传统文化。

第四节　刑事诉讼当事人地位的回归

取消检察机关在刑事诉讼中的检察监督权，仅指取消检察机关作为法律监督机关所享有的超越另一方当事人的诉讼特权。与民事诉讼和行政诉讼相比，检察机关在刑事公诉案件中始终是刑事诉讼法律关系的一方当事人，当事人有权对法官的审判活动进行诉讼监督，而且当事人是制约司法腐败的最为重要的主体之一，因此，取消刑事诉讼检察监督权与取消民事、行政诉讼的检察监督权具有重大的区别。如果取消了民事、行政诉讼的检察监督权，检察机关的诉讼监督权在该诉讼领域就不复存在了，而即使取消了刑事诉讼检察监督权，检察机关依然可以以公诉案件当事人的身份对人民法院的刑事审判活动进行监督。正如有学者认为的那样："是否赋予检察机关法律监督权，并不会对现行检法关系格局发生太大的影响。只要检察机关忠实地履行控诉职能，也能够发挥实质上'监督'审判的功能。"[②] 但另外我们必须明确的是，检察机关角色的转变，必然会导致检察机关在

---

① 姜起民：《中国社会转型期法律意识变迁研究》，中国人民公安大学出版社 2013 年版，第 246 页。
② 伦朝平等：《刑事诉讼监督论》，法律出版社 2007 年版，第 117 页。

刑事诉讼监督理念、监督内容、监督范围以及监督方式等方面发生重大的转变。这里仅以检察监督内容、监督范围与监督方式对此进行阐述，同时检察监督内容、监督范围与监督方式也从侧面折射出了监督理念的变化。监督理念的核心则是检察机关在刑事诉讼的定位发生了巨大变化，从宪法定位的国家法律监督机关身份降格为刑事诉讼法律关系的一方当事人。由此，现行《刑事诉讼法》第8条规定的"人民检察院依法对刑事诉讼实行法律监督"也必须被取消。因为这里的法律监督不是一般意义的当事人的监督，而是依据宪法所获得的具有特殊权力的监督。

一、对检察机关的监督内容的评述

（一）对人民法院审判活动中的违法行为的监督

根据现行的《刑事诉讼法》以及2012年11月最高人民检察院发布的《人民检察院刑事诉讼规则（试行）》的规定，人民检察院可以对审判活动中的16种行为进行发现和纠正，[①] 但根据上述对检察机关的定位，对于其中第1项至第7项行为以及第12项、第13项、第14项行为，检察机关可以按照法定程序提出异议或申诉，而不能直接纠正。如果直接纠正法院的错误就等于说检察机关有判断司法行为的对与错的特权，且具有超越法院之上的权威。对于其中的第8项、第10项、第11项、第15项行为，人民检察院也无权进行诉讼监督，但有权在收集证据之后，向有关法官弹劾机构提出对法官的弹劾案。因为这类行为已经超越了对案件的监督，而是对法官个人的监督了。如前所述，为了最大限度地维护宪法的稳定以及避免国家机构的重复建设，可以保留检察机关对法官个人腐败行为的监督权，但这种监督权力和对案件的监督性质不同。其根据来源于我国宪法对检察机关的国家法律监督机关的定位。检察机关内部可以设立不同的机构专门从事对法官个人行为的监督。对于第9种情况，很少会发生在人民法院，因为收集证据一般是当事人的义务。

[①] 分别是：（1）人民法院对刑事案件的受理违反管辖规定的；（2）人民法院审理案件违反法定审理和送达期限的；（3）法庭组成人员不符合法律规定，或者违反规定应当回避而不回避的；（4）法庭审理案件违反法定程序的；（5）侵犯当事人和其他诉讼参与人的诉讼权利和其他合法权利的；（6）法庭审理时对有关程序问题所作的决定违反法律规定的；（7）二审法院违反法律规定裁定发回重审的；（8）故意毁弃、篡改、隐匿、伪造、偷换证据或者其他诉讼材料，或者依据未经法定程序调查、质证的证据定案的；（9）依法应当调查收集相关证据而不收集的；（10）徇私枉法，故意违背事实和法律作枉法裁判的；（11）收受、索取当事人及其近亲属或者其委托的律师等人财物或者其他利益的；（12）违反法律规定采取强制措施或者采取强制措施法定期限届满，不予释放、解除或者变更的；（13）应当退还取保候审保证金不退还的；（14）对与案件无关的财物采取查封、扣押、冻结措施，或者应当解除查封、扣押、冻结不解除的；（15）贪污、挪用、私分、调换、违反规定使用查封、扣押、冻结的财物及其孳息的；（16）其他违反法律规定的审理程序的行为。

（二）对简易程序审判活动的监督

2012年修改后的《刑事诉讼法》不仅扩大了人民法院适用简易程序审理刑事案件的范围，而且就人民检察院对于人民法院适用简易程序审理案件作出了强制出庭的规定。《刑事诉讼法》第210条第2款规定："适用简易程序审理公诉案件，人民检察院应当派员出席法庭。"而1996年《刑事诉讼法》则规定：适用简易程序审理公诉案件，人民检察院可以不派员出席法庭。相比之下，强制要求审理公诉案件时人民检察院应当派员出席法庭是非常正确的。其正确之处在于，人民检察院的出庭保证了诉讼结构的完整性与刑事诉讼的严肃性，同时也体现了司法权的被动性。另外，尽管适用简易程序审理的案件"案件事实清楚、证据充分"，而且被告人承认自己所犯罪行，对指控的犯罪事实也没有异议。但在法庭上一旦被告提出了新的证据，或者对犯罪事实提出了异议，在没有原告的情况下人民法院追究被告的刑事责任就有悖刑事诉讼的基本原理。因此，我们认为检察机关派员出庭适用简易程序案件的审理，其主要目的不是为了对人民法院的审判活动实施监督，而是为了确保诉讼结构的完整性、对抗性和严肃性。

（三）对二审上诉以及抗诉案件审理的监督

首先，关于人民检察院的"抗诉"称谓问题。我国《刑事诉讼法》第216条规定："被告人、自诉人和他们的法定代理人，不服地方各级人民法院第一审的判决、裁定，有权用书状或者口头向上一级人民法院上诉。被告人的辩护人和近亲属，经被告人同意，可以提出上诉。"第217条规定："地方各级人民检察院认为本级人民法院第一审的判决、裁定确有错误的时候，应当向上一级人民法院提出抗诉。"这两条规定有两个重大区别：第一，对刑事被告一方不服一审判决或裁定向上一级人民法院寻求救济的行为称为"上诉"，而对人民检察院认为一审判决或裁定确有错误向上一级人民法院寻求救济的行为称为"抗诉"。法律对平等的诉讼当事人向上一级法院寻求救济的行为却作出了不同的称谓，这是典型的同等情况不同等对待，因此有必要也将人民检察院的"抗诉"改称为"上诉"。第二，上诉和抗诉的理由不同。被告一方上诉的理由是"不服"第一审的审判结论，而公诉人抗诉理由是"认为一审判决或裁定确有错误"。笔者认为，对于上诉和抗诉的理由没有必要作出区别对待，统一规定为"认为一审判决或裁定确有错误"即可。因为不服的理由应该是就是"认为一审判决或裁定确有错误"，如果认为一审审判结果正确，即使"不服"而提起上诉也没有实在的意义。如果在上诉书中只表明"不服"，而无任何理由，那么二审的法院的审理就无法展开。

其次，被害人的法律地位问题。《刑事诉讼法》第218条规定："被害人及其法定代理人不服地方各级人民法院第一审的判决的，自收到判决书后五日以内，有权请求人民检察院提出抗诉。人民检察院自收到被害人及其法定代理人的请求后五日以内，应当作出是否抗诉的决定并且答复请求人。"从这条规定可以看出，被害人的上诉请求权完全为检察机关所控制,不具有当事人的法律地位。刑事诉讼的被害人是指遭受犯罪行为直接侵害的人。被害人在自诉案件中是自诉人,处于当事人中的原告地位。在公诉案件中,被害人的地位相当于民事诉讼或行政诉讼中的第三人,也应当具有当事人的地位。但我国刑事诉讼法却让检察机关独揽了刑事诉讼的控告权,将被害人排除在了诉讼当事人之外。这种规定的不妥之处在于:第一,国家没有独揽刑事诉讼控告权的必要性。既然国家允许自诉案件存在,就表明国家没有独揽刑事诉讼的起诉权,而国家追溯犯罪的目的必然和被害人的诉讼目的具有一定的区别,那么国家就没有必要控制被害人的上诉权。第二,检察机关是国家的公诉机关,但其也存在腐败的可能性。刑事案件的判决结果毕竟和提起公诉的检察人员没有直接和必然的联系。在这种情况下,检察机关工作人员就有可能和被告人串通,在收集和提供证据方面就有可能隐瞒或丢弃那些对被告人极为不利的证据,在量刑建议中也有可能对被告作出较轻的量刑请求。因此,赋予被害人以有独立请求权的当事人诉讼法律地位,不仅有利于保护被害人的权益,而且也可以在一定程度上制约检察权的滥用或不作为。

再次,同级人民检察院派员出席法庭问题。根据现行《刑事诉讼法》第224条规定,对人民检察院提出抗诉的案件,同级人民检察院应当派员出席法庭。这样就出现了抗诉由原审人民检察院提出,但出庭支持抗诉的却是上一级人民检察院的情况。尽管抗诉的都是人民检察院,但这种由原审人民检察院和上一级人民检察院共同"接力"扮演抗诉人角色的方式必然导致一系列的诉讼混乱。第一,在二审法庭调查阶段,检察员不仅要宣读原审人民检察院的《刑事案件抗诉书》(抗诉书),还要在法庭辩论阶段代表上一级检察机关发表《二审抗诉案件出庭意见书》(抗诉词)。第二,上一级人民检察院派出的检察员有可能完全支持下一级人民检察院的抗诉,也有可能部分支持,还有可能完全不同意甚至反对下一级人民检察院的抗诉,这样就可能导致抗诉书与抗诉词的冲突。第三,上一级人民检察院派出的检察员在绝大多数情况下不如一审公诉人了解案情,但又必须独立发表意见。意见有时不切中要害,往往给被告人提供了对抗的理由。法律之所以要规定同级检察院抗诉,上一级检察院出庭支持抗诉,其目的就是为了更好地发挥检察机关的法律监督职能。为了保证监督的地位和监督质量,必然请求监督主体的地位平等,甚至高于被监督者。如果将人民检察院定位于案件一方当事人的地位,这种割裂诉权的情况就不会发生,也不会人为地导致刑事诉讼的复杂化。

最后,对于开庭审理的条件规定不合理。修改后的《刑事诉讼法》为了保障人民检察院对二审程序的监督权,对于开庭审理的案件类型还作出了明确的规定。该法第223条规定第二审人民法院对于"人民检察院抗诉的案件"应当组成合议庭,开庭审理。而对"被告人、自诉人及其法定代理人对第一审认定的事实、证据提出异议,可能影响定罪量刑的上诉案件;被告人被判处死刑的上诉案件"才应当开庭审理。显然,对人民检察院提出的抗诉案件没有设置任何限制条件,即无条件开庭审理。而对被告人一方的上诉案件却作了限制。这实际上是不平等对待原则的体现。如果检察机关回归了当事人地位,这种规定就必须作出修改。是否公开审理应该属于人民法院的司法判断权。检察机关和被告人以及被害人可以建议或申诉,但无权决定。

(四) 对审判监督程序的监督

根据《刑事诉讼法》第 242 条之规定,人民检察院提出抗诉的条件是:(1) 有新的证据证明原判决、裁定认定的事实确有错误,可能影响定罪量刑的;(2) 据以定罪量刑的证据不确实、不充分、依法应当予以排除,或者证明案件事实的主要证据之间存在矛盾的;(3) 原判决、裁定适用法律确有错误的;(4) 违反法律规定的诉讼程序,可能影响公正审判的;(5) 审判人员在审理该案件的时候,有贪污受贿,徇私舞弊,枉法裁判行为的。

首先,人民检察院当然是提起抗诉的主体之一,但抗诉的人民检察院只能是原审中提起公诉的人民检察院。而不是最高人民检察院或原审人民检察院的上一级人民检察院。

其次,对于抗诉条件 (5) 规定的情形,检察机关必须向法官弹劾机构提出对法官的弹劾案,如果法官虽然贪污受贿,徇私舞弊,但没有影响判决结果也不必一律提起抗诉。

再次,消除对抗诉主体的歧视或不平等对待。我国《刑事诉讼法》第 241 条:"当事人及其法定代理人、近亲属,对已经发生法律效力的判决、裁定,可以向人民法院或者人民检察院提出申诉,但是不能停止判决、裁定的执行。"这显然与人民检察院的抗诉效力不同。笔者认为,不论是人民检察院还是当事人都应当有权对已经发生法律效力的判决、裁定提出抗诉。当事人的"申诉"也和人民检察院的抗诉一样统一被称为"抗诉"。当事人的抗诉也完全没有必要向人民检察院提出。因为当事人(尤其是被告一方)在刑事诉讼中是与人民检察院相对抗的一方,被告的抗诉经过原告的同意是完全不符合诉讼法的基本法理的。

(五) 对量刑活动的监督

如果回归检察机关当事人的法律地位,量刑建议的问题也就迎刃而解了。有学者认为,要求法官根据指控定罪是定罪请求,而要求法官在认定犯罪的基础上裁决被告人应负之责是量刑建议。[①] 笔者认为,如果将检察机关当作刑事案件一方当事人来对待的话,"量刑建议"这个词并不准确,应当称为"量刑请求"或许更加符合法理。刑事诉讼就是解决被告人的定罪与量刑的问题,只有定罪请求而没有量刑请求的诉求是不完整的。大多数情况下,刑事诉讼定罪不是难点,而

---

① 参见冀祥德:"构建中国的量刑建议权制度",载《法商研究》2005 年第 4 期。

量刑才是法庭争辩的核心、焦点、重点和难点。因此，对于检察机关是否应当提出量刑请求是无需讨论的。特别是在当事人主义的审判模式下，量刑请求是推进诉讼进程的直接动力。量刑请求为法庭提供了争议的核心与焦点，有利于提高诉讼效率，节约司法资源，并促使检察机关提高公诉能力和水平。但如果采用"量刑建议"一词，给人的感觉是法官可以采纳也可以不采纳，检察机关可以给建议也可以不给建议。如果采用"量刑请求"一词，则表明了检察机关对量刑的具体要求，法官如果不满足其请求也应当有正当的法定理由。"量刑建议"显示了检察机关的弱势，法院的强势，是职权主义审判模式下的产物。而"量刑请求"则表明了检察机关积极维护公共利益的态度。

对于量刑请求有以下几个问题需要进一步说明：

（1）关于量刑请求的主体。量刑请求的主体是指谁有权利和资格向法院提出量刑请求的问题。按照法理，检察机关既然提起了公诉，其当然有权利提出量刑请求，而且也必须提出量刑请求。另外，如果案件有具体的被害人的情况下，被害人也可以提出量刑请求，或者就检察机关的量刑请求提出意见。被告人则可以就检察机关或被害人的量刑请求表达不同的意见，但其意见不能被称为"量刑请求"，因为如果被告人提出量刑请求，那就等于说被告人自己为自己请罪，这不符合一般的法理与人性。

（2）关于量刑请求的范围。关于量刑建议（量刑请求）的范围有以下几种观点：一是只要经过检察机关的认真审查，所有公诉案件都能提出量刑建议；二是控辩双方对于认定事实和证据没有争议的案件检察机关可以提出量刑建议，反之应当避免提出量刑建议，以防止量刑建议与法院裁判不一而将检察机关推入尴尬境地；三是对于适用普通程序以及普通程序简化审理的案件，可以充分行使量刑建议权，对于适用简易程序的案件，可以暂不提量刑建议；四是应当以被告人认罪案件、未成年人案件和无受害人案件为主要范围，尽量避免有受害人的案件。[1] 笔者认为，量刑建议实质是诉求，根据司法权的被动性，没有诉求就没有判决，因此，只要是公诉案件就必须有量刑建议。自诉案件考虑到原告法律意识的缺乏，社会危害性较轻，可以采取概括的建议，如要求将某人绳之以法。公诉案件必须有具体的量刑建议。那种担心量刑建议会将检察机关陷于尴尬境地的观点更加令人匪夷所思。按照这种观点，如果检察机关作出有罪控告，法院为了照顾检察机关的"面子"也不能适用疑罪从无的原则了。检察机关建议什么法院就判什么，那就不需要法院了。另外，在有受害人的案件中检察机关也是提起控告的主力，受害人可以不同意检察机关的量刑建议，但检察机关不能不提出自己的量刑建议。《人民检察院刑事诉讼规则（试行）》第399条规定，人民检察院对提起公诉的案

---

[1] 参见朱孝清："论量刑建议"，载《中国法学》2010年第3期。

件，可以向人民法院提出量刑建议。应当修改为："人民检察院对提起公诉的案件，应当向人民法院提出量刑请求。"

（3）关于量刑请求的时机。量刑建议的时机是指检察机关应当在哪个诉讼环节中提出量刑建议。主要有以下几种观点：第一，应当在检察机关审查起诉结束、向法院提起公诉时提出；第二，应当在法庭调查之后、法庭辩论之初提出。第三，应当区分不同情况作出规定，其中又有两种观点，一种是按照犯罪嫌疑人是否认罪来区分，犯罪嫌疑人认罪、事实比较清楚的，在起诉时提出，其他的则在法庭辩论阶段发表公诉词时提出。另一种是按照庭审程序来区分，简易程序的一般在起诉时提出；普通程序的一般在法庭辩论阶段发表公诉词时提出。此外，也有学者认为应当在庭审后、宣判前提出量刑建议。[①] 笔者认为，第一种观点无疑是正确的。其主要理由是：量刑建议权与定罪请求权一样都是求刑权的一种，在提起公诉时一并提出，保持了求刑权行使的完整性，构成一项完整的诉的指控；检察机关的起诉书是国家审判活动启动的依据，在我国刑事诉讼定罪程序与量刑程序一体的机制下，检察机关不能人为地将其分割为定罪与量刑两个程序阶段；从控辩对抗的诉讼原理来看，控方的定罪、量刑证据都必须给辩方一定的质证与抗辩准备时间，如果检察官在法庭辩论阶段才提出量刑建议，等于剥夺了被告人及其辩护人的质证权与抗辩权，这不符合控辩平等对抗原理的要求。[②] 因此，必须对《人民检察院刑事诉讼规则（试行）》第 400 条规定修改如下："对提起公诉的案件应当提出量刑请求，并且制作量刑请求书，与起诉书一并移送人民法院。"

（4）关于量刑请求的方式：目前主要有以下三种做法：一是概括性量刑建议，即不提明确的量刑意见，不提具体的刑种和幅度，仅在起诉书中指明量刑时应予适用的法律条款，或者只提出原则性意见，如建议法庭依法惩处或从重、从轻、减轻处罚；二是相对确定的量刑建议，即在法定刑幅度内提出有一定幅度但又小于法定刑幅度的量刑意见；三是绝对确定的量刑建议，即提出的量刑意见没有幅度，而明确提出应判处的刑种及确定的刑罚，如明确提出判处无期徒刑、死刑的意见。[③] 笔者认为，对于量刑建议的方式可以根据不同的案件作出相对确定的量刑建议或绝对确定的量刑建议，但不能做概括性量刑建议。因为概括性的量刑建议不足以明确公诉机关的诉讼请求，不足以推进刑事诉讼程序的进行。

二、对检察机关监督范围的评述

检察机关对刑事审判的监督范围是指检察机关对刑事审判活动监督的宽泛程度。监督范围与监督内容不同。监督内容一定在监督范围之内。监督范围解决的

[①] 参见朱孝清："论量刑建议"，载《中国法学》2010 年第 3 期。
[②] 参见冀祥德："构建中国的量刑建议制度"，载《法商研究》2005 年第 4 期。
[③] 参见王军、吕卫华："关于量刑建议的若干问题"，载《国家检察官学院学报》2009 年第 5 期。

是监督权行使的界限问题。由于检察机关在刑事诉讼中的定位发生了变化，从法律监督机关转变为刑事诉讼法律关系的一方当事人，那么其监督范围也就随之发生一定的变化。笔者认为，对死刑复核的监督和对自诉案件的监督不应当属于检察机关的监督范围。

（一）对死刑复核的法律监督

2012 年修改后的《刑事诉讼法》规定在复核死刑案件过程中，最高人民检察院可以向最高人民法院提出意见，最高人民法院应当将死刑复核结果通报最高人民检察院。最高人民检察院发布的《人民检察院刑事诉讼规则（试行）》第 613 条规定："对于最高人民检察院提出应当核准死刑意见的案件，最高人民法院经审查仍拟不核准死刑，决定将案件提交审判委员会会议讨论并通知最高人民检察院派员列席的，最高人民检察院检察长或者受检察长委托的副检察长应当列席审判委员会会议。"笔者认为，这样的规定违背了诉讼当事人平等原则与司法独立原则。死刑复核程序的核心，一是查明原判认定的犯罪事实是否清楚，据以定罪的证据是否确实、充分，罪名是否准确，量刑是否适当，程序是否合法；二是依据事实和法律，作出是否核准死刑的决定并制作相应的司法文书，以核准正确的死刑判决，纠正不适当或错误的死刑判决。一般情况下，对于死刑案件一般经过了两级法院的审判，而且每次审判检察机关都是案件的公诉人并参与了整个诉讼过程，因此没有必要让检察机关再次参与死刑复核程序。特别是在被告不能参与到死刑复核程序的情况下，让公诉人单独参与不符合诉讼当事人地位平等性原则。公诉人在死刑复核程序中发表意见并将其观点强加给人民法院也违背了司法独立性原则。

但最高人民检察院可以向最高人民法院提出意见，最高人民法院也可以将死刑复核结果通报最高人民检察院。如果最高人民法院决定将案件提交审判委员会会议讨论也不应当通知最高人民检察院派员列席。当然，如前所述，审判委员会也是一个应当被改革的对象，合议庭的法官应当对案件负全部责任，审判委员会可以作为一个法律咨询机构而存在。这样也就不存在检察机关参与死刑复核程序的问题了。

（二）对自诉案件的监督

自诉案件是指被害人，或其法定代理人、近亲属为追究被告人的刑事责任，直接向司法机关提起诉讼，并由司法机关直接受理的刑事案件。其在一定程度上体现了当事人自治原则。是与公诉案件相对应的一类刑事案件。根据《刑事诉讼法》第 8 条"人民检察院依法对刑事诉讼实行法律监督"的规定，可以推导出人民检察院也有权对自诉案件实行法律监督。《人民检察院刑事诉讼规则（试行）》第 601 条对此作出了明确的规定，人民检察院对自诉案件的判决、裁定的监督，适用与公诉案件相同的规定。对于自诉案件的监督，重点在于审查诉讼当事人的诉讼权利是否得到了有效的保障，和解协议是否违背了自愿、真实和合法之原则，裁判结果是否符合客观公正之标准。另外，人民检察院还有权对刑事附带民事诉讼活动进行法律监督。《刑事诉讼法》第 204 条规定，自诉案件包括下列案件："1. 告诉才处理的案件；2. 被害人有证据证明的轻微刑事案件；3. 被害人有证据证明对被告人侵犯自己人身、财产权利的行为应当依法追究刑事责任，而公安机关或者人民检察院不予追究被告人刑事责任的案件。"从理论上来说，自诉案件是对社会危害较轻的案件，交由受害人独立提起诉讼可以减轻检察机关的负担，让检察机关更加有精力去做好其本职工作。同时也体现了国家对刑事案件的非垄断性。至于当事人的诉讼权利是否得到了有效的保障，和解协议是否违背了自愿、真实和合法之原则，裁判结果是否客观公正以及刑事附带民事诉讼是否合法合理等，都是原告和被告借助法律赋予他们的诉讼权利所能够解决的。由于案件的审判结果与原告和被告有直接的利害关系，因此原告和被告是他们自己利益的最佳守护神，检察机关的监督只会破坏控辩双方的利益平衡与地位平等。

三、检察机关的监督方式

（一）关于抗诉

为了规范当事人的诉讼权利，体现诉讼法律关系中当事人地位平等原则，笔者认为，对当事人诉讼请求的称谓应当做如下变动：

起诉：刑事诉讼中的起诉，指享有控诉权的国家机关或公民，依法向法院提起诉讼，请求法院对指控的内容进行审判，以确定被告人刑事责任并依法予以刑事制裁的诉讼活动。起诉包括自诉案件的起诉与公诉案件的起诉两种形式，不管是受害人自己提出的诉讼请求或检察机关提起的诉讼请求都应当统称为"起诉"。与之相对应的概念是"受理"。

上诉：上诉是指当事人对人民法院尚未发生法律效力的一审判决、裁定，在法定期限内提请上一级人民法院重新审判的活动。目前，我国刑事诉讼中检察机关对一审判决不服，从而向上一级人民法院提起的对案件重新审理的诉讼请求称为"抗诉"，而对被告一方提起的则称为"上诉"。既然将检察机关定位为刑事法律关系的一方当事人，那么也没有必要对其提起的"抗诉"行为刻意与被告提起的"上诉"作出区分，都统称为"上诉"即可，以免对当事人有不平等对待之嫌疑。人民法院也必须平等待当事人的"上诉"行为，检察机关和被告人提起上诉的效力是同等的，符合上诉条件就启动上诉程序，否则予以驳回。检察机关的上诉权和被告人一样，不具有对法院的强制效果。

申诉：为了体现刑事诉讼案件中当事人诉讼地位的平等性，对于当事人启动审判监督程序的诉讼请求统称为"申诉"。审判监督程序是指人民法院对已经发生法律效力的判决和裁定，经过诉讼当事人的申请，认为在认定事实或适用法律上确有错误情况下,依法对案件进行重新审判的程序。由于司法权的被动性,人民法院不能主动推翻已经发生效力的判决或裁定从而挑起诉讼事端,审判监督程序的启动器是当事人对已经发生法律效力的判决裁定认为确有错误而向人民法院提起再审的诉讼请求,人民法院经过初步审查后也认为案件极有可能存在错误,从而提起审判监督程序。在刑事诉讼中,有权提起审判监督程序的主体,一是作为原告一方的人民检察院和自诉案件的自诉人,二是刑事案件的被告人,三是公诉案件的被害人。三者具有同等的法律地位,只要符合法定条件,三者都有权直接向人民法院提起审判监督程序。

"抗诉"一词体现了检察权的特权,削弱了司法的权威,随着检察机关地位的当事人化,"抗诉"一词也只能成为中国法制史教科书中的一个法律术语了。

(二) 检察长列席人民法院审判委员会会议

检察长列席审判委员会会议是人民检察院对人民法院审判活动实行监督的重要形式之一。根据2006年修正后的《人民法院组织法》第10条第3款的规定,本级人民检察院检察长可以列席同级人民法院审判委员会会议。根据最高人民法院和最高人民检察院于2010年1月共同发布的《关于人民检察院检察长列席人民法院审判委员会会议的实施意见》第3条之规定,人民法院审判委员会讨论下列案件或者议题,同级人民检察院检察长可以列席:(1)可能判处被告人无罪的公诉案件;(2)可能判处被告人死刑的案件;(3)人民检察院提出抗诉的案件;(4)与检察工作有关的其他议题。并对列席的任务、列席的人员、列席程序进行了详细的规定。

随着人民检察院的诉讼地位由法律监督者向诉讼当事人的转化,检察长列席人民法院审判委员会会议的规定也将成为历史。根据禁止单方接触原理,检察机关和被告人公开对峙的场所应当是人民法院的刑事审判庭,并且是在法官的主持下进行,在其他场合应当禁止法官与另一方当事人单独接触。当然,在法庭之外,无论是人民检察院还是被告人或被害人也都不能和法官单方接触,给法官施加压力,否则案件的审判程序就不符合正当法律程序。检察长列席人民法院审判委员会会议表明了检察权具有超越被告人的诉讼特权,其降低了司法的权威,污染了社会的正义之源。当然,随着审判委员会的消失或功能蜕变,检察长列席人民法院审判委员会会议的问题也就不存在了。但即使目前审判委员会制度继续存在,也应当严厉禁止检察长列席人民法院审判委员会会议之行为。试想,被告人被限制了人身自由,在看守所瑟瑟发抖的时候,公诉机关的代表人——检察长正在列席人民法院审判委员会会议,商议可以不可以对其疑罪从无,可不可以对其判处死刑。这对被告人是何等之不公!

(三) 其他监督方式

在司法实践中,检察机关的其他监督方式有检察建议、纠正违法通知书和检察意见函、检法联席会议、提出纠正违法意见或更换办案人员、追究违法者责任、向党委或人大报告或向上级人民法院通报以及口头监督等监督形式。这些监督方式有些是可以保留的，有些是应当坚决予以废止的。

1. 检察建议。主要针对人民法院在司法过程中存在的需要改进的不规范问题。由于检察建议没有强制性，因而是可以保留的。人民法院对检察建议有则改之，无则加勉。检察建议对司法权的权威没有任何损害，而且还有助于树立司法权威。

2. 纠正违法建议通知书或检察意见函。主要针对人民法院有错误的判决裁定，但尚未达到抗诉的条件情形；检察意见函可以保留，但纠正违法建议通知书应该被废止，因为其对人民法院具有强制性。对于人民法院的轻微瑕疵，检察机关可以建议其纠正，但不能以通知书的形式来命令其纠正。

3. 检法联席会议。主要针对人民法院审判活动中存在的共性问题、法检在适用法律上的分歧问题以及在抗诉过程中需要协调一致的问题等情形。法检联席会议应当被废止。对于人民法院审判活动中存在的共性问题检察机关可以以提出建议方式来解决；对于法检在适用法律上的分歧问题应当以人民法院为准，法院没有必要和检察机关来协商；抗诉（上诉和申诉）过程中没有需要协调一致问题，符合法定条件的法院受理，否则不予受理。

4. 提出纠正违法意见或更换办案人员。主要针对司法工作人员的渎职行为尚未构成犯罪的或被调查人员继续办案可能影响案件公正性的情形。这种监督方式也应当被废止。对于检察机关发现司法工作人员的渎职行为尚未构成犯罪的，应当报请司法惩戒委员会处理，检察院无权自己提出纠正意见；被调查人员继续办案可能影响案件公正性的情形，检察机关可以在诉讼过程中请求其回避，通过法律赋予当事人的诉讼权利来解决。

5. 追究违法者责任。主要针对审判人员贪污受贿、徇私舞弊、枉法裁判等行为，移交有关部门追究党纪政纪责任直至刑事责任的情形。这种监督方式应该被保留，但需要改进。检察机关对于法官贪污受贿、徇私舞弊、枉法裁判等行为应当移交法官惩戒委员会追究其刑事责任，而不是移交其他有关部门追究其党纪政纪。

6. 向党委或人大报告或向上级人民法院通报。主要针对人民法院在审判活动中的严重违法行为或严重而又较为普遍的行为，人民检察院可以向党委、人大报告或向上级人民法院通报。这种方式需要改进。对于人民法院在审判活动中的严重违法行为应当通过上诉或申诉来解决；属于法官弹劾事由的提请法官弹劾机构来处理；对于严重而又较为普遍的行为应当向上级人民法院反应，提出意见或建议也可以向省级人大或全国人大来反应。当然，检察机关的党组也可以向省级党委或中央汇报情况，但党委必须通过人大或上一级乃至最高人民法院向存在严重而又较为普遍行为的人民法院提出意见或改进措施，党委不易直接对司法机关发号施令。

7. 口头监督主要针对审判过程中的轻微违反程序行为或在审判过程中应当应及时指出的行为。这种监督方式可以保留。其属于刑事法律关系当事人所共有的诉讼权利。

总之，笔者坚信，废除人民检察院作为国家法律监督机关对人民法院刑事诉讼活动的法律监督权，让检察机关仅享有作为一方当事人对人民法院的诉讼监督权，不仅可以树立人民法院的权威，平衡公诉人与被告人之间的诉讼权利，增强刑事公诉案件双方当事人之间的平等对抗，简化刑事诉讼程序，推进刑事审判模式向当事人主义转变，而且还有利于理顺法检关系，使得法检关系进一步简单化、明朗化，跳出目前存在的对人民法院恶性监督怪圈，最终也一定会减少刑事案件冤假错案的发生率。

第七章

行政诉讼中的检察权与审判权

我国三大诉讼法各具特色，但也不乏共同之处。从当事人地位平等性的角度来看，民事诉讼和行政诉讼当事人在诉讼法律地位上都是平等的，谁也不享有超越法院之上的权威，这一点与刑事诉讼有明显的不同。在刑事诉讼中，人民检察院既是提起公诉的主体，又是诉讼监督主体。可以说，在刑事诉讼中，公诉方和被告人的诉讼地位是不平等的，人民检察院在某种程度上不仅享有某些被告人所没有的权利，而且还具有超越法院之上的权威。但就实然层面而言，也许行政诉讼当事人法律地位是最不平等的，特别是在我国目前各级人民法院的人财物基本上受制于同级人民政府的状况下，行政机关对人民法院的制约比起检察机关而言也许有过之而无不及。在十八届三中全会提出的省级以下人民法院的人财物统一到省级来管理的改革没有完全落实之前，恐怕这一现状很难在短时间内改变。看来，民事诉讼的当事人法律地位的平等才是实实在在的，名副其实的。

从诉讼主体行使诉讼权的角度而言，行政诉讼和刑事诉讼必有一方当事人是公权力的行使者，无论是检察机关提起的公诉权，还是行政主体的应诉权，行使的都是重要的公权力，这与民事诉讼当事人为自己的私利而进行诉讼有所不同。公权力的行使虽然是以组织的名义来进行的，但也必然由具体的工作人员来行使，而案件的审判结果与具体的工作人员没有直接的利害关系，即使行使公权力的一方败诉，不利的后果也是由国家来承担的。[①] 这一点决定了行政诉讼和刑事诉讼代表公权力的一方主体有可能不像私人主体那样积极行使权利，甚至消极放弃部分诉权而置公益于不顾，这在一定程度上也决定了诉讼结构的构架与检察监督机制的设置有所不同。

尽管三大诉讼法有共性也有差异，但在诉讼的王国里是不应该被区别对待的。

---

① 行政机关为被告的民事诉讼也具有这一特点。

法院中立，两造对峙，诉讼当事人地位平等永远是诉讼王国不变的法则。在诉讼王国之外，王侯将相与平民百姓可以有高低贵贱之分，检察院与行政机关可以享有犯罪嫌疑人或行政相对人所没有的行政优益权，① 但上述主体一旦踏入了诉讼王国的疆土，这种区别就荡然无存了，否则正义就无法实现，更不可能以看得见的方式来实现。

在前两章的民事诉讼与刑事诉讼中，笔者就取消检察机关作为国家法律机关的诉讼监督权进行了论证，本章继续就人民检察院在行政诉讼中的法律监督权进行分析，最终完成人民检察院在三大诉讼中的角色蜕变，使诉讼王国不再有特权阶层。

第一节　我国行政诉讼检察监督的历史与现状

我国行政诉讼检察监督制度的历史可以追溯到新中国成立初期。早在1949年11月2日，最高人民检察署检察委员会议第二次会议就通过了《中央人民政府最高人民检察署试行组织条例》，该条例第3条第（5）项就明确规定："对与全国社会与劳动人民利益有关之民事案件及一切行政诉讼均得代表国家公益参与之。"这是新中国成立后首次规定了检察机关对行政诉讼享有监督权。1951年9月《中央人民政府最高人民检察署暂行组织条例》第3条第6款规定，最高人民检察署有权"代表国家公益参与有关全国社会和劳动人民利益之重要民事案件及行政诉讼。"同年9月通过的《各级地方人民检察署组织通例》第2条第6款也规定各级地方人民检察署有权"代表国家公益参与有关社会和劳动人民利益之重要民事案件及行政诉讼。"这些规定虽然没有直接赋予检察机关行政诉讼监督权，但也折射出了检察机关参与行政诉讼的权力，特别是检察机关参与行政公益诉讼的权力。但由于当时我国还没有建立行政诉讼制度，导致了这些规定在一定程度上来说是无法得到具体落实的。因此，在1954年9月通过的《中华人民共和国人民检察院组织法》没有关于检察机关参与行政诉讼的任何规定，但在第4条第4款也规定了地方各级人民检察院有权"对于人民法院的审判活动是否合法，实行监督"，这一条款当然也暗含着检察机关可以对行政诉讼审判活动进行监督。但在此后的社会主义建设过程中，国家的发展一步步偏离了正确的方向，甚至在"文革"期间检察机关遭到了被取消的厄运。1975年《宪法》第25条第2款规定："检察机关的职权由各级公安机关行使。"其间国家的基本法律制度都没有确立起来，检察机关对行政诉讼的审判监督也就无从谈起了。

---

① 如前所述，检察权在本质上是行政权，或者说是特殊的行政权。

直到 1978 年 12 月，党的十一届三中全会的召开，才从根本上冲破了长期"左"倾错误的束缚，端正了党的指导思想，提出要健全社会主义民主和加强社会主义法制的任务，中国法制建设才开始了新的局面，检察制度和检察工作才重新得到了恢复。1979 年修改后的《中华人民共和国人民检察院组织法》第 6 条规定："人民检察院依法保障公民对于违法的国家工作人员提出控告的权利，追究侵犯公民的人身权利、民主权利和其他权利的人的法律责任。"这在一定程度上意味着检察机关可以参与行政诉讼活动，因为对于违法的国家工作人员提出控告必然包括对行政机关工作人员的控告。1982 年制定的《中华人民共和国民事诉讼法（试行）》（以下简称《民事诉讼法（试行）》）第 3 条第 2 款规定："法律规定由人民法院审理的行政案件，适用本法规定。"而在《民事诉讼法（试行）》第 12 条规定："人民检察院有权对人民法院的民事审判活动实行法律监督。"由此可以断定，人民检察院也有权对人民法院的行政审判活动实行法律监督。1982 年《宪法》第 129 条将人民检察院定位为"国家的法律监督机关"，从宪法层面确立了检察机关的法律监督地位。1989 年 4 月通过的《中华人民共和国行政诉讼法》第 10 条的总则部分明确规定："人民检察院有权对行政诉讼实行法律监督。"并在该法分则第 64 条进一步规定："人民检察院对人民法院已经发生法律效力的判决、裁定，发现违反法律、法规规定的，有权按照审判监督程序提出抗诉。"

由于《行政诉讼法》对于行政诉讼检察监督只有两条规定，因此最高人民检察院和最高人民法院在以后的司法实践中还陆续出台了一系列的司法解释，进一步细化了行政诉讼检察监督制度。最高人民检察院出台的司法解释有：1990 年 10 月的《关于执行行政诉讼法第六十四条的暂行规定》；1992 年 6 月的《关于民事、行政审判监督程序抗诉案件再审时人民检察院派员出席法庭问题的批复》；2001 年 9 月的《人民检察院民事行政抗诉案件办案规则》；2009 年 11 月的《人民检察院检察建议工作规定（试行）》；2010 年 9 月，最高人民检察印发的《关于加强和改进民事行政检察工作的决定》等。最高人民法院出台的司法解释有：2000 年 3 月的《关于执行〈中华人民共和国行政诉讼法〉若干问题解释》；2002 年 9 月的《最高人民法院关于规范人民法院再审立案的若干意见（试行）》；2003 年 10 月最高人民法院审判监督庭《关于审理民事、行政抗诉案件几个具体程序问题的意见》等。另外，最高人民法院和最高人民检察院于 2011 年 3 月还联合下发的《关于对民事审判活动与行政诉讼实行法律监督的若干意见（试行）》。这些规定在一定程度上对行政诉讼检察监督的范围、方式、程序等进行完善与拓展，但由于"两高"司法解释的法律位阶较低，法律效力也受到了一定限制，特别是法、检两家在一定程度上对行政诉讼检察监督的理念存在着较大的分歧与差异，存在着本部门的司法解释不被对方认可的现象，这在一定程度上更加削弱了检察监督的效力。为此，需要更高位阶的法律来对行政诉讼中法检关系作出更加明确的规范。

在多年司法实践的基础上,并借鉴《民事诉讼法》对民事诉讼检察监督的经验,2014年11月全国人大会常委会决定对1989年的《中华人民共和国行政诉讼法》进行修改,修改后的《行政诉讼法》自2015年5月1日开起始实施。与原《行政诉讼法》相比,修改后的《行政诉讼法》在如下几方面做了变动:首先,增加了检察监督的条文。直接涉及行政诉讼检察监督的条文由原来的2条,增加到了3条,即行政诉讼法第11条、第93条、第101条;其次,在监督方式上,除了原来的检察抗诉之外,增加了检察建议。即地方各级人民检察院对同级人民法院已经发生法律效力的判决、裁定可以向同级人民法院提出检察建议;各级人民检察院对审判监督程序以外的其他审判程序中审判人员的违法行为,有权向同级人民法院提出检察建议。再次,增加了抗诉或检察监督的法定理由,即发现有《行政诉讼法》第91条规定情形之一的,或者发现调解书损害国家利益、社会公共利益的,应当提出抗诉。最后,拓展了监督范围。人民检察院可以参照《中华人民共和国民事诉讼法》的相关规定,对人民法院审理行政案件关于期间、送达、财产保全、开庭审理、调解、中止诉讼、终结诉讼、简易程序、执行等,以及人民检察院对行政案件受理、审理、裁判、执行进行监督。

此外,最高人民法院于2015年4月20日通过了关于适用《中华人民共和国行政诉讼法》若干问题的解释,自2015年5月1日起施行。该解释第25条对于当事人可以向人民检察院申请抗诉或者检察建议的情形进行了细化。最高人民检察院于2016年3月22日通过了《人民检察院行政诉讼监督规则(试行)》,于2016年4月15日公告施行,该规则对人民检察院行使行政诉讼监督权进行了详细的规定,使得行政诉讼法规定的监督权更加具有可操作性。

第二节 行政诉讼检察监督制度的学理之争

随着我国1982年《宪法》将人民检察院定位为"国家的法律监督机关",特别是1989年《行政诉讼法》规定"人民检察院有权对行政诉讼实行法律监督"之后,学界关于进一步加强人民检察院对行政诉讼进行法律监督的呼声不断增强。但对于行政诉讼检察监督权正当性之争议早在20世纪90年代就已经开始了。甚至可以毫不夸张地说,起初检察机关几乎所有权能(除了公诉权)均遭到了法学界的质疑,行政诉讼检察监督权也是不例外。与民事诉讼检察监督和刑事诉讼检察监督一样,学界和实务部门对行政诉讼检察监督也存在各种不同的质疑与争论。这些争论可以大致归纳为"废除说"、"有限监督说"与"全面监督说"三种类型。目前,可以说"全面监督说"已经占据了主导地位。

一、废除说

废除说最早开始于 20 世纪末期,最初是针对刑事诉讼中检察机关的法律监督权而提出质疑的,后来这一观点扩展到了民事诉讼领域与行政诉讼领域。而行政诉讼检察监督又几乎是学者们在论述民事诉讼检察监督时顺便一起被提及的,笔者还未曾发现单就废除行政诉讼检察监督而发表的论文或专著。当时有学者认为:将检察机关定性为法律监督机关完全与诉讼机制的规律性要求相冲突,至少是一种极为不科学、非理性的国家权力配置模式。这种权力配置模式不仅与法治社会国家权力配置的基本原理不符,而且还与诉讼职能区分理论相悖。强调法律监督的必要性和重要性与检察机关必须享有法律监督权在逻辑上完全不是同一个范畴的问题。检察机关在我国宪政体制以及在刑事诉讼中都不应该定位为国家法律监督机关,更不应该具有国家法律监督权的主体资格。[①]

2000 年《法学研究》第 4 期发表的"检察监督与审判独立"一文中对检察监督提出了质疑,该文指出:审判独立是一项为现代法治国家所普遍承认和确立的基本法律准则,审判独立有其内在的价值和要求,审判独立的内在要求正是要排斥外在的监督和干预,而现行检察监督制度在一定程度上损害了法院的独立审判权。与此观点相对立,同一期刊同时也发表了另一篇题为"民事行政诉讼检察监督与司法公正"的论文,对前述观点进行了针锋相对的反驳。文章指出:中国现行的民事行政诉讼检察监督制度虽然借鉴于苏联,但是并不是中国所独有。与世界各国同类制度相比监督范围还嫌过窄。诉讼检察监督制度对于保障司法公正、树立司法权威,维护国家法律的统一正确实施具有重要的作用。民事行政诉讼检察监督制度不应当被废除,而是应当进一步坚持和完善,使其在建设社会主义法治国家的治国方略中更好地发挥作用。[②] 此后,也有取消民事行政诉讼检察监督的零星观点,如福建省法学会、省检察院、省律师协会于 2000 年 12 月 6 日至 8 日在福州联合召开了民行检察监督研讨会,会议论文中有一种观点认为应当取消或限制民行检察监督[③],但这些零星的观点并没有在学界引起广泛的反响。随着中国司法改革的进一步推进以及 2014 年修改后的《行政诉讼法》对行政诉讼检察监督的力度不断加大,试图取消行政诉讼检察监督几乎成为螳臂当车式的幻想,可以说从来没有占据主导地位的废除说已经销声匿迹了。

二、有限监督说

有学者认为,行政诉讼检察监督权的存在是必要的,但也不能实行全方位的

[①] 郝银钟:"检察权质疑",载《中国人民大学学报》1999 年第 3 期。
[②] 杨立新:"民事行政诉讼检察监督与司法公正",载《法学研究》2000 年第 4 期。
[③] 参见吴长乐:"民事行政检察监督研讨会综述",载《福建法学》2001 年第 1 期。

监督,行政诉讼检察监督应该是有限监督。人民法院与人民检察院依法独立行使各自的职权是我国宪法规定的原则。国家权力这样配置的基本原理,就是通过对审判权和检察权的相互制约,防止审判机关和检察机关滥用权力,以更好地保护公民、法人的合法权益。审判独立并不等于不能对审判权进行监督,一个案件虽然不只有唯一的正确判决,但也不能得出法院不会有错案的论断。检察官既不是案件一方当事人,也不是案件的裁判者,检察机关只是作为国家法律监督机关提起诉讼。① 还有学者认为,检察机关对行政诉讼的监督应当只限于抗诉这种监督方式,如果检察院过多地干预就会使行政诉讼形成强权主义的诉讼模式,会破坏诉讼中双方当事人之间的平衡状态,淡化平等对抗与自由妥协的氛围,与行政诉讼自身的规律性相违背。②

应松年等学者认为,行政诉讼检察制度应当具备时代的品格,遵循谦抑的理念,而传统的检察监督理念是基于消除一切违法行为,保障法制统一的崇高理想之上的。行政诉讼检察中的谦抑理念要求:第一,就制度设计而言,行政诉讼检察监督的范围应该是有限的,不应该,也不可能是对所有的行政诉讼活动的监督,要将行政诉讼检察监督的范围限定在确有必要监督的事项和内容之上。第二,就制度的功能定位而言,要抛弃过高的定位和不切实际的幻想。检察监督制度只不过是国家、社会监督体系中的一个环节,不要期望通过行政诉讼检察监督活动纠正所有的违法行为。第三,要有自我克制的态度,慎用检察监督干预权。即使是对于监督范围内的事项,也要注意把握好主动干预和自我节制的尺度。第四,谦抑所针对的不是法定应当干预的情形,而是指在法律没有明确规定,可干预可不干预情况下的一种态度。③

学者王玄玮认为,虽然在立法、行政、审判三权中,检察权对审判权监督的力度最大,监督手段和方式也最多,但过分强调对审判权的监督也有一定的弊端,诉讼监督职能"一枝独秀"也不符合法律监督职能的科学发展要求,因此在检察权对审判权的监督关系方面应该把握对审判活动进行监督的合理尺度,加大对诉讼渎职行为和司法解释的监督力度以及对执行行为的监督。在审判监督中不该有追求再审裁判结果的倾向,因为检察权是程序性的权力,检察监督的主要法律后果体现为对审判监督程序的启动,应该说,一旦启动了再审程序,检察监督即已达到预期的目标。④

但秉持有限监督说的学者不占多数,大部分学者赞同全面监督说,并认为

---

① 向娟:《我国行政诉讼检察监督权的正当性研究》,上海师范大学2014年硕士学位论文。
② 孙谦、刘立宪:《检察理论研究综述》,中国检察出版社2000年版,第241页。
③ 应松年等:"行政诉讼检察监督制度的改革与完善",载《国家检察官学院学报》2015年第3期。
④ 参见王玄玮:《中国检察权转型问题研究》,法律出版社2013年版,第162~163页。

2014年修改后的《行政诉讼法》仍然不能适应检察监督的现实需求，需要在监督范围、方式、手段等方面进一步拓展。

三、全面监督说

有学者认为，行政诉讼检察监督制度应当更加注重事中监督和程序监督，检察监督应当渗透于整个行政诉讼活动的始终。从监督对象上不仅包括人民法院的审判权和执行权，还应当包括对行政权的监督。在监督范围上应该是全面的、完整的，包括从裁判结果的监督到诉讼过程的监督，即对行政诉讼的立案、审判、判决、执行等阶段进行全程监督。①

还有学者认为，从对行政诉讼检察监督的历史和现实分析可知，行政诉讼检察监督职能必须结合我国检察机关的性质和行政诉讼的特点完整地去把握，应该包括对整个行政诉讼活动的全面监督。也就是说，行政诉讼检察监督是人民检察院对人民法院、当事人及其他诉讼参与人的行政诉讼活动实行法律监督。行政诉讼检察监督的全面性体现在监督案件范围、监督对象、监督时间、监督内容、监督的手段与方式等几方面，但行政诉讼检察监督的全面性也不能被理解为是对行政诉讼各个方面、各个环节面面俱到、毫无侧重的监督，而是必须始终以行政审判活动为中心。②

另有学者认为，我国《行政诉讼法》虽明确了检察机关的法律监督地位，但却没有赋予检察机关充分的权力对行政诉讼进行法律监督。因此应当在厘定行政诉讼检察监督权的性质和功能的前提下，充分认清行政诉讼监督制度的内容，扩大行政诉讼中检察机关监督的范围，对行政案件的起诉、审理、裁判进行全方位的监督：赋予检察机关对行政公益诉讼案件的公诉权、对特殊案件行政相对人的支持起诉权、对错误裁判的行政案件的再审抗诉权、对行政诉讼案件的检察建议权。③

在行政诉讼法修改前夕，邵世星教授认为，检察监督的范围与方式都应当有所扩大。从监督范围上来说，应当包括对诉讼程序全过程的监督（当然包括对诉讼结果的监督），具体来说包括对立案的监督、审判人员违法行为的监督、裁判结果的监督、执行的监督、对行政机关的监督等几个方面。从监督方式上来看，应当在保留抗诉方式的基础上，增加检察建议、纠正违法通知、提起行政公益诉讼

---

① 诸春燕："行政诉讼检察监督研究"，载《广西政法管理干部学院学报》2014年第1期。
② 胡卫列："行政诉讼检察监督论要"，载《国家检察官学院学报》2000年第3期。
③ 刘东平、赵信会：《检察权监督制约机制研究》，中国检察出版社2015年版，第205页。

等监督方式。①

还有些学者虽未明确提出检察机关对行政诉讼实行全面监督，但从其对行政诉讼法修改的若干构想可得知其也基本赞同全面监督观点，如李荣珍教授认为，应当建立行政诉讼检察监督的法律体系，完善《行政诉讼法》、修改《人民检察院组织法》及两高联合出台相应的司法解释；拓展行政诉讼检察监督的范围，包括对立案的监督、审理的监督、执行的监督等；增加行政诉讼检察监督的方式，包括完善抗诉方式、赋予检察机关提起行政诉讼的权利、明确检察建议为法定监督方式；设置专门的行政诉讼检察监督机构，在检察机关内设置行政检察处（或科）；建立检法系统行政诉讼信息共享机制等。② 姜明安教授也曾经认为，在《行政诉讼法》制定之时，立法机关对检察监督的范围加以较大限制还有一定的理由和根据，但在现时的条件下，仍然将检察监督局限于抗诉一种就完全没有道理，已经不适用今天我国行政法治的现实需要了。因此，修改《行政诉讼法》时应该增加关于检察监督的具体条文，进一步明确检察监督的对象、方式和手段是非常必要的。③

应松年教授等学者也曾表达过全面监督的思想："我国检察机关绝不仅仅是国家的刑事公诉机关，更是享有法律赋予的监督职权的机关。虽然由于立法的滞后性，使得民事和行政诉讼检察监督的内容没有能够在先行制定的人民检察院组织法中反映出来，但民事诉讼法和行政诉讼法都在总则部分对检察监督原则作了与刑事诉讼法类似的规定。刑事诉讼检察监督的完整规定恰恰说明了我国检察机关的法律监督权是完整的、全面的。这种法律监督权在民事诉讼、行政诉讼的运用中同样应该是完整的、全面的。"④

全面监督说的法律依据主要来源于我国宪法对检察机关的性质定位以及行政诉讼法总则的规定。法理依据主要包括我国宪政制度的需要、制衡行政公权的需要、保障公民私权救济的需要、监督人民法院审判权的需要以及行政诉讼司法活动中公正性的要求等。可以说，全面监督的观点是目前主流观点，与有限监督说，特别是废除监督说相比，可以说具有压倒性的优势。

但在诸多的学说中，笔者认为我国行政诉讼检察监督唯一科学观点应该是废除说。其他观点中的某些合理部分与废除说有异曲同工之妙，但对行政诉讼审判

---

① 参见张建升等："行政诉讼法修改与行政检察监督职能的完善"，载《人民检察》2013年第3期。
② 李荣珍、李艳菲："行政诉讼检察监督的初步研究"，载《东南大学学报》（哲学社会科学版），2014年S1期。
③ 姜明安："行政诉讼中的检察监督与行政公益诉讼"，载《法学杂志》2006年第2期。
④ 应松年等："行政诉讼检察监督制度的改革与完善"，载《国家检察官学院学报》2015年第3期。

过程的监督是与废除说格格不入的,也是废除说所坚决反对的。

第三节 废除行政诉讼检察监督的理由

支持行政诉讼检察监督的理由与支持民事、刑事诉讼检察监督的理由基本相同,具有高度的一致性。但那些认为民事和刑事诉讼检察监督符合中国的宪政体制,是实现国家权力制约的需要,是维护国家统一、树立司法权威的需要,是实现司法公正和保障人权的需要,并具有一定的历史与现实基础及法理、法律依据等观点,看似很有道理,实则是经不起仔细推敲的。诉讼检察监督不仅干涉了审判独立,妨碍了司法效率、破坏了当事人诉讼地位的平等,违背了诉讼的基本法理,而且还破坏了法的安定性,削弱了司法的权威,使司法权不能成为社会的正义之源。支持诉讼检察监督的错误观点,其根源在于缺乏对司法权清醒认识,教条地理解了我国的宪政体制,不知道司法权在构架国家权力结构中的应有地位与重要性。笔者对支持民事、刑事诉讼检察监督的上述错误观点在第六章和第七章已分别进行了驳斥,下面仅就行政诉讼检察监督中,人民检察院对人民法院进行诉讼监督的特殊性理由予以反驳。

一、支持与保障审判权的功能

由于我国人民法院的地位较低,司法权的力量比较弱小,因此有学者认为人民检察院参与行政诉讼的功能之一是支持与保障审判权。如有种观点认为:由于行政权的强大,行政诉讼检察监督的功能与民事诉讼有所不同,检察机关在行政诉讼中不仅有监督法院的功能,而且还有支持审判权的功能。检察机关对作为被告的行政机关的监督制约主要表现在督促行政机关依法履行诉讼义务以及其对违法行政行为承担法律责任两个方面。通过行政诉讼检察监督机制将检察权能和审判权能统一起来,从而形成对行政权的有效制约,实现对审判权和诉权的有力保障。[①]

还有观点认为:在不同的诉讼中法院依法独立行使审判权所遇到的难题是不尽相同的。民事审判中的突出难题是司法腐败与司法不公,行政审判的最大难题是如何排除行政权对行政审判的不当干预,因此修改行政诉讼法的一个重要目标是如何保障人民法院依法独立行使审判权。过去的突出问题是,公民、组织依法提起诉讼的权利没有得到充分的保障,法院依法独立行使审判权受到干扰。公民、

---

① 杨奕:"论民事行政诉讼检察监督体制的独立化发展",载《中国人民大学学报》2012年第5期。

组织行政法上的诉讼权利和实体权利缺乏保障,与检察监督不到位有一定关系。检察权在行政诉讼中的定位与其在民事诉讼中的定位大致相同,主要是通过履行诉讼监督职能,保障和监督人民法院依法独立公正行使审判权。相比之下,检察权在行政诉讼中保障法院独立行使审判权的任务比在民事诉讼中更艰巨一些。对行政诉讼法进行修改,不是调整检察机关在行政诉讼中的定位,而是要建立健全人民检察院依法有效监督的保障制度。① "排除行政干预,是法律授予检察机关行政诉讼监督权的基本目的之一。因此,检察机关在行政诉讼中应当担负起监督和保障法院依法独立行使审判权的双重责任。检察监督对审判权的保障作用是通过监督行政诉讼被告来实现的。"②

正因为行政权的强大,所以行政诉讼检察监督的对象具有双重性,在行政诉讼中,"检察机关监督的对象是具体行政行为是否合法以及行政诉讼活动是否合法。"③ "在行政诉讼中,人民检察院与人民法院虽然所处的地位不同,但是两者作为国家的执法机构负有维护法律的职责,这一点却是相同的。它们在行政诉讼中的共同目的之一就是促使行政机关纠正违法行政行为,保证其依法履行行政职责。"④

当然,持这种观点的学者也不在少数,行政权的强大也是中国现状。但笔者认为,行政权的强大不是设置行政检察监督制度的理由。中国司法改革的弊端正是在于对司法独立的本质缺乏清醒的认识。用检察权来支持或协助审判权实现对行政权的制约是不可取的。殊不知,检察权也是国家权力中的弱者,两个弱者合起来未必就能对付一个强者。法院是法律帝国的首都,法官是法律帝国的王侯。在诉讼王国里,没有超越司法权之上的权威。我国的司法权之所以制约不了行政权是宪政体制制度设计所致,在法院人财物都掌握在同级人民政府的体制下,人民法院自然无力去抵抗强大的行政权。司法体制改革的出路在于提高人民法院的宪法地位。党的十八届三中全会提出省以下法院的人财物由省级来统一管理的设想无疑具有一定的合理性。但在宪法修改之前,同级人民政府和同级人民法院的关系还处于不稳定的状态,法院及法官自然也不敢轻易得罪同级人民政府,唯恐行政机关随时杀个"回马枪"。

其实,将人民法院的人财物提高到省级来管理并没有从根本上解决司法独立的问题。因为如果省级人民政府能够控制省以下法院的话,省级人民政府和下级人民政府难免官官相护,从而对法院施加各种压力。因此,单单提高法院的管理

---

① 参见张建升等:"行政诉讼法修改与行政检察监督职能的完善",载《人民检察》2013 年第 3 期。
② 张步洪:"略伦完善行政诉讼检察监督制度",载《人民检察》2004 年第 4 期。
③ 王桂五主编:《中华人民共和国检察制度研究》(第二版),中国检察出版社 2008 年版,第 372 页。
④ 王桂五主编:《中华人民共和国检察制度研究》(第二版),中国检察出版社 2008 年版,第 295 页。

地位也不是最终的治本之策。中国政法大学的姚国建教授就对此提出了质疑。①姚国建教授提出,按照中国的思路,美国各州的法院的产生岂不是由联邦政府来产生更符合司法独立的要求呢?为何美国没有采取这样的措施,而其司法机关却不至于腐败呢?因此提高人民法院人财物的管理权,提高法院的审理级别,最高人民法院设置巡回行政法庭以及行政案件异地审理等也都是权宜之策。最根本的还是将司法系统彻底地独立出来,再加上实行法官的终身制与高薪制。没有法官的终身制与高薪制就不能从根本上保证法官独立行使审判权。在强权者自愿服从的规则的意识支配下,在科学的法官惩戒机制的保障下,再加上法官的终身制与高薪制,才可能产生廉洁的司法队伍。但没有法官的终身制与高薪制是不可能产生廉洁的司法队伍的。只要有了廉洁的、刚正不阿的法官,再强大的行政机关也只能依法行使自己的诉讼权力,承担自己的诉讼义务。法官完全可以通过蔑视法庭罪、拒不执行法院判决罪、缺席判决制度、强制行政机关代表人出庭制等对行政机关进行打压,除非法律没有赋予法官这些权力,② 这样在诉讼的国度里没有超越司法权之上的特权。

但同时,人民法院作为司法机关,既没有财权,也没有武力,其判决的执行还要借助其他国家权力的协助。人民检察院要想发挥其保障司法权、制约行政权的作用完全可以在公益诉讼领域,行政判决的执行领域以及对行政机关工作人员违法犯罪领域发挥应有的作用,完全没有必要参加到行政诉讼中来协助人民法院对抗行政权。在任何国家,司法权都是国家权力中的弱者,但世界绝大多数国家没有设立诉讼检察监督,因为在诉讼王国的疆域内,法官有能力制约任何强权者。远的不说,近期韩国宪法法院弹劾总统案以及美国总统的"禁穆令"受阻案就是最好的佐证。因此,人民检察院完全不需要画蛇添足,多此一举。在诉讼王国的疆域之外存在着一片广阔的天地,在那里人民检察院是完全可以大有作为的。

二、平衡当事人诉讼地位的功能

平衡当事人的诉讼地位是支持行政诉讼检察监督制度的又一个理由,这与支持和保障审判权有着相同的理论依据,那就是行政权的强大。只不过平衡当事人诉讼地位的功能是为了支持原告(行政相对人),而支持和保障审判权是为了支持人民法院。由于人民法院和行政诉讼的原告与行政机关相比都是"弱者",因此在行政诉讼中人民检察院既要支持和保障人民法院依法独立行使审判权,又要协助原告实现自己的诉讼请求。如此一来,就形成了人民检察院联合人民法院和

---

① 2016年6月,笔者偶遇姚国建教授,他对此的质疑也促使笔者对此问题进行了深入的思考。在此之前,笔者也一度认为提高法院的级别是消除司法腐败的唯一灵丹妙药。

② 笔者并不赞同强制行政机关的法定代表人出庭制度。从法理上来说,委托律师或其他工作人员出庭应诉也并无不可。这种制度实质上是要否认诉讼代理制度,与法治文明的发展潮流相悖。

行政诉讼的原告来共同抵制掌握着行政权的被告的局面。

为此有学者提出了要建立"被告型"行政诉讼检察监督制度。该学者指出：我国的行政诉讼检察监督制度是一种诉讼监督而不是审判监督，其监督对象不仅包括法院的审判活动，而且还应当包括诉讼参加人的诉讼活动。目前行政诉讼检察只注重对行政审判活动的监督不符合我国行政诉讼的目的与功能。基于我国行政诉讼的现实，行政诉讼检察的重心应该由"审判型监督"转向"被告型监督"，这样才能够补强法院行政审判的权威，从而使检察机关与法院形成监督行政、抵制行政权不当干预司法的合力。不仅如此，检察机关还要借助原告以及其律师的力量来共同抗衡掌握着行政权的被告。①

有观点认为，行政诉讼检察监督既是一种审判监督，又是一种行政监督。与民事诉讼不同，基于行政诉讼中私权利与公权力的对抗，行政诉讼检察监督不仅监督人民法院的审判活动，也监督当事人的行政诉讼活动和行政执法活动，而且侧重于监督行政主体的行为，包含以下三个方面的内容：一是监督被诉的行政机关是否存在对人民法院公正审理的影响行为；二是监督被诉的行政机关是否履行诉讼义务；三是检察机关通过对法院判决的审查，监督行政工作人员是否存在违法的行政行为。②

与此类似的观点也认为：保护公民的民主权利是检察机关一项重要职责，也是行政检察制度的一项重要原则。在行政诉讼活动中，行政主体和行政相对人是诉讼的双方，但二者的地位不对等，相对人处于弱势的地位，行政机关的行政管理活动如果不依法进行的话，势必会影响到公民的人身自由和民主权利。③

还有观点认为，由于行政诉讼的当事人一方是掌握国家行政权的机关，因而很可能甚至不可避免地把行政法律关系中行政机关与相对人之间的不平等地位转移到诉讼法律关系中来，形成事实上的不平等。这就不免使原告一方产生顾虑，而不能充分行使自己的诉讼权利。鉴于此，由检察机关对行政诉讼实行法律监督，并在必要时提起诉讼，就是十分必要的了。④

以上的这些观点看似很合理，但实际上是对行政法与行政诉讼法缺乏深刻认知的表现。其实，在行政法律关系和行政诉讼法律关系中，行政主体（被告）和行政相对人（原告）的权利与义务具有不对等性，但其法律地位却是平等的。

从法律地位上来说，在行政法律关系中，管理者与被管理者的法律地位是平等的，而不是不平等的。如果要非要做一个高低贵贱的区分的话，在行政法律关系中，行政相对人的地位要高于行政主体，因为行政主体是受人民（众多行政相

---

① 王留一、王学辉："被告型行政诉讼检察监督制度初探"，载《理论与改革》2015年第2期。
② 唐文娟："平衡理念下行政诉讼检察监督新机制构建"，载《人民论坛》2016年第23期。
③ 刘东平、赵信会：《检察权监督制约机制研究》，中国检察出版社2015年版，第203页。
④ 王桂五主编：《中华人民共和国检察制度研究》（第二版），中国检察出版社2008年版，第295页。

对人的集合体）委托授权来执法的，是人民的公仆，公仆的地位自然不能高于主人。平等主要是一种法律资格的平等，而不是完全的事实平等，也不是享有权利义务完全相同。在行政法律关系中，行政主体享有一定的优益权是其管理与服务社会所必需的，否则社会管理就无法正常进行。但行政相对人也不仅仅是简单的服从者，其有权利要求行政主体在管理过程中遵守法定的权限和程序。这样行政主体与行政相对人在权利义务方面就出现了对等性与平衡性。

笔者虽然认为行政法的理论基础是"政府代理论"，而不是所谓的"平衡论"，但是在行政法以及行政诉讼法中确实存在着行政主体与行政相对人之间的权利义务的平衡现象。"在行政机关与相对一方权利义务的关系中，权利义务在总体上应当是平衡的。它既表现为行政机关与相对一方权利的平衡，也表现为行政机关与相对一方义务的平衡；既表现为行政机关自身权利义务的平衡，也表现为相对一方自身权利义务的平衡。"① 具体来说，在行政实体法律关系中，行政机关总是居于主导地位，享有一定的行政优益权，可以单方面决定行政相对人的权利和义务，但在作出行政行为时必须受到行政程序法的规制，特别是在行政诉讼法律关系中，行政相对人则居于优越地位，其可以作为原告要求法院对行政行为进行合法性审查，而行政机关则应对其先前作出的行政行为承担举证责任。可见，行政机关与行政相对人在不同的法律关系存在着权利义务的不对等或不平衡，但在整个法律关系中其权利义务却是平衡的。这种平衡性也折射出了行政主体与行政相对人在法律地位的平等性。正如有学者说言，"行政法律关系中的这种'不对等性'，实际上是为了实现双方在法律上的实质平等而对双方权利义务进行的不对等分配，是一种'平等下的不对等'"。②

综上，行政主体与行政相对人在法律地位上是平等的，在行政管理领域行政主体享有一定的优益权，但在行政诉讼法领域，立法者已经赋予了行政主体更多的义务，只要审判者执法公正，行政相对人绝不是行政诉讼法律关系中的弱势群体，看来问题的核心还是要树立司法权威性的问题。

第四节　行政诉讼程序之外检察权对行政权的制约

废除行政诉讼检察监督制度，不是说检察机关在监督行政权方面就无所作为，而是说行政纠纷一旦进入了诉讼领域，制约行政权的任务就由人民法院来承担了，

---

① 罗豪才主编：《现代行政法的平衡理论》，北京大学出版社1997年版，第17页。
② 周佑勇：《行政法原论》（第二版），中国方正出版社2005年版，第49页。

人民检察院只在行政诉讼程序之外发挥制约行政权的作用。如果这一功能能够得到有效发挥的话，不仅可大大减少行政纠纷，减轻了人民法院的审判压力，而且还可以更有效、更直接地制约行政权，保障行政相对人的合法权益。早在1954年《宪法》第81条就规定了，"中华人民共和国最高人民检察院对于国务院所属各部门、地方各级国家机关、国家机关工作人员和公民是否遵守法律，行使检察权"。1978年《宪法》第43条也作出了类似的规定。与此相对应，作为调整国家权力关系的宪法却始终没有明确规定人民检察院对人民法院的审判活动实施监督，这绝不是立法者的疏忽，因为在1954年《宪法》第78条规定："人民法院独立进行审判，只服从法律。"这样也不可能在宪法中赋予人民检察院的诉讼监督权。如此看来，检察机关对行政权进行监督更加符合立法的本意。在行政诉讼程序之外，检察权对行政权的制约包括四个方面：（1）对行政行为的监督；（2）对行政裁判执行行为的监督；（3）提起行政公益诉讼；（4）对行政机关公职人员违法犯罪行为的监督。

另外，由于我国对行政权已经构成了立体化的监督体系，人民检察院在行使监督权时要把握好应有的限度，做好与其他监督主体，如权力机关、司法机关、行政监察及复议机关、党的纪检部门等的协调与配合。

一、对行政行为的监督

行政行为是行政主体（主要是国家行政机关）运用行政权，针对特定或不特定的对象作出的具有法律意义的行为或行政不作为。随着社会的发展与行政管理事务的日益增加，行政主体通过大量行政行为来实现其行政职能。其中既有依申请的行政行为，如行政许可、行政裁决等，也有依职权的行为，如行政规划、行政命令等；既有强制性的行政行为，如行政检查、行政强制，也有非强制性的行政行为，如行政指导、行政合同等；既有对相对人有利的行政行为，如行政给付、行政奖励，也有对相对人不利的行政行为，如行政征收、行政处罚等。另外，既有拘束性的行政行为，也有自由裁量的行政行为；既有行政法律行为，也有行政事实行为；既有具体行政行为，也有抽象行政行为；既有内部行政行为，也有外部行政行为。任何一项违法行政行为都有可能涉及相对人的利益，侵犯相对人的合法权益。"检察机关作为独立行使监督权的国家机关是监督行政权的权威机关，它不仅应当在出现行政公务罪案时对行政权加以控制，而且可以在任何时候对行政权的运用进行监督。"[①] 但由于受检察权的边界属性限制，对行政行为的监督应当注意以下几个问题：

---

① 胡建淼主编：《公权力研究》，浙江大学出版社2005年版，第331页。

第一，行政检察监督①内容要有重点，而非面面俱到。如在有利的行政行为和不利的行政行为之间，要重点监督对行政相对人不利的行政行为；在强制性的行政行为与非强制性的行政行为之间，要重点监督强制性的行政行为；在拘束性的行政行为与自由裁量的行政行为之间，要重点监督拘束性的行政行为；在内部行政行为与外部行政行为之间，重点要监督外部行政行为。

第二，行使检察监督权时要注重和其他监督主体的关系。针对不同的行政违法行为可以与行政机关内部的监督机关，如行政监察机关、信访机构等做好沟通与协调工作，也可与党的纪检部门沟通。在监督抽象行政行为时要与具有行使立法权的机关互相配合与沟通。对于相对人更加适合采取行政复议和行政诉讼来寻求救济的，应当告知相对人。

第三，把握好监督的"度"。人民检察院是国家的法律监督机关，监督是监察、督促之意，因此人民检察院可以借助其他有权机关来对行政行为进行实体性的制约，其不能以监督来代替行政机关决策。

第四，敢于、善于运用多种监督手段。人民检察院既要敢于采取刚性的监督手段，如向人民法院提起行政公益诉讼、向有关部门提出追究行政责任请求，向人大提出对行政机关领导人的罢免请求，甚至对可能犯罪的行政机关工作人员依法自行提起刑事诉讼，也可运用柔性的监督手段如检察建议书、检察意见书等。

第五，拓展、畅通监督渠道。检察机关除了向社会宣传、扩大自身的影响力，让人民群众了解检察机关在制约行政权的功能之外，还要积极拓展与畅通监督渠道，设置匿名举报信箱、邮箱、微信、公开举报电话等，并建立相应的举报反馈机制，保护行政相对人的隐私权。

二、对行政裁判执行行为的监督

人民法院是国家的审判机关，而裁判的执行在性质上属于行政行为。我国人民法院既负责对案件的裁判，又负责对案件的执行不符合法理。因此将裁判的执行权脱离人民法院是明智的选择。第一，人民法院专司裁判符合司法的本质，司法权在本质上是判断权；第二，执行机构从人民法院脱离有利于法院的精英化，减少法院的在编人员，为实现法官的终身制与高薪制扫除不必要的障碍；第三，有利于执行机构的专业化。国家依据执行规律设置执行机构，配置执行人员，打造专业化、精干、高效的执行队伍；第四，有利于消除相对人对国家机关"官官相护"的错觉。在有些行政案件中，相对人败诉并被人民法院执行，给人的感觉是人民法院成了行政机关的执行机关，不免有官官相护的嫌疑；第五，人民法院

---

① 行政检察监督与行政诉讼检察监督是两个并列的概念，行政检察监督并不包括行政诉讼检察监督。

代替行政机关实施执行行为违背了司法中立原则，这不仅降低了司法的威信，还有损司法权威；第六，不符合权力制约原则。司法是社会的正义之源，是解决社会争议最后一道防线。谁来监督人民法院的执行行为又成了一个难题，无法解决谁来监督监督者的问题，也给执行回转带来阻力。

由此，必须将人民法院的执行权分离出来，交由其他机关来执行，人民检察院可以对执行行为实施监督，但此时的监督对象已经不是人民法院了。

行政诉讼裁判的执行分为两种情况，一种是原告（行政相对人）败诉的执行，另一种是被告（行政主体）败诉的执行。

原告败诉的执行，从理论上来说由作出具体行政行为的机关来执行，如果作出具体行政行为的机关无执行权，也可由法定的有执行权的机关来执行，如司法局等。由于执行机关是以国家强制力为后盾的，因此对原告败诉的执行并不会存在多大困难，也鲜有执行难的情况发生。很多"执行难"是执行主体不作为造成的假象，并非真正的执行难。

被告败诉的执行由败诉的行政机关或法律法规授权的组织自动履行。相比之下，被告败诉的执行更不存在执行难的问题。首先，国家机关以国家为后盾，具有强大的实力，不存在没有能力履行判决的状况；其次，执行费用与责任由国家来承担，而不是由行政机关的法定代表人或工作人员来承担，执行不会给他们带来任何不利的后果；最后，如果不履行法院的判决，行政机关法定代表人还有被处分、免职，或招致不执行法院判决罪。

无论是原告败诉的执行还是被告败诉的执行都需要人民检察院的监督。对原告败诉的执行主要监督执行机关的执行行为，防止执行违法或不当，损害相对人的利益。同时也要防止执行疲软的现象，损害公共利益。对被告败诉的执行，要防止其履行不作为或不全面履行义务，从而保护相对人的合法权益。但如前所述，如果采取将被告败诉的执行权保留给人民法院的执行模式的话，那么检察机关监督的重点也只能是对原告败诉的执行了。

另外，还有一种非诉行政案件的执行。所谓非诉行政案件的执行是相对于行政诉讼案件的执行而言的，所以又称非诉执行，就是没有经过诉讼阶段的执行。《行政诉讼法》第97条规定的"公民、法人或者其他组织对行政行为在法定期间不提起诉讼又不履行的，行政机关可以申请人民法院强制执行，或者依法强制执行。"就属于非诉执行的情形。笔者认为，应当同时赋予行政执法者强制执行的权力，因此也就不存在行政机关可以申请人民法院强制执行的情况。对于非诉行政案件的执行一律由行政机关来执行。由于案件没有经过行政诉讼阶段，当事人由于各种原因未提起行政诉讼，人民检察院更应当加强对非诉行政案件执行的监督。

在监督方式上，人民检察院对于重大行政案件可以主动实施监督，对于一般行政案件可以应当事人请求实施监督。

三、提起行政公益诉讼

行政公益诉讼是指公民、法人或其他主体，认为行政主体行使职权的行为侵害了公共利益，为了维护公益的需要而依法向人民法院提起行政诉讼请求的活动。行政公益诉讼在我国目前还尚未得到立法者的认可，但在我国民事诉讼法确立了公益诉讼制度的情况下，行政诉讼法确立行政公益诉讼也是社会发展的必然趋。

在提起公益诉讼的主体方面，有学者建议将"检察机关提起公益行政诉讼"写入行政诉讼法修正案草案，因为个人提起公益诉讼非常困难，中介组织的发展程度在当前难以担当此任，检察机关则具备提起公益诉讼相应的条件和能力。也有学者主张原告的多元化，因为考虑到原告与诉争没有利害关系，要特别关注其参与诉讼的内在驱动力，要采取措施防止原告无故中途出诉讼。[①] 但无论如何，人民检察院作为国家的检察机关，在行政公益诉讼中应当扮演非常重要的角色。检察机关提起行政公益诉讼体现了以权力制约权力的理念，形成了检察权和审判权对行政权的双重制约。公民或社会组织提起行政公益诉讼则体现了"权利借助权力来制约权力"的理念。

从民事公益诉讼和行政公益诉讼的必要性和重要性来看，行政公益诉讼更加具有必要性和重要性。从法理的角度分析，民事违法行为如果侵犯了公共利益一般由行政机关来制约和管理。由于行政权是以国家强制力为后盾的，没有哪一个民事违法行为能够对抗国家的行政权。因此，行政机关只要积极作为，认真负责，基本可以阻止民事行为对公共利益进行侵害。对于民事行为侵害公共利益者，触犯刑法的由检察机关追究其刑事责任，同时触犯行政法的由行政机关追究其行政责任。例如排放污染物对环境造成严重污染的，由检察机关追究犯罪嫌疑人的刑事责任，由环境保护部门对其破坏环境造成的损害以及修复环境费用，通过论证会、听证会等形式作出认定，给予行政处罚。这里其实本不存在检察机关提起民事公益诉讼的空间。当然也有的民事公益侵权行为只侵害了不特定人的利益，不属于行政管辖的范围，此时，或者由诉讼代表人提起公益诉讼，或者由检察机关提起民事公益诉讼，但这类情况是十分少见的，因此绝大多数侵害公益的案件都是行政机关不作为或是不严格执法造成的。因此，提起行政公益诉讼往往意味着要追究行政机关及其法定代表人的责任，检察机关提起行政公益诉讼就显得非常必要了。

由于本课题重点研究法、检关系，因此人民检察院在公益诉讼中的地位以及检察权与审判权的关系是我们研究的重点。这里关键问题就是人民检察院在行政公益诉讼中的定位了。检察机关是行政公益诉讼的原告？还是兼有原告和诉讼审

---

① 参见余凌云：《行政法讲义》（第二版），清华大学出版社2014年版，第428页。

判监督者的双重身份就是一个问题。如前所述，笔者在前面已经论述了检察机关在民事公益诉讼和刑事诉讼中的地位——相当于原告，同样检察机关在行政公益诉讼中的地位仍然被定位为原告。只有原告与被告平等对峙，法官居中裁判，以审判为中心，以法律为准绳，用证据来支撑，才会有公正的判决结果。检察机关提起行政公益诉讼的目的是维护公共利益，监督和督促行政机关依法行政，而不是要对法院的审判权进行监督，司法之廉洁自有其生成之道，法官背后也并不缺乏监督与制约。检察机关只享有作为原告的监督权，而没有超越被告和司法权之上的特权。也只有这样才有可能产生廉洁的司法机关。检察机关应当"有所为，有所不为"，不要"包打天下"，让自己"弱小的身躯"承受不能承受之重。

这里必须指出，在中国检察权和审判权一样是国家权力中的弱者。党的十八界三中全会决定将省以下检察机关和审判机关的人财物提高到省级来管理，其目的就是要加强检察权和审判权对抗行政权之力量。但笔者以为，在政府推进型的法治建设模式下，提高检察权的地位更加重要，甚至可以考虑首先将检察机关实行垂直领导，自成体系，从而形成对行政权的强有力制约。待到条件成熟之后，再回归目前的检察体制。但解决审判独立的灵丹妙药，除了提高对法院的管理级别之外，还必须实行法官终身制与高薪制，没有这两项保障，不可能有廉洁的司法队伍。

另外，在检察机关提起行政公益诉讼中，还必须将公益诉讼与追究行政机关负责人的责任联系在一起。检察权是监督权，不是判断权，在提起行政公益诉讼后，应当以法院的判决为依据，在行政机关败诉后，还要根据不同情况，提请有关机关，决定是否要追究行政机关负责人及其关人员的政治责任、刑事责任、行政责任以及民事责任。只有这样，检察权才完成了其在行政公益诉讼中的使命。

四、对行政机关公职人员违法犯罪行为的监督

对于行政机关公职人员违法行为与犯罪行为的监督在宏观上属于检察权对行政权的监督范畴。在人民代表大会制度下，检察权监督的重点不是人大的立法行为，因为检察机关由人大产生，对人大负责，受人大监督，检察权没有对立法权反监督的职能，再说违宪或违法的立法可以设想由司法权来制约。同时，由于司法权的特殊属性，检察权也不应当对司法权进行制约，特别是不能以高高在上姿态来监督法院的审判行为，否则谁来监督监督者的问题就永远无法得到彻底的解决。因此，国家设立检察权的主要目的就是要制约强大的行政权，其中对行政机关公职人员违法犯罪行为的监督又是检察权监督的重点。

对于行政机关公职人员犯罪行为的监督主要是通过刑事诉讼来进行的。我国刑法用大量的篇幅规定了职务犯罪，职务犯罪的主体包括四类，一是国家机关工作人员；二是国有公司、企事业单位中的国家工作人员；三是人民团体中的工作人员；四是受国家机关国有公司、企事业单位、人民团体的委托管理、经营国有财产的人员。由于这四类主体在大多数情况下都可能以职权行政主体或授权行政主体的身份来行使行政管理权，因此行政机关公职人员是职务犯罪的重要或主要组成部分。职务犯罪的种类包括三大类：即贪污贿赂类犯罪、渎职类罪以及侵犯公民人身权利民主权利类的犯罪。检察机关追溯行政机关公职人员犯罪行为要借助人民法院的审判权来进行。在刑事审判过程中，检察机关作为提起公诉的一方与刑事被告的地位平等，不享有超越司法权之上的特权。在行政相对人作为原告提起的行政诉讼中，检察机关可以派员出席法庭进行旁听，其地位相当于一般旁听者，以便于在庭审的过程中发现行政机关公职人员违法犯罪的线索。

在检察机关追溯行政机关工作人员职务犯罪的过程中，还必须做好与人大、中共纪律检查委员会和国家各级监察部门的配合与协调。人大主要负责对触犯刑法的行政机关主要负责人实施罢免（当然人大罢免权的行使不限于此）；纪律检查委员会主要负责检查和处理党的组织和党员违反党章、党纪的案件，决定或取消对这些案件中党员的处分，受理党员的控告和申诉；各级监察部门主要依据《中华人民共和国行政监察法》的有关规定，对国家行政机关及其公务人员和国家行政机关任命的其他人员实施监察，监察内容主要限于行政机关及其工作人员的违法行为。为了理顺监督主体的关系，各监督主体应当互相独立、互相制约，因此，纪委和监察部门合署办公的做法是应当给予否定的。因为这样可能导致国家机关的职责不清，也给人以党政不分的错觉。

上述行政监督主体在监督内容和监督方式和手段方面存在着巨大的区别。纪检部门主要负责党纪监督，其不应当享有强制性的监督措施，如"双规"等。各级监察部门主要监督与纠正行政机关及其工作人员的违法行为，也同样不享有强制限制被监督者人身自由的权力，因为限制人身自由的强制权只能由检察机关或公安机关来实施。在侦查手段方面，纪检部门和监察机关可以享有一般性的调查权，但不应当享有检察机关所享有的秘密侦查权与强制措施权。其他主体在发现行政机关工作人员有犯罪的嫌疑时，应当报告检察机关采取措施，而不是自行进行犯罪侦查。检察机关在监督行政机关工作人员职务犯罪中应当起到决定作用与引领作用，积极发现犯罪线索，而不只是被动地等待纪委或监察部门移送案件。

本课题是在现有的宪政框架下对法检关系进行的阐释，如果在人大之下普遍设立各级监察委员会的话，检察机关的反腐职能将被大大削弱，检察机关与监察委员会的关系则属于另一个研究领域的话题。监察委员会的设立并不影响人民法院和人民检察院的关系。在任何情况下，人民检察院以法律监督者的身份对人民法院的诉讼活动进行监督都不具有正当性。

结 语

权力的制约必须遵循权力运行的规律。司法独立并不排斥对司法权的控制，而是要按照司法运行的规律来对司法权进行监督与制约。司法独立的功能无非是要树立司法的权威，保障法律的正确实施，而在我国，法律又是在党的领导下由国家立法机关制定的，因此司法独立与坚持党的领导和树立人大的权威具有高度的统一性。

检察权与审判权的关系是国家权力结构中的重要组成部分之一，而检察权对审判权的监督在一定程度上违背了司法规律。在人民代表大会制度的框架内提高司法的权威，取消检察机关以国家法律监督者的身份对审判活动的监督权，不仅是司法独立的内在要求，是国家权力结构合理化的重要表现，而且也是时代赋予中国共产党的历史使命。